农村电商

互联网+三农案例与模式

第2版

魏延安◎著

電子工業出版社
Publishing House of Electronics Industry
北京•BEIJING

内容简介

本书第1版累计印刷8次，当当好评率99%以上，被多个地方政府、科研单位、农村电商服务商及电商培训机构选为行业教程，第2版更新内容达40%，更全面、更及时、更深刻。从互联网＋行动方案到电商“国八条”，新兴的农村电商频频被列入发展重点；从商务部的电子商务进农村综合示范到农业部的农业电子商务促进行动，再到国务院扶贫办的电商扶贫试点，一系列政策推动农村电商加快发展。

本书所要讨论的农村电商是一个大农村概念，泛指县域内涉农电商的总和。为了保持讨论上的层次清晰，将具体分为农村电商的总论、农产品电商、农村电商、县域电商、淘宝村现象、电商扶贫、电商下乡等部分展开讨论。作者魏延安老师有农村工作的实践经历，又有农村电商的知识储备，因此本书是一本不可多得的农村电商参考用书。

本书适合地方党政干部、农村电商相关从业人员、涉农电商企业负责人与农村电商创业者阅读。

图书在版编目（CIP）数据

农村电商：互联网＋三农案例与模式 / 魏延安著 .—2版 .—北京：电子工业出版社，2017.2

ISBN 978-7-121-30935-9

Ⅰ.①农… Ⅱ.①魏… Ⅲ.①农村－电子商务－研究－中国 Ⅳ.① F713.36

中国版本图书馆CIP数据核字（2017）第027619号

策划编辑：张彦红
责任编辑：徐津平
特约编辑：赵树刚
印　　刷：三河市华成印务有限公司
装　　订：三河市华成印务有限公司
出版发行：电子工业出版社
　　　　　北京市海淀区万寿路173信箱　　邮编：100036
开　　本：720×1000　1/16　印张：18.75　字数：322千字
版　　次：2015年11月第1版
　　　　　2017年2月第2版
印　　次：2020年1月第8次印刷
印　　数：8001～9000册　定价：59.00元

凡所购买电子工业出版社图书有缺损问题，请向购买书店调换。若书店售缺，请与本社发行部联系，联系及邮购电话：（010）88254888，88258888。

质量投诉请发邮件至zlts@phei.com.cn，盗版侵权举报请发邮件至dbqq@phei.com.cn。

本书咨询联系方式：010-51260888-819，faq@phei.com.cn。

让农村电商在互联网的风口上走得更好些

汪向东

在农村电商的圈子里，延安的勤奋是大家有目共睹的。他不仅善于思考问题，而且能讲得精彩，写得很好，出手还快。比如说，我与梁春晓先生合作的《新三农与电子商务》一书出版后，他竟然一口气发表了四篇、共一万多字的读书札记，这种读书的功夫与思考能力确实让人敬佩。所以，当延安说他要出一本农村电商方面的书时，我一点也不感到意外。在他第一次提出这个想法时，我就深表赞同。但是，当他的书稿很快就堆到我的案头时，我还是不禁有一些吃惊，两年多时间他竟然攒下 20 万字的东西，而且涉及农村电商的各个方面。他让我为本书写个序，说真的，对写序这事，我确实不在行。但仅仅因为这两年多的农村电商机缘和忘年交，我就推辞不得，于是勉力而为。

农村电商迅速发展的实践，正呼唤着更多的研究成果问世。电商尽管在十多年前就已经显露不可限量的前途，但直到近几年，农村电商的发展才算全面起步。就一般电商领域而言，虽不敢说著述达到汗牛充栋的地步，但至少也是琳琅满目。不过，农村电商方面的专著，今天依然贫乏。延安有自己的本职工作，农村电商仅仅是他很小一部分业务范围，更多的是出于一种兴趣、爱好，也有着一份知识分子的责任感，他自愿担当起冷静的观察者和记录者，一路积累，终于到今天成书。暂且不论这本书在理论上成熟还是不成熟，单看一下正在轰轰烈烈推进的农村电商进程就可以知道，有理论上的系统梳理和实践上的系统总结来作为参考借鉴，显得十分必要，这本书的到来可谓恰逢其时。

人们对农村电商的认识和理解，或许见仁见智，由此也带来实践做法和理论说法上的差异。对此，延安也有自己的见解，并形成全书的内容框架。在他看来，农村电商是一个宽泛的概念，大体可以与一般的涉农县域电商对等起来，主要包括上行的农产品电商，下行的电子商务进农村，上行与下行交汇的县域电商三大层次。他据此将本书分成七个单元展开讨论：即农村电商的整体框架与基本理论、淘宝村现象的剖析、县域电商主要案例的解读、农产品电商的进展与问题、部分电商书籍的阅评与实践启示、互联网＋农业的探索等。全书的架构，让模糊的农村电商概念有一个较为清晰的画像，而且注重案例分析，可读性强，具有很好的参考价值。当然，能不能把农村电商与涉农县域电商对等起来，这个问题还可以再探讨。

农村电商的发展与城市和一般工业品的电商进程很不一样，既有城乡差异、工农产品的生产方式和产品特性差异在里面，也有电商发展的氛围与环境差异在里面，更有人才基础的差异在里面。可以想象，在农村，农民放下锄头，搞起电商，绝非轻而易举的事情，很像是在荒漠上种树，费力尤多，耗时也久。如何让农村电商快速发展起来，各地政府纷纷上阵，出台一系列政策措施，力图以政府的力量加速农村电商的发展，并因为切入点、着力点等方面的不同，形成各具特色的干法，有的干脆概括为模式。于是，对于模式的热捧和追求，成为当下农村电商进程中一个重要的现象。对此，一定要有冷静的态度，否则可能成为另一场农村的“大跃进”，在急功近利中做出违背市场规律和电商规律的事情，特别是一些想后来居上的县域，其运动式的做法尤其需要警惕。

在这个问题上，延安也提出了自己的见解，即把模式看淡一些，那可能是浮云。为此，他对当前出现的县域电商案例集中进行了对比和解析，既有理论界的共识，也有他个人的独特看法，而且形象生动，读后让人很受启发。比如，他把甘肃成县电商的发展概况为“一个核桃的逆袭”，把吉林通榆的做法比喻为“刘邦请来韩信”，把浙江丽水重视青年电商创业孵化的做法表述为“梧桐工程”等。据淘宝大学的反馈，他在县长班讲授的这一个模块，总是很受欢迎。

农村电商有许多城市与工业没有的东西，比如说电商扶贫，在理论与实践层面都处于探索阶段；再比如说农资电商，与一般工业品下乡明显不同，不仅是卖产品，还必须有配套的技术服务；还有生鲜电商的难题，需要集供应链各主体之力携手破解。对于农村电商进程中的这些具有挑战性的问题，延安也做了细心的梳理和冷静的观察，提出了自己的见解。他对农村电商各参与主体的战略解读、模式优劣评价很有见地，对推动面上的实践有借鉴意义。还有那些单独成为一个章节的电商阅读札记，可谓十分精彩，明显有“魏读”风格，往往洋洋洒洒几千言不在话下，而且还评了别人的书，说了自己的话，形成了新的见解，读起来也是一种享受。

在本书中，延安提出了农村电商发展的七个重要问题，并分散在各个章节从不同角度进行了论述。我个人感觉，最核心的问题，还是政府的定位，这包括政府对于农村电商的理解、对于政府与市场关系的处理、对于规划的科学制订和政策措施的有效配套等。在基本观点上，我与延安的见解相同，即政府不能缺位，也不可越位；但在具体的措施上，我们还是有差异化的认识。比如说，我始终坚持应该让市场主体发挥主导作用，政府只是营造环境，提供公共服务；但延安认为农村电商必须要有政府的一把手推动，才能补上短板。如何看待我们之间的“不同政见”？延安曾开玩笑说，总得有人唱红脸，有人唱白脸，心总是好的。听此，我会心一笑。我也相信，有了农村电商圈不同角度的讨论，农村电商的发展会更加健康。

最后，我郑重地向大家推荐延安的新书《农村电商：互联网＋三农案例与模式（第2版）》，期待他更好的作品。

中国社会科学院信息化研究中心主任

在电商扶贫的探索路上携手同行

曲天军

认识一个人的方式有多种，有当面自我介绍的，有朋友推荐的，也有机缘巧合的，等等，我与魏延安相识却是另外一番际会。

本人从事农村扶贫工作30载，业余时间常用来学习、充电，尤其在当下，国家脱贫攻坚决战决胜，本人在茶余饭后，仍旧如饥似渴地吸取新鲜知识。当我劈波斩浪驰骋在一望无际的书海时，时常看到船帆上一个耀眼的名字——魏延安，便猜测此人父辈或许是延安时期的老革命，生于宝塔山下，光环代代传，否则不会如此耀眼！久而久之，我对此人便有了印象。

渐渐的，看到魏延安的作品越来越多，随其涉猎书籍越来越多，点评的领域越来越广，影响力越来越大，文采流淌指尖，芬芳随风荡漾。其文章的新颖观点常常吸引着我，让我有一种继续读下去的冲动。后来，我总是让朋友发来魏延安的新文章一睹为快。俗话说得好，“读书对人”。魏延安的文章往往与社会脚步同行不悖而发散议论展开，有拓展思路、思考、归结之益处，在潜移默化间给人留下了深深的印记。即便如此，我也是只闻其名、未见其面。直到一次邂逅，才得以认识他。

2014年年底，国务院扶贫办大刀阔斧创新扶贫机制，将电商扶贫果敢列为全国十大精准扶贫工程之一。2015年1月，迅捷批复秦巴贫困山区纵深地带——甘肃省陇南市9个贫困县为全国电商扶贫试点地区。2015年9月25日，顶住压力，与苏宁云商集团签署了电商扶贫战略合作协议，成为政府与企业签署扶贫战略协议第一单，开创新天地。为加速推进电商扶贫工作，国务院扶贫办决定 2015 年 10 月 17 日——消除贫困日前一天，举办全国首届电商扶贫高端论坛。

一个月朗星稀的晚上，问计于中国社会科学院信息化研究中心主任汪向东教授，小憩正酣，忽然心弦动了，变换话题，谈起如何将电商扶贫论坛办出高端、办出特色的想法，拟邀请几个有专长、有见地、好口才、有影响力的国内农村电商专家，为论坛发言的各路精英（政府官员、企业总裁、草根电商创业者等）进行专家点评，目的是让明白人更明白，不明白的人基本明白，扩大社会影响力。当时已圈定的电商专家有汪向东、杨谦、井然哲、王盛等，后来这几位专家全部应邀到场，点评精彩纷呈，为电商扶贫论坛增添了炫耀的光彩，当然这是后话。当我们谈到区域代表性时，从长河落日圆的大西北再找一个接地气的农村电商专家时，定格在一个难忘的瞬间，我俩不约而同地说到同一个名字——魏延安。不谋而合，拍手相庆！

10 月 17 日当天，魏延安如约来到论坛现场，初一见面，此人具有鲜明个性：天庭饱满、地阁方圆，白衬衫蓝裤子，两眉间正上方长了一颗黑痣，明亮的眼睛框着一副黑边眼镜，可能长时间下农村之缘故，皮肤饱受西北阳光照耀，黑里泛红，个头适中，未曾开言，灿烂的笑靥已燃烧在空气中，感染着每一个人。一开口，幽默诙谐、思路敏捷，初步印象，很精干、有才华的知识分子模样。

论坛上，魏延安的点评静如处子、动如脱兔，收放自如，句句切中要害，得到现场媒介的一致好评。与魏延安的首次见面让我很纳闷，有似曾相识之感却不知邂逅何处？这也许就是人们常说的神交已久吧！

由于国务院扶贫办第一次举办全国电商扶贫论坛，几位专家的住宿费、交通费、专家费用至今都没有付出，心存歉意至今难以释怀！几位专家却常常安慰我，权当是我们几位的扶贫善缘吧！

我与魏延安的第二次见面，是 2015 年 12 月底在阿里巴巴淘宝大学，我们一起为淘宝大学县长班授课，在课余闲聊中，关于他对电商扶贫的关注和支持我表示感谢，同时对其概括的电商扶贫定义提出建设性意见，魏延安的观点是，“电商扶贫，简单地说就是运用电子商务来促进贫困地区家庭脱贫致富，带动当地产业发展”。我认识也肤浅，但却认为，电商扶贫不是一个产业，它是一个系统工程，它的发展不仅能够搞活商品流通，增加就业机会，更主要的是能够以点带面促进农业产业、交通、物流、服务业及落后观念的更新，以及各项事业的全面发展。我讲完后，魏延安沉思片刻便欣然道：“你的观点有道理。”而且进一步发现，在他以后的授课中很自然地接受了我的部分建议。由此我知道，这是一位能够虚心接受别人观点的思想者，我庆幸认识一名具有胸怀的睿者，更加深了他留给我的好印象。

友谊的加深，默契的补台，点亮了心灵的窗户。我与魏延安也便有了很好的共识。比如电商扶贫，原本风马牛不相及，但由于我国的制度优势和政治优势需要将这两部分内容黏合在一起，这与小平同志两个大局思想具有异曲同工之妙。目前，国家大力推动的电商扶贫已经呈现出良好的发展势头，可喜可贺！这要感谢一大批实践者和理论研究者。国家幅员辽阔，千差万别，电商扶贫做法在中国广袤的土地上必有不同区域的发展思路。一些贫困地区刚开几个电商特色馆，还没有取得实际成果就匆忙做电商模式总结，开办新闻发布会、发表风马牛不相及的文章，命名为电商模式，实际上都是不严肃的。我历来主张模式不要轻易提出，更不可操之过急，关键要看扶贫效果。具体而言，我国东中西部电商发展方式应当不同：东部贫困地区的农村电商要依据市场经济规律及遵守国家法纪健康发展，企业唱戏、政府发挥好监督作用就能取得很好的成果；中部贫困地区的电商是从东部传导而来的，近朱者赤，发展套路大致一样，但受到基础设施、产品包装、物流等限制，需要适当加大政府支持力度，指导企业建立带贫机制，加大基础设施、网络建设及质量标准体系建设等，但政府的作用要适可而止，把握好度。而发展西部贫困地区的电商事业则比较复杂，从目前情况看，电商扶贫事业的发展主体离不开政府，这是由于受到贫困地区主客观条件的制约。让市场主体发挥主导作用至少目前还做不到。在中西部大部分贫困地区，由于市场经济不发达，需要政府牵头组织发动是必要条件，若作为一把手工程则其效果会更快、更好。总之，电商是市场经济行为，扶贫是政府行为，二者的结合地均为穷乡僻壤，若要取得良好的成效，政府这只看得见的手必然要发挥作用。当政府创造出电商扶贫的良好生态时，再扶上马送一程，政府才能考虑退出，再由市场发挥主体作用，农村电商的发展将会更加健康。

从甘肃省陇南市的电商扶贫经验看，政府推动至关重要。陇南市不断加强对电商扶贫工作的行政推动，采取多种形式，促进电子商务与精准脱贫深度融合。近期，李克强总理在《甘肃省陇南市电商精准扶贫试点成效显著》一文上作出批示，电商扶贫潜力大，要总结经验。

目前，国家已经清晰认识到贫困地区电商扶贫事业的薄弱点，决定调整中央财政服务业发展专项资金支出结构，重点支持电子商务进农村综合示范工作，主要着力点在农村物流配送体系、推动农产品上行销售、加强电商人员培训三大主线，力争在今后三年内对有条件开展电商的剩余的600余个国家级贫困县进行全覆盖。表明了中央对贫困地区供给侧改革高度重视和对脱贫攻坚事业的大力支持。

最后，我简单归纳一下，据我所知，读书，对魏延安来讲，是生命中不可或缺的一部分，是一种习惯和生活方式，一种绝妙的精神享受，一种独特的感觉。只要拿起书，他就会感到一种久违的幸福，如同在散步中遇到了萋萋芳草，炎炎烈日丝丝仙风扑面。他经常说的一句话是“唯有纸书真阅读，除去墨香不是书”，由此造就了一名高产作家。据统计，魏延安2015年读完52本书，共写札记、电商、三农文字22万字，折合每周4 000字，由此类比，吾等不如也！

魏延安如何做到著作高产，需要我等学习总结，用他自嘲四个字——“被逼无奈”可以高度概括之。众所周知，喜好读书必定受到时间的限制，当今是知识快速爆炸的年代，那么，如何高效利用时间，更新知识？魏延安对我等启发有三。

一是把旅途变书途，行囊中永远不羞涩，总要带几本书，特别是在飞机上和高铁上，不受干扰，还能全神贯注。出差时一个往返就能读完一本书，还能写就大量读书札记。

二是不动笔不读书，读书时有了感想赶紧记到边上，以备后用，回到办公室抽空整理一下就是一篇文章。

三是将大会演讲、论坛发言、听报告、读书后产生的稍纵即逝的闪光点和火花及时记在笔记本、录入电脑。圈内朋友对魏延安的写作能力十分惊叹。实际上，日志记得好也能高产。

魏延安的高产说明他是一个勤奋的人。他的书多涉及社会热点，谈资多为潮头，浓缩一批精华内容，能够让人们在最短的时间内知晓当今社会舆论焦点，节省大把时光。他的书总和时间赛跑，更新快、内容丰富，“小荷才露尖尖角，早有‘延安’立前头”。读他的书，总有一款适合你。他的书评论深刻、犀利入木，能给人生以启迪。他的书有前瞻性，有预见性提示和方向感，尤其对年轻人校准前进航程大有裨益。

目前，农村电商的实践如火如荼，实践已经远远走在前面，特别在电商扶贫方面的实践更是大踏步的前进，但农村电商、电商扶贫的理论研究远远滞后，时代在呼唤着更多的理论研究成果问世。列宁说过：“没有革命的理论，就没有革命实践。”魏延安著作的《农村电商：互联网＋三农案例与模式》一书在2015年11月初版的基础上，又迅速修订和增加了大量篇幅，时隔一年便出第2版，可谓与时俱进。他为从事农村电商的政府官员、专家学者、市场主体和草根创业者提供了一个广阔的学习、研究和探索的视角，可喜可贺！对于新版的呕心之作，我十分期待！

国务院扶贫办社会扶贫司巡视员

互联网+三农的时代画卷
新农人创业教科书

毕慧芳

人与人相识是有缘分的。我跟魏延安属于八竿子打不到一起的。他是70后，我是60后；他生长在黄土高坡，我在春雨江南；他在党政，我在商海。然而，因为都是农家子弟，都有浓厚的再造故乡情怀，都喜欢自媒体而在微博上相识相知成为挚友。自认识以来，我对他的印象是，阳光向上，勤奋、善良、热情，有强烈的使命感、责任感，常常为新农人和农村电商“舞文弄墨”，有时也会吼几句秦腔，晒一下美食；他喜欢农业，喜欢读书，喜欢思考，喜欢写作……在广袤的三农大地上，留下串串脚印——从《初识三农》到《农村电商：互联网+三农案例与模式》，再到《农村电商:互联网+三农案例与模式（第2版）》。

《农村电商：互联网+三农案例与模式（第2版）》包含了近两年时间魏延安关于互联网+三农方面的精华篇章。既有理论和战略的高度，又有充满实践和时政的要素，还具有战术上的可操作性；案例丰富，充满哲理。全书梳理了互联网+三农的案例和模式及思考探索，对农村电商的发展方向、存在的问题、解决方案，对淘宝村现象的精确解读和推动方法，对县域电商的全面分析和战略战术包括顶层设计，对农产品电商的营销之道，对三农电商从业者的案例点评都非常透彻精准。

《农村电商：互联网+三农案例与模式（第2版）》可以说是两年来中国互联网+三农的时代画卷。“农村电商——互联网的新台风”让我们清晰地了解了互联网带给农村的新机遇，以及如何把握机遇的方法；“淘宝村现象——田野里的新革命”让我们深度了解淘宝村的前世今生和发展脉络；“县域电商——县长的新课题”则高屋建瓴，不仅高度总结了现有县域电商的模式，还提出了县域电商发展中应该注意的问题包括顶层设计；“农产品电商——土包子的新玩法”总结了农产品电商的经验和教训，指出了农产品电商从品质到品牌的发展道路；“我读电商——老问题的新表现”通过他的读书笔记，给我们更宽阔的视野；互联网 + 三农，功夫在三农中，更在三农外，需要情怀、需要格局、需要技术、需要管理、需要坚持……

魏延安是非常接地气的三农专家，深悉中国三农发展的历史和现状，加上他长期从事党政工作，了解政策导向，又与时俱进拥抱互联网，结合长期的深入观察与思考，每一篇文章充满正能量。所以，《农村电商：互联网 + 三农案例与模式（第 2 版）》值得互联网 + 三农方面理论研究、政策制定、政府工作人员读一读。魏延安是新农人的良师益友，他是普通的农家子弟，但他一直在人生修炼和奋斗的路上。他在繁忙的工作之余，还熟读古今中外的好书，勤于笔耕，平均每周读一本好书，有时一天能写几千字的笔记。这种深厚的文化底蕴，加上他对农业、农民、农村的深爱和期许，对互联网“赋能”的高度理解和认识，书里的每一篇文章都如同滋润大众创业、万众创新的春雨。因而，《农村电商：互联网 + 三农案例与模式（第 2 版）》也是值得互联网企业家、草根创业者认真研读的，可以说是我们新农人创业者的百科全书，也是教科书。

作为 @ 陕西魏延安（新浪微博）的铁杆粉丝，非常高兴将我的读后感分享给大家。我相信，每一位读者都会开卷有益的。

新农联（北京）农业发展有限公司创始人 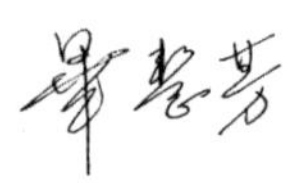

写在前面的话：我所理解的农村电商

我们正身处一个被电商、互联网改变的时代！

如果说蒸汽机改变了工业的轨迹，电力改变了生活的轨迹，则无疑电商改变了商业的轨迹，还正在又一次改变人们的生活轨迹。然而，与人类历史上的历次重大发明创造相比，电商的发展更符合加速度定律，它自从诞生到现在，以更快的速度改变了世界。从 1999 年前后阿里巴巴、当当网等中国第一批电商诞生到 2014 年京东、阿里巴巴先后在美国上市，15 年间中国电商上演了让世界侧目的发展狂飙。超过 13 万亿元的交易规模，近 2 000 万人的从业群体，3.5 亿人的网购群体，使中国的电商超越了美国，成为世界第一。

电商向农村加速渗透，甚至对电商概念都不甚了解的边远山村也借助手机上网的渠道开始了网络购物的历程，更有一大批先知先觉者，掀起了自 2009 年以来的农产品电商新热潮。特别是 2014 年下半年以来，农村电商得到各界空前关注，上到总理，下到普通创业者，还有各级官员、各类企业家，都不约而同地将目光投向农村。从互联网 + 行动方案到电商"国八条"，新兴的农村电商频频被列入发展重点；从商务部的电子商务进农村综合示范到农业部的农业电子商务促进行动，再到国务院扶贫办的电商扶贫试点，一系列政策推动农村电商加快发展；从阿里巴巴的"千县万村"计划到京东的"星火燎原"，再到苏宁的"乡村易购"，还有邮政的邮乐购大举进村、供销总社涉农电商综合平台上线、联想投资云农场、浙江赶街出省扩张、山西乐村淘引导农民网上赶集等，已经有 60 多家互联网企业将触角伸向农村；从首届县域电商大会的爆棚到十大县域电商模式的火急火燎出炉，再到淘宝大学县长培训班的火爆，诸多县委书记、县长也将目光投向了农村电商。一切都在预示着，农村电商的热潮正在涌现，而且波涛汹涌！

于是，我们将电商的目光聚焦在农村这个新兴的领域。但在开始农村电商问题的讨论之前，首先需要厘清一个基本概念，即什么是农村电商。

百度百科的解释是这样的："农村电子商务，通过网络平台嫁接各种服务于农村的资源，拓展农村信息服务业务、服务领域，使之兼而成为遍布乡、镇、村的三农信息服务站。作为农村电子商务平台的实体终端直接扎根于农村服务于三农，真正使三农服务落地，使农民成为平台的最大受益者。"从这个定义来看，一是太模糊，还停留在农村信息化的层面；二是太狭窄，大体圈定于乡村这个小农村的概念。这显然不是大家所希望看到的农村电商的全貌。

实际上，县以下的行政区域在传统意义上就相当于农村，这个农村电商概念的内涵相当丰富，必然包括电商交易体系、电商服务体系和电商配套产业体系，至少包括如下三个层次。

农产品电商，即通过电子商务路径，把大量的农产品通过网上销售出去，其经营主体可能是普通农民，也可能是企业或者合作社等；其经营的农产品可能是没有加工过的原产品，也可能是简单的初加工品，还可能是食品。目前网购比较流行的红枣、核桃等干货就是典型的农产品电商，只不过产出于农村，却成交于城市而已。

农村电商，即通过网购渠道的下沿，让普通农民也能够享受与城市人一样的网购便利，无论是阿里巴巴的"千县万村"，还是各地纷纷试点的"赶街""村淘"，核心是工业品通过网络渠道下乡。

县域电商，即在县域农产品电商和农村电商发展的基础上，电商相关产业要素开始在县域聚集，如物流配送、加工仓储、电商服务等，直至催生电商园区，成为县域经济一个新的增长点。

同时，因为各地农村实际情况的不同和电商形态的迅速演化，近年新出现的电商扶贫、旅游电商、农产品跨境电商，也在大的农村电商概念范畴。

农村电商的发展一般会经历如下四个阶段：一是个体电商经营者自发生成，

多在乡村结合地域特色于网上出售农产品；二是在乡村地域内开始聚集，在电商带头人的示范带动下多个农户开始从事电商，形成集聚效应，典型的就是淘宝村；三是农产品电商企业开始走上前台，在以户分散经营的基础上，开始打通产业链，进行品牌化营销，经营的专业化、市场化、标准化水平都有大幅度提升，形成有市场影响力的品牌，如阳澄湖大闸蟹、安溪铁观音、新疆红枣等，开始催生出比较有实力的电商企业；四是县域电商开始兴起，围绕电商发展形成的大量物流、人才、资金、技术等要素客观上要求相对聚集，县城成为一个良好选择。这大概是目前一般农村电商的普遍发展历程，因各地实际情况稍有不同而已。

因此，本书所要讨论的农村电商是一个大农村概念，泛指县域内涉农电商的总和。为了保持讨论上的层次清晰，将具体分为农村电商的总论、农产品电商、农村电商、县域电商、淘宝村现象、电商扶贫、电商下乡等部分展开讨论。

魏延安

2017 年 1 月

目 录

第2章 电商下乡——大地上的新竞争……60

轰轰烈烈的农村电商运动已经进入第三个年头，最初美好的憧憬至今难言实现，反倒是加入农村电商争夺战的各方力量与日俱增，大有“引无数英雄竞折腰”的态势。

农产品电商规模已经超过1 000亿元，蔚为壮观。然而这一切似乎才是一个开始，因为全国每年消费的食品约为8万亿元，农产品约为4万亿元，生鲜产品约为2.5万亿元，目前电商的渗透率还极低。所以，农产品电商被誉为电商最后的蓝海，市场争夺之战愈演愈烈。

电商扶贫的内涵可以视作以扶贫开发为要义、以电子商务为主要载体的各方面措施的综合体，大体是一个不断外延的同心圆形态，各地可以从实际出发，有重点地进行选择，并随着实践的深入进行拓展。

读书是笔者的一大爱好，这几年平均一周读一本书。从 2013 年起陆续读了一些电商方面的书籍，有一些心得。总体感觉：电商并没有改变商业的基本逻辑，质优价廉、童叟无欺、和气生财等，所以，电商目前出现的问题，只是一般商业问题在电商上的新表现。（由于篇幅所限，本章内容不能全部展现，读者可用手机扫码阅读。）

1

农村电商——互联网的新台风

电商，即电子商务的简称，一般指商业和服务活动在网上以电子交易的方式进行。近年来，随着互联网技术的普及，电子商务发展迅猛，已经成为经济发展的新亮点。特别是在农村，电商蓬勃兴起，促进了农民增收，也带动了农村经济发展。抓住当前经济转型的有利时机，大力推动农村电商发展，对农民增收和农村经济发展具有重大意义。

在席卷传统产业的电商浪潮之下

电子商务本来只是一种电子交易手段，但演化到今天逐渐成为一种新型商业形态，形成对传统商业的巨大冲击，一时间有“无商不电”之说。全球首富比尔·盖茨曾说：“21 世纪，要么电子商务，要么无商可务。”阿里巴巴创始人马云也曾说过：“现在你不做电子商务，五年之后你必定会后悔。”二人的话虽然有些绝对，但就目前的形势来看，电子商务引导全球经济市场已是大势所趋。

电子商务的演化与基本类型

电子商务随着互联网技术的兴起而起步于 20 世纪 90 年代，至今经历如下两个大的发展阶段。第一阶段是商业活动电子化，即商业活动以电子交易作为载体，方便化、快捷化，如电子银行、股票电子交易系统等；第二阶段是电子交易推动商业化，电子交易由工具延伸为网上市场的开发手段，颠覆了传统产业的“生产—销售”模式，形成了“销售—生产”的新业态。

目前,电子商务概念高度集中于“电商”这个小概念,即利用网络从事商务，大体经历企业商务、个人市场爆发、企业零售转型三大阶段，可分为 8 种模式，而电商目前的热点又集中在网络零售市场。主要模式如下。

（1）企业对企业的电子商务（Business-to-Business，B2B），代表型网站如阿里巴巴、慧聪网等，主要方便企业之间做生意，也可以形象地理解为网上批发。

（2）企业对消费者个人的电子商务（Business-to-Consumer，B2C），自 2005 年网络零售市场兴起后逐渐成为主流，代表型网站如天猫商城、京东商城、当当网等，企业在网上直接把东西卖给个人消费者，也可以将其形象地理解为网上直营商场。

（3）个人卖家对个人消费者的电子商务（Consumer-to-Consumer，C2C），代表性网站是淘宝网，现在年轻人买日常用品一般都在淘宝网上搜一下，然后在网上付款，也可以将其形象地理解为网上的跳蚤市场。

此外，还有企业对政府的电子商务（Business-to-Government，B2G）、消费者对政府的电子商务（Consumer-to-Government，C2G），以及“ABC”，即企业、消费者、代理商三者相互转化。新近还在流行线上线下结合模式（Online to Offline，O2O）等。

当然，中国电子商务发展历程还可以从交易形式、载体、内容等角度观察，阿里巴巴的成长历程最具代表性。其于 1999 年创办，初期通过旗下三个交易市场协助世界各地数以百万计的买家和供应商从事网上生意，主要是企业之间的电子商务；2003 年旗下的淘宝网成立之后，迅速引发个人网络零售市场的升温，网购一族、败家娘们、剁手党等名词也迅速产生并蹿红；2008 年天猫网成立，企业对个人的电子商务逐渐成为主流，与天猫同时期竞争并迅速发展的还有刘强东创办的京东。

作为目前最火热的网络零售市场，其主要的商业形态有以下 4 种。

（1）平台式电商，也可以形象地称为商业地产型，就像城市中心开发商业区的公司，商场盖好后租给商家用，提供配套服务。以淘宝、天猫为代表，自身不从事商业，只提供商业平台，然后企业与个人入驻平台销售。

（2）自营式电商，也可以形象地称为百货公司型，商家自己开商场，自己来经营，自己去收款，自己去送货。以当当网、京东商城、苏宁易购等为代表，货物门类齐全、自成体系，但近来开始开放平台给小商户。

（3）垂直式电商，也可以形象地称为专卖店型，像城市里的品牌专卖店，做一个或几个品类，如唯品会、凡客诚品，自建平台也借助其他平台，客户比较小众化。像唯品会就是卖品牌服装的，一般以季末打折商品为主。

（4）网商或一般电商企业，也可以形象地称为小商铺型，有点类似城乡集贸市场上的小摊贩，以大量的淘宝商户为代表，一般要借助电商平台开设店铺，曾经迅速涌起一批淘品牌，成为青年创业的低门槛有效渠道。

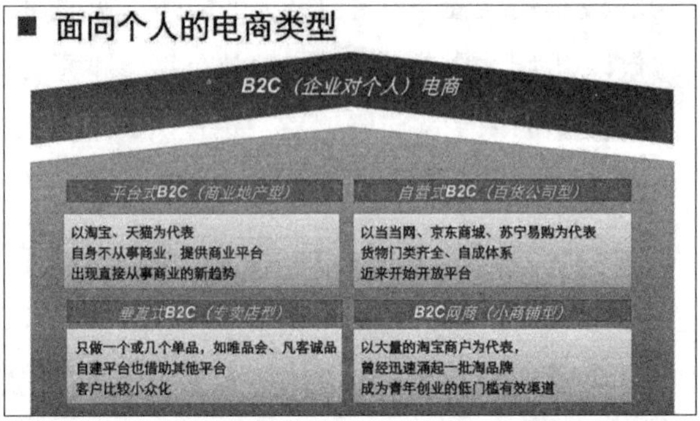

电商风潮愈演愈烈

电商早在 20 世纪 90 年代即起步，主要用于企业与企业之间，一般老百姓还没有使用。21 世纪以来，普通消费者网上购物开始流行，企业开始大量做直接面对消费者个人的网上零售生意，规模越来越大。2008 年金融危机以来，传统市场竞争逐渐增大，而电子商务却逆势而上，成为经济亮点。2016 年，中国电子商务市场交易规模达 26 万亿元，同比增长 20% 以上。其中，网络零售市场交易规模超过 5 万亿元，同比增长约 26%；2016 年 1—11 月，实物商品网上零售额占社会消费品零售总额的比重已经达到 12.5%；电子商务服务业市场规模达到 1.98 万亿元，传统产业与新兴业态相关从业者达 2690 万人。

2016 年“双十一”，一年一度的天猫网上购物再创新纪录，当天交易额不出意料地轻松突破 1000 亿元，达到 1207 亿元，无线交易额占比 81.87%，覆盖 235 个国家和地区，菜鸟网络共产生 6.57 亿物流订单，这还不算非阿里平台上的其他电商，如京东、苏宁、亚马逊、当当等实现的销售业绩。淘宝网作为中国最大的网购零售平台，目前拥有近 5 亿名注册用户数，每天超过 6 000 万名访客，每天在线商品数近 10 亿件，平均每分钟售出约 5 万件商品。

与电商高速增长相伴生的是中国网购群体的迅速扩大，《第 38 次中国互联网络发展状况统计报告》显示，中国居民网购规模已达 4.5 亿人，而且网购群体的电商消费习惯已经养成。iCTR 中国网购行为 2014 调查数据显示，最近 6 个月中国网购用户平均月网购消费金额为 566.6 元，占其平均个人月支出（不包括购房、购车支出）的 18.1%。

电商演绎的营销神话

电商让传统企业漫长的成长过程大大缩短，两三年就可以让一个企业飞速成长，最典型的就是“淘品牌”，即专门在网上销售而没有实体店的品牌，曾经被传统企业讥笑为“空手套白狼”，但经过多年培育，目前较成功的淘品牌有麦包包、斯波帝卡、韩都衣舍、小狗电器等。以服装电子商务企业韩都衣舍为例，2008 年品牌创立时只有几间房子、几个人，2013 年企业员工超过 2 000 人，淘宝网店铺会员人数突破 800 万人。最近几年，电商企业在美国扎堆上市，阿里巴巴更是创造融资新高，产生一批亿万元富豪。2014 年 9 月 19 日，阿里巴巴在美国成功上市，以收盘价 93.89 美元、市值 2 314.39 亿美元的惊人数字，一跃成为世界电商第一股。随着阿里巴巴上市，马云一夜成为中国内地首富，身家 265 亿美元，约 1 627 亿元人民币，全球排名第 23。

电商导致商业竞争如火如荼

电商流行语是，“不怕买不到，就怕想不到”，商品市场前所未有的丰富。以陕西凉皮为例，淘宝网上现在开凉皮店的有近 1800 家，产品多达上万款，商家担心的包装、保质、运输问题都已得到解决。2015 年“双十一”，“岐山方便擀面皮”系列产品一天销售额为 350 万元。还有一些传统理念认为比较难以运输的生鲜产品现在也在网上大行其道，如阳澄湖大闸蟹，通过一系列包装冷链措施，运到之后依然是活的。

电商的迅速发展迅速推动物流快递业转型升级，亚马逊、京东等电商均大力推动无人机配送业务，跨境电商的物流体系也提升到前所未有的程度。2014 年，天猫平台为了测试其跨境冷链物流体系的系统性，推出美国车厘子 72 小时直达活动，只要在喵鲜生平台下单，美国基地迅速发货，三天内送到消费者手里。2015 年春天，又有跨境电商推出美国冰淇淋 48 小时内送达的活动，一时间电商物流竞争你追我赶，好不热闹。

电商总体由1.0时代向2.0时代迈进

随着智能手机的普及，移动互联网时代迅速到来，原来依托个人电脑形成的网购模式逐渐成为传统电商，而依托于各类智能移动终端的电商大行其道，到 2015 年年底，主要电商平台均宣布超过半数以上的订单是在手机等移动终端完成的，电商迅速进入 2.0 时代。即使在县域也表现出同样规律，2015 年，在阿里巴巴零售平台上，县域消费者移动购物比例超过 60%，首次超过电脑购物，而 2013 年这个比例不到 15%。

电商 1.0 时代。以个人电脑为基本载体，消费群体以 80 后为主力，基于互联网技术形成了门户网站时代的繁荣，造就了 PC 端电商网站的崛起。这个时代的核心是拼流量，看谁的网站更能吸引来顾客，所以平台之争十分激烈，形成淘宝、天猫、京东、苏宁、当当、1号店、我买网等大型网购平台。买东西的一般办法是登录网页，翻查商品，网上下单并网上付款，物流公司送达。

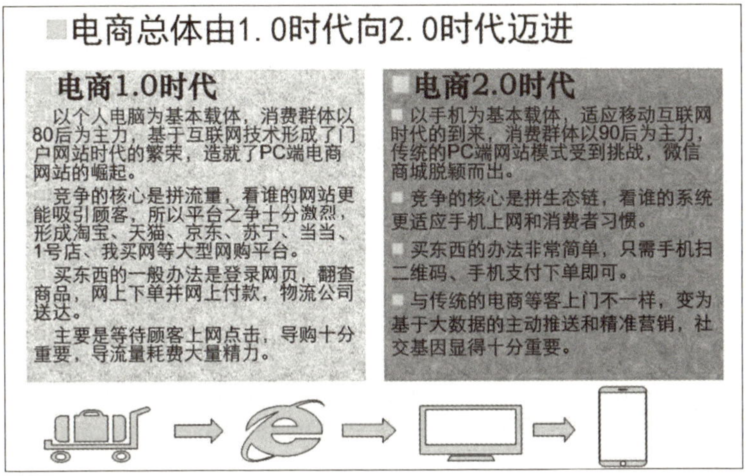

电商 2.0 时代。以手机为基本载体，适应移动互联网时代的到来，消费群体以 90 后为主力，传统的 PC 端网站模式受到挑战，微信商城脱颖而出。这个时代的核心是拼生态链，看谁的系统更适应手机上网和消费者习惯。买东西的办法非常简单，只需用手机扫二维码、手机支付下单即可。2015 年天猫“双十一”移动端成交比例突破一半，达到 68%；2016 年进一步达到 81.87%，电商交易的无线化基本完成，行业内普遍流行一个观点：PC 已死！

当前电商发展的竞争热点

（1）O2O：线上线下结合，有的传统商城意识到电商的趋势，开始在网上销售；但是在网上买东西最大的问题是没有办法看实物，所以有的网商意识到消费者体验的重要性，开始线下建店；但电商并不一定能经营好实体店铺，所以线上线下结合是最终出路，如苏宁的破釜沉舟式转型。而网购市场中的大宗商品服装业近一两年也迅速兴起线上线下一体的趋势，如都市丽人等通过后台改造、门店整合，推出了线上线下同款同价的新策略。2016 年“双十一”，优衣库、达芙尼等品牌已经实现线上线下一体。

（2）大数据：基于现代的云计算系统和互联网技术，对客户的数据进行全方位统计分析和定位，从而更精确地营销。《大数据时代》一书的作者在书中形象地描述了一个美国的电商靠大数据推测，竟然比女孩的父亲早一个月知道他的女儿怀孕。如今的电商营销基本建立在大数据的分析基础之上，完全可以根据消费者个人的喜好，定向推送不同的商品广告，也就是说，电商给每个人打出的商品广告可能是不一样的。

（3）社交基因：现在的移动互联网与手机熟人圈即微信圈关联度极高，一个微信圈的消息很快就能转化为商品购买行为，有没有社交基因成为移动电商决胜的关键。比如，一个叫糯米酒先生的电商，依靠微信每月能卖几十万元的糯米酒。而2015年更被称为微商元年，除甚嚣尘上的面膜微商还在刷屏之外，农特微商迅速兴起，利用社交的信任关系，有效缓解了农产品没有标准、安全不信任的问题，很多原来在淘宝上苦苦挣扎的新农人纷纷转入此领域，一时间朋友圈大有三农情怀满屏、农特产品遍地的感觉。

（4）社区终端：主要对生鲜电商而言，只有与社区结合，才能将物流费用比商品费用还高的怪圈打破，所以各大电商在此方面不遗余力地竞争，如京东推出的京东到家项目，还有顺丰推出的“嘿客”等，更有无数的生鲜电商将之视为救命稻草，一哄而上，仅在北京就有几百家社区电商。

（5）互联网金融：由电商的支付制度而衍生，迅速成为新的金融工具，如支付宝钱包、微信钱包、网上信贷等，直至最后深化为新的金融集团。比如，蚂蚁金服就是从支付宝演化而来的，在短短几年时间内成为覆盖九大金融业务的综合金融集团。

（6）跨界：一批互联网企业介入农产品的生产、销售，典型的是联想农业、顺丰优选等。比如，媒体从业者为主体的“本来生活”在从事农产品电商后，成功策划了“褚橙进京”事件，让农产品的营销策划模式为之一变。而联想集团旗下的佳沃农业推出的“柳桃”，以“三全六统”模式打造了互联网农业一个标杆。

（7）农村电商：广大农民的网购行为还很少，大量农产品还没有上网销售，市场空间巨大，2015年农村网购市场达到3 530亿元，2016年突破6 000亿元。

（8）跨境电商：不同关境的交易主体，通过电子商务平台达成交易、进行支付结算，并通过跨境物流送达商品、完成交易的一种国际商业活动。目前我国跨境电商年增长超过30%，20多万家企业从事在线出口贸易。但是近年跨境电商的内容已经发生变化，如果说马云起家时的跨境电商是出口为主、批发为主，则今天的跨境电商是进口为主、零售为主，各大电商无一例外地将奶粉、尿不湿、马桶等作为主打产品。

当前农村电商的进展、问题与趋势

从2014年算起，农村电商已经轰轰烈烈地推进快三年了，总体上取得了八大方面的重要进展，表现出六大新的趋势，但同样还存在不容忽视的六大问题，需要理论与实践的进一步探索和突破。

一、当前农村电商的八大进展

进展之一：高层持续推动。从2015年全国“两会”答记者问到4月1日主持国务院常务会议研究电商，总理一个月两次为电商“站台”，讲电商成为总理的“新常态”。不仅如此，总理对方兴未艾的农村电商格外关注，在已经专题研究电商的基础上，在2015年10月14日的国务院常务会议又专门部署加快农村电商发展事宜，并在随后以国务院办公厅名义下发专门文件。总理不止一次讲到，别把电商看小了，电子商务大大降低了流通成本，带动了实体经济的发展，极大地促进了就业，“对激发中国经济的活力功不可没”。在2015年“双十一”来临之际，李克强总理又安排国务院办公厅于2015年11月10日下午专门发电，祝贺这一节日。2016年李克强总理在调研脱贫攻坚工作中又视察了农村电商基层服务点。2017年初，总理又为社会争论激烈的电商虚拟经济论定调。在李克强总理大力推动电商的同时，汪洋副总理也高度关注农村电商，多次调研。有了两位总理的高位推动，各地推动农村电商发展的热情与力度明显提升。

进展之二：政策体系成型。从2015年初到现在，电商及农村电商的相关政策文件密集出台。有专家统计，以党中央、国务院和中央部委名义下发的各类涉及电商及农村电商的文件超过 80 个。这些文件主要分为三类：第一类涉及总体部署和顶层设计，连续四年的中央一号文件部署农村电商问题，《中共中央国务院关于打赢脱贫攻坚战的决定》对互联网 + 扶贫及电商扶贫进行了部署，中央网信办、国务院扶贫办又先后牵头出台互联网扶贫和电商扶贫意见；国务院 2015 年出台的电商“国八条”对未来五到十年电商包括农村电商发展的总体部署，后来国务院印发的互联网 + 行动意见也对农村电商高度关注，此后又专门出台农村电商文件。第二类是开展了专业性的部署，比如国务院扶贫办抓了电商扶贫，农业部抓了农业电商，旅游局抓了旅游电商，共青团抓了青年电商等。第三类是配套性安排，包括工信部出台的宽带进村、降费提速的意见，还有农业部出台的互联网 + 农业意见，商务部的快递物流意见等。

进展之三：开始多元竞争。有六大力量在角逐农村电商市场，其中实力较强的有四大力量：第一大力量叫“三国演义”，即阿里巴巴、京东、苏宁这三大巨头向农村的渗透。第二大力量，即“国家队”高调入场，主要包括供销总社、中国邮政、中国电信，像中国邮政的村邮平台已经覆盖近 20 万个村，仅次于京东在农村扩张的速度，据说电力系统也有想法。第三大力量就是涉农上市企业，在联想投资云农场后，金正大、诺谱信、辉丰股份等近 20 家涉农上市企业掀起了一场轰轰烈烈的农资电商大战。第四大力量就是“地方土豪”，知名的有遂昌赶街、深圳淘实惠、山西乐村淘等，以最保守的估计，全国地方性农村电商平台在一千家以上。除此之外，新农人的崛起也正在成为农村电商的“大事件”，各方面的数据折算下来，约有 200 万新农人在互联网时代回到了县以下从事着涉农创业，并逐渐表现出联合与组织化的趋势。农特微商也在 2016 年进一步常态化，质疑的声音依然有，而参与的人却越来越多，以至于阿里巴巴也不能再“淡定”下去，旗下的小额批发平台 1688 也开始做微商供货平台服务了。

进展之四：进程快于预期。不要说农村电商很难，当各方力量一起动手的时候，却也呈现出“轻舟已过万重山”的态势。根据商务部的最新通报数字，2016 年三季度末，全国已经建成乡村电商服务点 35 万个，而全国总的行政村数量不到 70 万个，这意味着覆盖率已经过半，一些村甚至已经出现“多重覆盖”，同时有几家电商平台进驻。随着农村电商覆盖面的迅速扩大，农村电商的消费额也在迅速增加，在 2015 年 3530 亿元的基础上，2016 年上半年农村网购规模达到 3160 亿元，4600 亿元的年度预测值被打破已经不在话下。这还没有算已经存在的 1500 亿元的农产品电商、2800 亿元的农资电商规模，农村电商万亿元大市场已经赫然眼前。在 2016 年初的农村电商大促中，可以看到各家平台在工业品下乡，特别是农资下乡方面，已经是喜气洋洋了。

进展之五：内容不断深化。大家电下行渠道日渐成熟，悄然间推动了县域家电市场的转型；农资电商的技术和服务开始优化，逐渐向“O2O”概念的本质靠拢；农村金融普遍得到了重视，阿里有“旺农贷”，京东有“京农贷”，苏宁等电商平台也相继推出了农村电商金融服务；注重人才吸引回流，阿里巴巴农村淘宝从 2.0 版本开始，明确把培养人才放在了最重要的位置；各大电商纷纷开始探索农产品上行，比如京东的“E 路高歌枇杷行”，阿里巴巴的“乡甜频道”及聚划算农产品上行计划等；电商扶贫高调入场，一次又一次的电商扶贫论坛、现场会举办，相关书籍的出版，相关模式的梳理，让电商在脱贫攻坚这场战役中显得特别耀眼。

进展之六：县域电商升温。2014 年，阿里巴巴集团在杭州举办的首届县域经济与电子商务峰会拉开了县域电商竞争的大幕，当年 176 个县长参加会议。到 2015 年第二届峰会时，参会县长的数字已经突破 400 人，总体参会人数多达 1600 人，关注度之高由此可见一斑。作为县域电商的重要承载，电商园区发展迅猛。截至 2016 年 3 月，全国电子商务园区数量达到 1 122 个，遍布于 30 个省、市、自治区，物流与金融加速与园区融合；其中，县域电子商务园区超过 300 个，正在成为发展新热点。县域电商的兴起让大家似乎看到了互联网时代的世界真的是平的，县域经济有可能借此实现拐弯超车，而长期居高不下的城乡差距也有可能因此实现城乡新统筹。

进展之七：人才加速回流。电商以其低门槛、风险小等优势吸引了大量青年返乡从事电商创业，“明天谁来种地”的问题有了另一种现实的回答。阿里巴巴农村电商落地到每一个地方，都能引发青年的热捧，各地的农村淘宝合伙人招募异常火爆，未来三年内农村淘宝计划培养20万农村青年回乡创业。而基于阿里巴巴电商平台的新农人群体也已经超过100万人，注册在阿里平台上的乡村卖家达到77万家，每个卖家平均用人规模在2～3人之间。京东的农村推广员招募已经接近40万人。而其他各家电商下乡建立的站点估计也有30多万个，也吸引着大量的青年回流农村。

进展之八：电商扶贫入场。从2014年底被国务院扶贫办正式列入“十大扶贫工程”之一至今,电商扶贫的推进时间并不长,但对于电商扶贫这个新事物，地方政府、电商平台、电商创业者、社会力量却在更早就开始了积极探索，并形成了各自特色的电商扶贫之路，最终汇聚成今天的电商扶贫洪流。其总体脉络可以用四大力量来概述：由各大电商平台推动的电商扶贫实践，政府推动下的电商扶贫实践，新农人群体的自发探索，工商资本下乡与互联网巨头跨界扶贫。电商扶贫也不再是仅仅把贫困地区的农产品卖到网上去，还有良好的生态环境，美丽的山水风光，深厚的民俗文化底蕴和让城里人向往的田园牧歌，并加速向互联网＋扶贫拓展。

二、当前农村电商表现出的六个趋势

趋势之一：本地化。大家在实践中逐渐发现，如果套用一般工业品模式，将我们普通的农产品也通过“跋山涉水”进行像淘宝一样的高达85%的跨省交易，这是严重的误区，不仅面临诸如保鲜冷链等现实制约，而且确实没有这么多农产品需要跨省交易。更多的一些日常性食用农产品可能是需要本地化供应的，比如土鸡蛋，各地都有，北京人没有必要非要吃云南的鸡蛋，北京近郊也能养。所以，农产品电商的本地化问题越来越得到重视，就地供应、就地销售更靠谱一些。

趋势之二：协同化。大家在实践中逐渐发现，农村电商的事，一个人谁也干不了，包括马云在内，也需要大家一起干。比如，电商平台下乡的过程中，没有电商服务商的配合，是非常吃力的事。所以，在农村电商发展中，政府、平台、电商服务商和当地企业开始联手，联手之后就会发现，原来混沌的局面就打开了。例如政府主要搞好制定政策、改善公共服务、规范市场等，平台主要是搞好渠道延伸、平台开放、完善生态等，电商群体主要是搞好推广运营、新媒体宣传、大众创业等，而参与电商的传统企业主要是搞好本地服务、产品开发、带动农户等。

趋势之三：融合化。农村的情况千差万别，电商干不了，干不动，农资电商、百货下行，线下渠道可用，因而线上线下正在加速融合，新零售正是这一趋势的产物。为什么农村电商会在工业品下行，特别是家电下行，还有农资电商率先突破，因为它们无一例外都是线上线下的结合。难道大家看到哪一台冰箱是从深圳邮递过来的吗？没有！都是从本地的商店搬出来的。至于农资电商，有的甚至就是从村民旁边的小店搬出来的，电商只是一个网上交易通道。而且，农村电商已经不再那么严格区分线上线下了，它们不仅仅是仇人，也可能结合，主动上线就意味着多了一个渠道，也增加了低成本的供应链，特别是电商的去中间化和规模采购议价能力。

趋势之四：生态化。大家逐渐认识到，只有政府在干，或者只有企业在干，或者是我们号召的大量年轻人回到农村在干，他们分别都是干不动的。为什么干不动？因为电商是一个复杂的生态体系。谁背后没有这个生态体系，谁就不可能实现发展。所以，在我们直观地看到的电商交易这个表象之外，其背后首先有电商服务来支撑，再背后是物流支付支撑，再背后还需要产业配套支撑。整个农村电商表现出“冰山效应”，即我们经常看到的电商平台和电商创业仅仅是冰山一角，电商服务业及相关配套产业，源头产业基础等，是埋藏在水下的。谁的水下冰山厚度更厚，谁的电商才能走得越远。没有水下这些东西的是浮冰，太阳一出来就化了，是不会成功的。

趋势之五：差异化。表现在很多方面，比如阿里巴巴，农村淘宝自从2.0版本以后，经常喊人才为先；到3.0版本，则又上升为“三个中心”，农村生态服务中心是便民的，创业孵化中心是吸引人才回流的，而公益文化中心是再造乡村的。京东则几经完善，最终提升为“3F”战略，在农村重点抓工业品下行、农产品进城和农村金融三件事。苏宁一开始追随模仿阿里巴巴，也经过不断调整，到现在梳理出“三化五当”模式，“五当”中的“纳税在当地”，特别受当地领导关注。再像一些地方性的电商，以实用为主，打出特色牌，比如遂昌赶集探索农村 O2O，山西乐村淘发明农村网上赶集，深圳淘实惠则倡导“县域自生态”。

趋势之六：跨界化。现在农村电商出现一些新兴的外来东西，需要引起注意。比如微商下乡的问题，自从 2015 年 7 月一个卖面膜的微商被判刑之后，整个微商迅速转入了农特微商领域，大家明显能感觉到，朋友圈天天有人晒情怀，也天天有人卖“老妈做的咸菜”“外婆家的小米”等东西。这些小吗？农特微商完全利用了农产品的非标特征，缓解了一般电商解决不了的标准化、信任问题，东西确实不大，但规模不小。根据最新的微商公报，2015 年整个微商市场 1800 亿元规模，食品类 620 亿元，主要是农产品。所以，不可小视，因为阿里巴巴 2015 年销售的农产品是 698 亿元。再比如一些地方出现的“支部上阵”，在农村电商招不到人的时候，支部书记先兼任，他拉一个微信群，把村民加在里面，当上面传来电商活动消息时，他在群里发一下，群众吱一声就行，然后统计数量配送。看似原始，却简单、粗暴、有效。所以对农村这些地方要务实，“土”的不好看但有效，“洋”的好看却可能没有用。

三、当前农村电商依然面临的六个现实问题

问题之一：路径的个性化。不同县域的电商模式是什么？不同平台的策略是什么？还有不同的电商创业者到底怎么干？没有比千篇一律更让人担忧的了，这注定走不下去。别人搞了核桃电商，你也要继续搞吗？几乎所有的农村电商平台都是便民服务、代买代卖、创业服务等类似的业务，不能有突破和创新吗？而让每一个创业者开淘宝才是真正的电子商务吗？根本不需要！可能就是需要 20% 的人开网店，80% 的人做后面的服务配套及相关产业基础就可以了。

问题之二：物流的体系化。绝对不要对农村电商的物流简单视之，可能比工业品物流更复杂。除过我们常讲的骨干物流、县域分拨外，最麻烦的还是乡

村“最后一公里”和“最初一公里”的问题，最后各个快递公司普遍表示“玩不动”，平台自成体系下去也很累。我们大胆预计，未来乡村物流是上面千条线，下面一针穿，所有的乡村物流不管是“三通一达”的，还是阿里、京东的，都需要接入地方本地物流，这样才会划算有效率，对谁都可以接受。

问题之三：资源的共享化。对于农村电商站点，只能阿里建阿里的，京东建京东的？还有基层人员，京东的推广员就永远不能跟阿里的人接触吗？还有物流的问题，难道每家都要自成体系吗？再就是大家讲的大数据，说数据是最宝贵的财富，难道农村电商的数据就是各家私人财富，绝对不能公开吗？

问题之四：上行的科学化。上行难，难在哪里？因为上行太复杂。我们对这个难度要有充分的估计，我在此前不同的场合讲过，电商已经率先进入 21 世纪，可是我们的农业依然在 19 世纪，他们两个是牵手不了的。欲发展农产品电商，先将农业互联网化。由此，农产品的上行，要解决一系列的问题，至少有五个关键点。一是源头的标准化，包括外观形状标准相对一致，内在品质标准相对一致，生产规程标准相对一致。二是安全问题，要有安全的生产体系，还要有可追溯体系的验证。怎么才是真正的可信任的安全？核心在“信任”二字，而不是你生硬拿出几百项检测指标给人看，也不是拿出一个欧盟认证、美国认证让人信。就是联合国认证又怎么样？有人开玩笑，网上买东西，除了假发不是假的以外，其他都有可能是假的。二是品牌问题，农产品品牌复杂在第一要有区域性公共品牌，没有区域性公共品牌，一个企业是扛不起一个地方品牌的。但只有区域性公共品牌又会产生另外一个情况，就是“公地悲剧”，阳澄湖的“洗澡蟹”到处横行，假的五常大米满地都是。这个时候就需要扶持企业的市场品牌来引领，与政府打造的区域性公共品牌相配合。四是渠道问题，我们现在一个劲地紧盯着零售、零售。我们的一些地方，一说农产品上网就都要上淘宝，能不能上得去？又能上多少？大家有没有想到这样一个问题，去年我们国家电商交易总额 20.8 万亿元，零售商品总共只有 3.2 万亿元，只占不到 15%，再算到淘宝头上，又能占整个交易的三分之几？只盯着淘宝零售，是丢了西瓜，也捡不上芝麻。因为马云也很为难，每个县都要上行，都要淘宝给流量，一年365天，一天推一个县，全国2800个县级行政区，那需要多少年才能轮到？所以，我们要放开视野，农产品不仅可以在网上零售，还可以做网上批发，还可以做跨境电商，更有大量的可以O2O，一定要在农产品出去的通道上放开思路。六是协作问题，在上行的过程中，电商怎么办？合作社怎么办？企业怎么办？平台怎么办？政府怎么办？一定要分工协作，没有一个人可以包打天下。

问题之五：盈利的明朗化。对电商平台而言，什么时候补贴才是个头？到今天为止，我们的农村电商整体是没有赢利的，对此我深深同情已经下乡的农村电商平台，因为他们目前所做的事情，某种程度上是政府应该承担的电商基础设施建设，当然电商平台也拿了一定的政府补贴。但是这种政府和平台的补贴要到什么时候才能够盈利呢？在回答这个问题之前，我们要警惕一种极端的观点，那就是农村电商没有用，是劳民伤财，这个认识是错误的。现在所做的事情就像是修了高速路，不能因为还没有赚钱就停止路的运营，而是要想方设法让更多的人走上高速路，走的人多了就能够盈利了。对于农产品电商而言，还有一个线上、线下竞争的问题，也有同类农产品网上竞争的问题，一些农产品电商一味赔本赚吆喝怎么能长久？明天在哪？对于地方性农村电商平台而言，主要是明天在哪里？全国已经掺和进来几千家涉农电商平台，凭什么与阿里巴巴、京东等抗衡，后续的资金与人才支撑在哪里？

问题之六：人才的专业化。电商竞争目前很激烈，一些做网店创业的年轻人可谓是外表风光，内心彷徨。在此情况下，我们要思考，是不是每个人都需要开网店？是不是所有的活都需要自己全部干，当全能冠军？是不是继续维持着父子兵、夫妻店之类的单打独斗模式？现在的形势下，要寻找一个电商人才在电子商务发展当中合理的位置，可能只需要找到一个点就可以了。为了说明这个问题，我讲了一个鱼塘理论，不是所有的鱼都要在水面上冒泡，而是要像五大家鱼一样生活在鱼塘的不同水位，大家和谐共生，而这个合适的水位点就是电商人才所要找到的那个适合自己的点。

四、当前农村电商留给理论和现实的五大课题

课题之一：未来怎么看？将来农村电子商务会走向何方？我们乐观一些看，一定会走向线上线下融合、本地化和走出去相结合的道路，各种电商的业态相结合。但到底会走到什么地方，走到何种程度，还需要深入研判。

课题之二：边界怎么定？农村电商是一个非常泛化的概念，目前农村电商既缺乏整体的理论体系，也缺乏各个分领域的边界与内涵界定。比如，农村电商有狭义的电子商务进农村，还有包括农资电商、农产品电商、旅游电商、电商扶贫甚至是互联网+农业农村的广义农村电商，需要再做进一步的细分和界定。

课题之三：难题怎么破？为什么启而不动？为什么长期没有进展，一些现实的难题必须要有明确的回答。实践至少面临着六个重大问题：如何把握好与市场的关系，实现政府的有效引导？如何在培训之后跟进系列服务，实现人才的有效培养？如何把地域公共品牌与企业市场品牌结合好，实现品牌有效打造？如何选择当前的工作重点，不管是农产品电商还是电商扶贫等，能否在某一个方面率先突破？如何区分初期、中期、后期不同发展阶段的现实情况，实现园区的良好突破？如何整合有效资源，实现物流低成本、高效率的畅通？以电商园区的建设为例，不是说不能建，而是我们要因地制宜、因时制宜来建设。一个地区的电商园区在初期主要是孵化功能，定位就像哺育婴儿一样，给一个襁褓，给一瓶奶就差不多了；但是到了电商比较成熟的阶段，就像一个小伙子，已经长大了，他十八、二十岁了，不仅要找工作，吃穿无忧，还要找女朋友，将来还要有房有车，这个时候的电商园区功能就要特别的完善。

课题之四：关系怎么理？目前农村电商的发展涉及六个方面的关系处理问题，包括电商平台、当地政府、传统企业、电商创业者、普通农民和电商企业，这六个方面怎么能较好地协调它们的关系，在农村电商发展中实现协同，有待于探索研究。

课题之五：政策怎么调？如果按村点的覆盖率来算，则农村电商现在进程过半了。这种情况下，政府接下来怎么办？一是钱怎么花，是继续补贴还是重

点资助？二是人怎么干？政府的电商办一干人到底职责定位是什么？三是路怎么走，不谈模式，也得选条道。四是事怎么理？政府部门谁牵头，和谁协同一起工作的模式，等等。

总之，在农村电商进入第三个年头的时候，我们至少要比以往更明白一些，更知道怎么干，才能让农村电商在今后发展得更好！

国务院为农村电商专门发文所传递的重要信号

2014 年下半年起，农村电商发展明显升温。2015 年以来，国家在从战略的角度加快推进电子商务发展的同时，对农村电商进行了总体部署，各项具体措施相继密集出台。虽然 2015 年 5 月国务院专门下发的《关于大力发展电子商务加快培育经济新动力的意见》就农村电商已经做出了部署，但 2015 年 10 底国务院办公厅又及时出台了《关于促进农村电子商务加快发展的指导意见》，进一步加快农村电商发展。文件传递出关于农村电商的若干重要政策信号。

一、进一步加快农村电商发展的重要政策信号

应该说，国家对农村电商发展相当重视，在 2015 年 5 月国务院出台的《关于大力发展电子商务加快培育经济新动力的意见》中对农村电商就进行了部署；随后的 7 月，国务院《关于积极推进“互联网 +”行动的指导意见》中提出的十一大行动中，多处提及电商，并在“互联网 + 农业”和“互联网 + 电子商务”两个板块重点做了部署；在国务院两年重要部署出台后，财政部、商务部下发《关于开展 2015 年电商进农村综合示范工作的通知》，在 200 个县扩大示范；商务部等中央 19 部委于 8 月下发《关于加快发展农村电子商务的指导意见》，从五个方面提出 18 条具体意见和五大配套工程；农业部、国家发改委、商务部于 9 月下发《推进农业电子商务发展行动计划》，从五个方面提出 20 项推进农业电子商务的专项行动；国务院扶贫办也加快了电商扶贫的试点，共青团中央与商务部共同推进实施青年电商培育工程，供销总社的全国性涉农电商平台也于 9 月底上线试运行。

那么，在这样密集出台农村电商相关政策的情况下，国务院办公厅又及时下发《关于促进农村电子商务加快发展的指导意见》，可以说，充分释放了进一步加快农村电商发展的政策信号。

二、进一步加快农村电商发展的深层考虑

为什么国务院对农村电子商务看得如此之重？通过文件来看，主要有如下几方面的考虑。

首先，发展农村电子商务对于转变农业发展方式和推动精准扶贫有重要意义。就是文件中讲的，“农村电子商务是转变农业发展方式的重要手段，是精准扶贫的重要载体”。因为在此前的 7 月，国务院办公厅下发了《关于加快转变农业发展方式的意见》，明确提出要大力发展电子商务；在“10 • 17”国际扶贫日来临之际，国务院扶贫办更是专门举办了电商扶贫论坛，专题探讨深化电商扶贫的问题。

其次，加快农村电子商务发展对全面推动大众创业、万众创新有重要意义。大众创业、万众创新，互联网是风口，电商是重要领域。特别是农村电商的加快发展，正在成为大众创业、万众创新的重要载体。不仅众多互联网巨头加大对农村电商投资，而且各类创投资金将目光对准了农村电商。无论是越来越多的生鲜电商投资案例出现，还是众多的上市企业加码农资电商，还是地方区域电商平台的崛起，都说明了农村电商创业的巨大空间。仅据阿里巴巴发布的数据，应用电商工具的“新农人”群体已经超过 100 万人。

再次，加快发展农村电子商务对整个县域以下的农村经济转型升级意义重大。也即文件指出的，“把实体店与电商有机结合，使实体经济与互联网经济产生叠加效应，有利于促消费、扩内需，有利于推动农业升级、农村发展、农民增收”。根据相关研究数据预测，2016 年农村电商将达到 4 600 亿元规模（事实上最后达到 8 945.4 亿元），甚至有的专家估计，未来农村电商规模可能要超过城市。由于电商的推进，农村的生产生活方式也随之加速转型，成为新型工业化、信息化、城镇化、农业现代化同步发展的关键性因素。

三、进一步加快农村电商发展的三大重点任务

文件提出的重点任务有三项，一是积极培育农村电子商务市场主体，二是扩大电子商务在农业农村的应用，三是改善农村电子商务发展环境。

在积极培育农村电子商务市场主体方面，确实与城市有相当差距，因为现有的大型电商平台本质上不是姓“农”的，而是工业品销售起家，农产品的平台销售总量还十分有限。所以，文件提出“培育多元化农村电子商务市场主体”，一方面要充分发挥现有市场资源和第三方平台作用，另一方面要鼓励电商、物流、商贸、金融、供销、邮政、快递等各类社会资源加强合作，构建农村购物网络平台，实现优势资源的对接与整合，共同参与农村电子商务发展。

在扩大电子商务的农业农村应用方面，目前确实基础较差，互联网＋农业的理念还在普及之中，具体模式还在探索，农业的信息化程度还不高。所以，文件指出，要加强农业生产、加工、流通等环节的互联网技术应用和推广，加强运用电子商务大数据引导农业生产，在促进工业品、农业生产资料下乡的同时为农产品进城拓展更大空间。

在改善农村电子商务发展环境方面，目前面临的困难也是非常现实的，突出表现在网络基础与城市差距较大，物流配送滞后。所以，文件从两个方面提出加强方向，在硬环境方面，重点是加速宽带进村，加强农村公路建设，提高农村物流配送能力；在软环境方面，重点是完善政策体系，加强人才培养，营造良好发展环境。

四、进一步推动农村电子商务发展的关键举措

从文件来看，提出了七条具体措施，有许多亮点。

比如，明确要求把电子商务纳入扶贫开发工作体系，并从提升贫困户电子商务创业增收能力、鼓励引导电商企业开辟贫困老区特色农产品网上销售平台，以及与合作社、种养大户等建立直采直供关系两个重点方面推进。

又如，为了促进创新，决定开展农村电子商务创新创业大赛，调动返乡高校毕业生、返乡青年和农民工、大学生村官、农村青年、巾帼致富带头人、退伍军人等参与农村电子商务积极性；还要开展农村电子商务强县创建活动等。

再如，为大力培养农村电商人才，决定实施农村电子商务百万英才计划，对农民、合作社和政府人员等进行培训，有条件的地区可以建立专业的电子商务人才培训基地和师资队伍。

在完善农村物流体系方面，加强交通运输、商贸流通、农业、供销、邮政等部门单位及电商、快递企业相关农村物流服务网络和设施的共享衔接，重点支持老少边穷地区物流设施建设，提高流通效率。

在加大金融支持力度方面，鼓励村级电子商务服务点、助农取款服务点相互依托建设，明确符合条件的农村网商，可按规定享受创业担保贷款及贴息政策等。

五、农村电商要快速发展，更要健康发展

目前的农村电商在快速发展的同时，也出现了一些问题，如盲目建平台、建园区的问题，追求政绩工程大搞突击的问题等。所以，文件也提出了政策红线和相关明确要求。

比如，文件明确指出，深入开展“电子商务进农村综合示范”，有关财政支持资金不得用于网络交易平台的建设。能提出这样的明确要求，也是因为在既往的试点中出现了这样的问题，在平台格局大体已定的情况下，建平台不难，但运营好太难。

又如，文件着力营造规范有序的市场环境。市场环境的核心是监管，要打击制售假冒伪劣商品、虚假宣传、不正当竞争和侵犯知识产权等违法行为。要督促第三方交易平台加强内部管理，遏制“刷信用”等欺诈行为的蔓延。同时，维护公平竞争的市场秩序，推进农村电子商务诚信建设也非常重要和必要，没有诚信的支撑，电商就很难做大。

再如，好的规划或意见，落实是关键。文件明确要求，要结合本地实际，因地制宜制订实施方案，出台具体措施；各部门要明确分工，加强协作。目前，电商模式各地非常热衷，但实际上成熟的并不多，老老实实发展更重要，扎扎实实干事更关键。

总之，文件的出台是农村电商发展的又一个重要里程碑，标志着农村电商的国家战略基本成型，提出的一系列举措将有力地推动我国农村电商发展。

六、区域农村电商发展正当其时

此次国务院办公厅农村电商文件的下发，正值各地农村电商加力推进发展之际，可谓恰逢其时，必将对各地的发展起到积极推动作用。

以陕西这样的西部省份为例，虽然农村电商还在起步阶段，但增速非常快。根据阿里研究院公布的数据，在阿里平台上的陕西农产品卖家从 2013 年的 0.68 万个增长到 2014 年年底的 1.29 万个，增长了 89%，增速排全国第三；2014 年农产品销售额为 6.21 亿元，虽然排名仅为全国第 17 位，但比 2013 年增长 116.3%，增幅也在全国排第三。如果再对照一下 2013 年的数据，则可以发现，陕西农产品销售额较 2012 年的增长高达 219%，仅次于安徽列全国第二。显然，陕西农产品电商这两年正在进入超高速发展期。

同时，农村电商也吸引了各地党委、政府的重视，纷纷将电商作为促进农村经济发展和县域经济转型的重要抓手。像咸阳市武功县以打造西北电商第一县为目标，按照“买西北卖全国”的思路，大力推动农村电商发展，先后引进电商企业 60 多家，培育本地网店 600 多个，接纳快递物流企业 20 多家，日均发货量达到 3 万单，电商经济初具规模，2014 年农产品电商销售超过 2 亿元，在全国排名第 11 位。在武功等电商示范县的带领下，各地纷纷加快农村电商发展。截至目前，国家支持陕西建设电子商务进农村综合示范县 15 个，陕西省认定省级电子商务示范县 15 个，农村电商发展的大势已成。

为了支持农村电商发展，陕西省委、省政府高度重视，早在 2014 年 7 月就以省政府名义下发了《关于加快推动我省电子商务发展的意见》，就农村电商发展做出了部署；此后，省政府先后与阿里巴巴、京东、腾讯、苏宁等互联网巨头签订合作协议或开展合作，共同推动农村电商发展；全省电子商务发展专项资金由 2014 年的几百万元增加到 2015 年的几千万元，仅培训资金就达到 1 000 万元；连续两年在杨凌农业高新科技成果博览会上举办农村电商大会，在普遍层面上推动发展，全省推动农村电商发展的良好氛围形成。

当然，在一片高歌猛进的声音中，也有值得重视的问题。在认识层面，存在认识不到位与认识有偏差的问题，有的人至今还认为电商是虚拟经济，对发展经济、增加税收意义不大；有的人简单认为电商就是网上开店、卖货，不愿意干与不会干的情况同时存在；在操作层面，一些县还存在着盲目建平台、建园区的倾向，对电商服务和生态建设重视不够，对以青年为主的电商创业扶持不够，有点无面，后劲不足；在现实困难层面，基础设施落后、人才短缺、资金匮乏、产业配套不足等问题较为突出。

因此，应该按照这次国务院办公厅下发的农村电商文件精神，进一步深化认识、明晰方向，增强发展举措的针对性、有效性，实现农村电商的更快、更好地发展，应该注意五个方面：一是坚持以深化认识为前提，加强对市县领导、企业负责人和电商创业者的培训，搞清楚农村电商的趋势、政策、内涵、重点等，明明白白上路；二是坚持以科学定位为基础，从不同县域实际出发，走有特色的区域电商之路，切忌简单模仿，百县一面；三是坚持把打造生态作为关键，能不能实现电商快速起步、稳健发展，关键看县域电商生态好不好，要下气力完善电商服务、相关基础设施和产业配套；四是坚持把培养人才作为第一要务，以培训为切入口，搭平台、强服务、给政策，让电商创业者想来干，也能干得好；五是坚持把精准用力作为重要推手，要层层推动电商一把手工程以有效推进，要把有限的财政资金投在人才培养、电商服务等“刀刃”上，要把发展目标在短期内进一步聚焦，不要四面出击。归根结底，就是电商需要什么服务，政府就提供什么服务；电商需要政府如何改革，政府就应该如何改革，从而实现农村电商加快发展。

2017年中央一号文件传递的农村电商信号

备受关注的2017年中央一号文件在2017年2月公布，文件以深入推进农业供给侧结构性改革，加快培育农业农村发展新动能为主题，从六大方面对三农工作进行了总体部署。不出意料，文件对农村电商继续进行了安排部署，这已经是2014年以来中央一号文件连续四年安排农村电商工作了。值得注意的是，在2016年中央一号文件用400字的篇幅对农村电商进行了安排部署的基础上，

2017 年中央一号文件对农村电商的部署进一步加强，虽然连续两年都在文件第 14 条进行部署，但 2016 年的此条小标题是“加强农产品流通设施和市场建设”，而 2017 年的此条小标题直接就是“推进农村电商”了。

一、2017年中央一号文件对农村电商的新部署

2017 年中央一号文件对农村电商的部署相较 2016 年有以下五个特点，可以概括为一个“首次提出”和四个“更加重视”。

首次提出电商产业园建设问题。文件给出的提法是“鼓励地方规范发展电商产业园”，要求电商产业园“聚集品牌推广、物流集散、人才培养、技术支持、质量安全等功能服务”。2016 年我国已有各类农产品电商园区 200 家，占各类电商园区的 12%，还在呈现快速增长趋势。但透过数字看实际，一些地方的所谓的电商产业园实际上就是原有开发园区的改头换面，电商的特性明显不足。文件一方面“鼓励”电商产业园，另一方面又要求“规范”电商产业园，显然不希望简单跟风，而是做实，具体而言就是要有强大的服务功能，聚集品牌推广、物流集散、人才培养、技术支持、质量安全等功能。

更加重视线上线下融合。第 14 条第一句即提出：“促进新型农业经营主体、加工流通企业与电商企业全面对接融合，推动线上线下互动发展。”这一条的提出，既是对 2016 年年底中央经济会议提出的振兴实体经济的回应，也是深入推进农业供给侧结构性改革的体现，更是农村电商三年实践的经验与教训，在现代农业体系还不完善的情况下，单纯的电商在农村根本走不远，特别是农产品电商。

更加重视农产品上行。文件提出：“加快建立健全适应农产品电商发展的标准体系”，“支持农产品电商平台和乡村电商服务站点建设”，“完善鲜活农产品直供直销体系”。其中标准是当前农产品电商的一个痛点，农产品上网普遍缺乏与之相适应的商业标准，传统的生产标准又难以衔接，加强农产品电商的标准体系势在必行。与 2016 年中央一号文件提出的“鼓励大型电商平台企业开展农村电商服务”相比，2017 年的文件明确提出“支持农产品电商平台和农村电商服务站点”，进一步聚焦农产品上行问题。完善鲜活农产品直供直销体

系则对于降低生鲜电商的运营成本有积极意义。

更加重视农村电商物流。文件提出，“推动商贸、供销、邮政、电商互联互通，加强从村到乡镇的物流体系建设，实施快递下乡工程”；“完善全国农产品流通骨干网络，加快构建公益性农产品市场体系，加强农产品产地预冷等冷链物流基础设施网络建设”。其透露的信号是，要对现有的农村物流体系进行整合，否则若干自成系统的农村物流体系不经济也不现实；而对骨干物流网络、冷链物流基础设施网络的重视也是回应了现实的制约。

更加重视农村电商生态体系。文件将去年在其他部分单独表述的“推进互联网＋现代农业行动”并入今年的农村电商部分，使农村电商的外围建设进一步丰满。可以说，想把农产品电商搞好，就必须先把互联网＋现代农业搞好，这是基础性工程。同时，文件也将2016年提出的“加大信息进村入户试点力度”升级为“全面实施信息进村入户工程，开展整省推进示范”，进一步夯实农村电商的信息网络基础和用户基础。

同时，文件还提出“深入实施电子商务进农村综合示范”。鉴于此项工作已经实施三年，相关工作体系已经形成，重点方向也在专项部署中予以明确，所以一号文件没有进行具体叙述，根据此前商务部的通报，这项工作今后的重点在基层站点、人才培训、农产品上行，并要对有条件的贫困县实现全覆盖。

此外，文件第4条提出，重要农产品生产保护区的“功能区和保护区内地块全部建档立册、上图入库，实现信息化精准化管理”；第5条提出，“切实加强产地环境保护和源头治理，推行农业良好生产规范，推广生产记录台账制度，严格执行农业投入品生产销售使用有关规定”；“建立全程可追溯、互联共享的追溯监管综合服务平台”；第18条提出，“实施智慧农业工程，推进农业物联网试验示范和农业装备智能化”；第23条提出，“推进光纤到村建设，加快实现4G网络农村全覆盖”，“推进建制村直接通邮”。这些涉及现代农业发展和美丽乡村建设的基础性工程也将有利于改善农村电商的生态体系。

二、以供给侧改革推进农村电商发展

农村电商发展整体处于起步阶段，市场主体少，基础设施不完善，相关政策还不配套，电商服务业跟不上，落实一号文件的部署，必须深入推进供给侧改革，在制度创新、完善基础设施、释放人才活力、加大政策扶持等方面的有效供给上下功夫，通过政府的“营造渔场”，让平台、人才、企业等各方力量在农村电商的广袤空间里“海阔凭鱼跃，天高任鸟飞”。

加大政策的有效供给。在出台电商发展整体意见的基础上，及时纳入十三五发展总体规划，进一步出台各相关配套政策，督促市、县政府也出台本地电商发展意见，早日形成重视和促进农村电商发展的完善政策体系。

加大电商服务的有效供给。高度重视电商服务业的发展，引进一批优势电商服务商，重点解决人才培训、网店装修、专业美工、客服运营、市场推广、数据分析等电商服务的供给不足问题。

解决电商发展的短板制约。目前突出表现在农村宽带还没有普及，网速不快，收费不低；农村物流还不发达，运不了，送不到，收费高，时效差，一些地方的农产品电商物流费用甚至高过农产品本身；缺乏电商发展的要素集中承载地，电商孵化中心建设滞后，配套的加工、包装、仓储设施不到位等，必须加力加快解决。

加快农业转型升级。农产品电商发展离不开农业的现代化与信息化，电商的发展迫切需要农产品加速标准化、品牌化，加速推进农业物联网、云计算发展，大力发展智慧农业、精准农业，实现农产品质量可追溯，数据可共享，满足消费者对质量与安全的要求。农业生产经营主体应该按照电商“C2B”模式的要求，从消费者的需求来定制农产品生产，按照市场的要求来规范生产，用电商最终实现对农业的深度改造与转型升级。

三、推动农村电商快速健康发展要落实好五大理念

转变观念促创新。深刻认识电商对于农村经济社会发展的重要意义，在农产品电商、电子商务进农村、农资电商、乡村旅游电商、电商扶贫等农村电商

各领域深入探索，加速推进适合不同地区、不同产业、不同主体的农村电商模式创新。

统筹协调促发展。既让城市的工业品和农资可以通过电商渠道物美价廉地下乡，也要打通相关环节让农产品可以更加便捷地进城；既要广泛引进电商市场主体加速农村电商覆盖，也要注重培养本地电商企业和电商人才引领长远发展；既要重视农村电商主体发展，也要重视相关配套建设，夯实发展基础。

唱响绿色主旋律。把绿色发展理念渗透到农村电商发展全过程之中，着眼于当地特色产业的开发，不仅把绿色的产品销售出去，还要把绿色的产业带动起来，由简单地把山货卖出去，到优雅地把消费者请进来，不仅保护青山绿水，还要让他们变成老百姓发家致富的金山银山。

放开视野大开放。应十分注重以开放的视野发展电商，拿出一种“买全球、卖全球”的气度，充分吸纳各方面电商要素参与农村电商发展，要看电商是不是带动了本地产业发展，是不是促进了创业就业，是不是惠及了群众民生，而不要拘泥于电商企业是不是在本地注册，是不是能够交税等“地主”思维。

成果共享惠民生。要把老百姓得实惠作为农村电商发展的重要标准，不是引进多少电商企业、开了多少网店、建设了电商园区、布局了多少站点就是实现了农村电商大发展，而是要看老百姓有没有在农村电商的发展中享受到应有的红利，是不是生活更便利了，是不是农产品更好卖了，是不是自己也能轻松地参与了，是不是农村发展更和谐了。

农村电商为什么会这么热

阿里研究院院长高红冰说：“农村的市场是一个新的蓝海市场，我们发现在整个网购现象的背后，其实在三线、四线、五线、六线城市的分布是超过一半的，所以未来一个新的增长点是在这块。”目前，农村居民对网购模式的接受度达到 84.41%，人均网购消费金额预测在 500 ～ 2 000 元之间，仍有增长空间。我国网购市场规模突破一万亿元之后，城市网购市场增速日渐放缓，农村市场成为电商下一轮增长的新引擎。淘宝网农村订单金额比例由 2013 年第一季度的 8.65% 上升到 2015 年第一季度的 9.64%。2015 年农村网购市场已经突破 3 500 亿元，且增速是网络零售市场的 3 倍，2016 年突破 6 000 亿元，继续缩小与城市网购规模之间的差距。

如果顺着阿里巴巴的思路再进一步梳理，则我们会发现农村电商蕴藏了巨大的潜力，至少表现在如下五个方面。

第一，农村电商市场前景具有明显的广阔性

农村电商起步晚，直到 2010 年村镇农村电子商务交易总额（网购总额加网销总额）约 209 亿元，仅占实体交易总额（采购总额加销售总额）的 0.07%。但随着农村物流体系的改善、农村信息化的普及、农村消费水平的提高，整个农村电商的增长空间值得期待。再像农产品电商，目前农产品实体市场约为 2.5 万亿元，而网上销售额到 2015 年仅为 1 500 亿元左右，市场想象空间巨大。

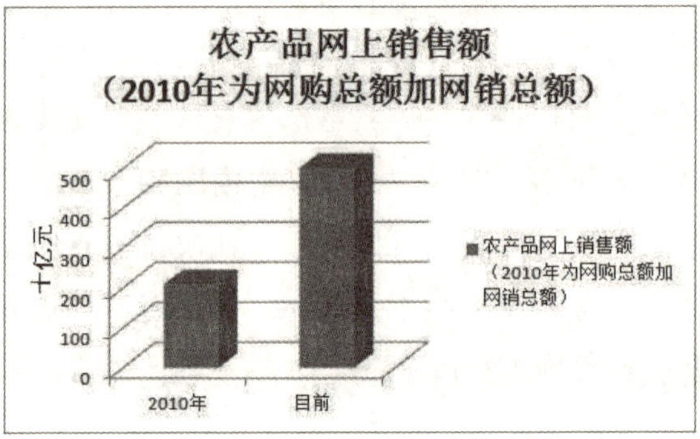

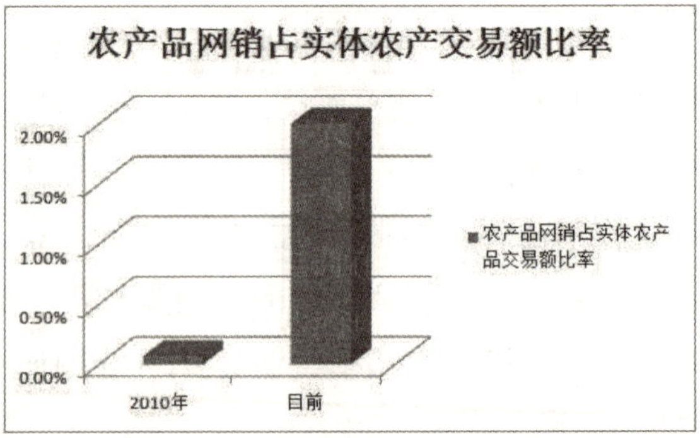

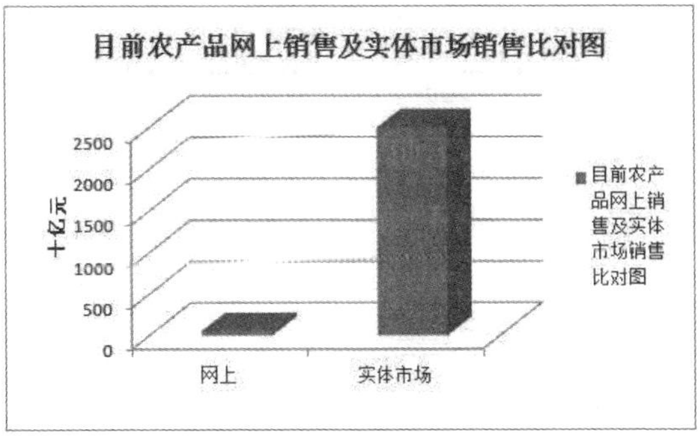

第二，农村电商消费具有明显的新生性

有研究表明，消费者通过网络零售消费的100元中，约61元是替代性消费，即从线下消费转移到了线上；但另外的39元，则是因网络购物的刺激而产生的消费增量。在三四线的县域地区，网络新增消费更是高达57元，拉动消费作用明显。目前的农村，可谓假冒伪劣产品横行，很多产品农民想买却买不到，进城买又不经济，还有很大的消费潜能。一些地方已经出现了专门为村民代理网络购物的淘宝代购客，也从侧面证明了这一点。

第三，农村电商发展具有明显的非均衡性

如果说传统产业发展要遵循一般产业规律、中西部地区发展还要依靠产业梯次转移，则电商在农村的发展打破了这一清规戒律。在阿里研究院公布的首批淘宝村和首批县域电商发展案例中，许多出自非经济发达地区和非改革开放沿海地区。比如，山东出现4个淘宝村，不在济南、青岛等大城市附近；河北2个淘宝村也不在省会或区域中心城市附近；江苏出现的3个淘宝村也不在经济发达的苏南地区。在首批县域电商案例中，浙江的遂昌、甘肃的成县在山区，河北的清河更身处内陆。阿里研究院分析发现，从2010年开始，县域电子商务已从以江浙代表的华东“单极增长”为主，转向华东、华北、华南、华中“多极增长”的新阶段。显然，

由于电商打破了时空的限制，为电商的地域突破提供了条件，这也是一批县域对于电商充满憧憬的重要原因。如陕西的武功县，按照“买西北、卖全国”的思路打造西北区域农产品电商中心，从无到有，两年时间实现网上销售额近10亿元，在全国排名从800名开外飙升至第7位，也只有电商才能实现这种超常规增长。

第四，农村电商创业主体具有明显的青年性

青年是最活跃的创业群体，大批青年返乡从事电商创业，已经成为农村电商的最大活力。从《“新三农”与电子商务》一书提供的数据可知，农村网商年龄为20～29岁的占75.9%，30～39岁的占18.6%，两个年龄段合计近95%。从各地的调查看，只要青年人踊跃参与，当地电商就一定活跃。虽然我们难以期望农村电商也会迅速产生“淘品牌”那样的暴风骤雨式的成长奇迹，但至少可以相信，以年轻人为主体的农村电商创业群体必将在今后几年中蓬勃发展，形成一批影响农村经济方式的现代电商企业。

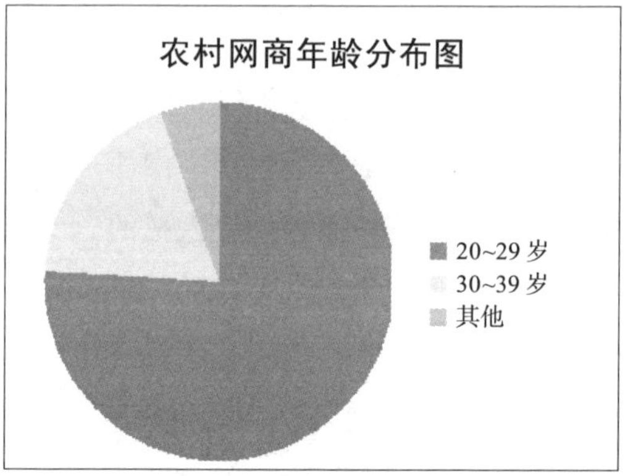

第五，农村电商的发展具有明显的产业再造性

电商在农村的发展不仅渗透到传统产业之中，而且深刻地影响与再造，甚至催生农村新的产业，这是农村传统产业模式不可想象的。比如，目前的农产品上网普遍面临标准化程度低的问题，电商运用现代信息技术和科技手段进行了系统性的产业链改造，这对农业生产方式的影响是深远的。而且，电商把盲

目的生产逐渐转向依靠市场来定位，拿到订单再生产，可以有效避免卖难。电商带动了配套的生产、加工、储藏、物流和电商服务业的发展，增加了就业机会，为县域经济注入了新活力。

可以预见，随着城市电商竞争的日趋激烈，在信息化基础不断完善、农村消费水平不断提高、农产品生产销售模式加快转型的情况下，农村电商成为了下一个重要的电商蓝海市场，发展的未来让人充满期待！

农村电商真的靠谱吗

农村电商自 2009 年以来呈现爆发趋势。2013 年，仅在淘宝和天猫平台上，从县域发出的包裹数量就突破 14 亿件。2015 年，在阿里巴巴零售平台上，网店销售额超过 1 亿元的县域（“亿元淘宝县”）超过 350 个，其中位于中西部的超过 120 个。2014 年，县域发出和收到的包裹总量超过 45 亿件，2015 年超过 70 亿件，再创历史新高。关于农村电商的蓬勃发展，各方表述较多，下面对 4 个领域的成就加以概括。

个体农民电商创业自发兴起

大量回乡农民工、返乡大学生和部分大学生村官，开始运用电商这一便捷的平台，大量销售农村土特产品，2013 年，在淘宝和天猫平台上，注册地在农村（含县）的网店超过 200 万家。如作为经典案例的全国百佳网商“山之孕”特产店的创办者杜千里，是河南辉县上八里镇杨树庄人，家里非常贫穷，MBA

研究生毕业后回到农村创业，利用一根网线，把太行山山区的野生药材、绿色杂粮、野生核桃、红枣、山楂等健康食品通过互联网销售出去，2011 年实现 150 万元的收入。既满足了城里人对于天然绿色食品的需求，也帮助了贫困的乡亲销售和增收，当地野生核桃的进山收购价从 6 元 / 斤涨到 13 元 / 斤，涨了一倍多；野生山楂片由原来的 1 元 / 斤涨到 7 元 / 斤，涨了 6 倍。

以乡村为区域实现聚集

不仅企业、个人在电商中发财致富，而且一批村子也因为搞了电商经济迅速发展，像“淘宝村”就是传奇的代表。“淘宝村”是指大量网商聚集在农村，以淘宝为主要交易平台，形成规模效应和协同效应的电子商务生态现象。判断淘宝村的主要依据如下：（1）农村。农村草根网商自发形成，也就是农民自己办网店，不是企业办。（2）规模。网商数量达到当地家庭户数的 10% 以上，且电子商务交易规模达到 1 000 万元以上。（3）协同。形成相对完整的产业链，具有协同发展的特征，即生产、储藏、加工、包装、物流这些配套都比较齐全。根据阿里研究院《2016 年度中国淘宝村研究报告》数据，2016 年全国淘宝村已经达到 1 311 个，淘宝镇达到 135 个，分布在 18 个省，活跃网店达到 30 万个，吸纳就业 84 万人，年快递量达到 7 亿件。被称为中国第一淘宝村的浙江义乌青岩刘村，总人口不到 2 000 人，但居住却达 8 000 多人，开了 1 000 多家淘宝网店，拥有两家金冠店、数十家皇冠店，每年成交额超过 20 亿元。

以县域为单元形成电商新经济

2014年7月，阿里巴巴主办全国首期县域经济与电商论坛并发布一批县域电商模式，标志着县域电商进入全面发展时期。以小商品批发著称的浙江省义乌市，实现了网上再造一个义乌的转型，2013年注册地在义乌的淘宝卖家（含天猫）账户达到10万个，超过义乌国际商贸城的商户数量（7万家左右），成为义乌最大的商人群体；电商交易规模为856亿元，交易额也超过实体市场。浙江的遂昌，在农产品标准化程度低、市场信任难的情况下，以政府的背书来整合推动，2012年全县电商交易额为1.5亿元，2013年1月淘宝网遂昌馆上线，初步形成以农特产品为特色、多品类协同发展的县域电子商务"遂昌现象"。作为陕西首批电子商务示范县的武功县，提出"买西北，卖全国"的县域电商发展思路，建设电商园区，配套建立电商产业四大服务平台，先后吸引168家电商企业入驻，40多家快递企业落户，培养了1 200多个淘宝店铺上线，涌现微商2 800多个，日均网上发货5万单，成为县域经济发展的一个亮点。

农产品电商企业创造营销神话

在依托电商平台大量出现快速消费品淘品牌神话的同时，农产品电商企业也开始崭露头角。安徽三只松鼠电子商务公司，其标签是第一个互联网森林食品品牌，主要销售坚果，上线仅65天销售额就在淘宝天猫坚果行业跃居第一名；成立仅1年，营业额就达到3亿元；2015年"双十一"一天就销售了2.5亿元，创造了一个异军突起的农产品电商奇迹。入驻陕西武功的西域美食，主打原产地直销概念，2015年以红枣等为主的特色农产品销售额达到3亿元。陕西本土成长的农产品电商企业——熊猫伯伯，属于批发市场转型而来，主营特产食品、绿色无公害农产品、进口休闲食品等，采用"全网络营销+自建平台"模式，2015年营业额也达到近1亿元。

农村电商在这4个方面的成就表明，电子商务已经在农村落地生根，正在由农民个体的自发行为转变为政府推动下的经济发展新潮，而困扰农村电子商务发展的基本瓶颈因素，也因为发展势头日益强劲，得到各方的重视和积极化解，农村电商的前景完全有理由更加乐观！

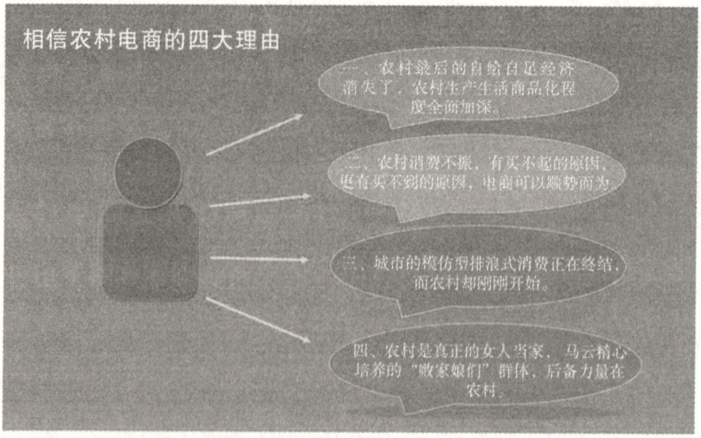

给电商下乡信心的四大理由

然而，也不是每个人都这么看好农村电商，也有质疑和观望。长期以来，对于县以下消费市场总有一种认识上的傲慢与偏见，因为占据人口约70%的县以下消费市场只占全国商品零售总额的约30%，那里会有什么商机？然而，形势比人强，在农村经济社会迅速发展的今天，农村消费市场也正迎来全面升级的历史新机，电商的新蓝海隐约可见，正所谓“风物长宜放眼量”。预计农村电商市场2016年可达4 600亿元的数字曾经遭到质疑，但事实却证明形势比人强，最终却突破了6 000亿元。相信农村电商至少有四大理由。

一、农村生产生活商品化程度全面加深

目前的农村，最后的自给自足经济消失了，农村生产生活商品化程度全面加深，带来电商的新空间。如果说城市的母亲早已失去了为孩子做衣服的本能，则今天的农村也正在与这样的传统告别，大量的农村女孩告别乡村，进入城市，已然成为城里人，也不会再像她们的母亲那样，辛苦地纳鞋底，密密地缝棉衣。也许再过若干年，唐代诗人孟郊《游子吟》中的名句“临行密密缝”会让孩子感到费解，而多少散文家笔下的寄托着母爱的一双布鞋也可能在若干年后成为文物，这就是今天农村的深刻变化！这还只是农村生产生活变化的冰山一角，今天农村的孩子从小也和城里的孩子一样上幼儿园，还要上寄宿制小学，他们身上穿的、口里吃的、手里用的，无一不是城里下乡的工业品。这样的消费空

间难道还小吗？正在城市苦苦挣扎的二三线消费品牌，如果能早一点认清形势，到农村去，则也许会跳离与外资、国产一线品牌的力不从心的对抗，找到新的发展空间。

二、农村消费还有大量东西买不到

目前的农村消费不振，有买不起的原因，更有买不到的原因，电商可以顺势而为。到农村走一圈，时常会给人一种哭笑不得甚至欲哭无泪的感觉，在市场经济日趋发达的今天，城乡的消费市场却依然有着天壤之别。走到农村的集市上，假冒伪劣产品比比皆是、触目惊心，康师傅变身“康帅傅”，娃哈哈变身“娃恰恰”，喜之郎变身“喜大郎”，奥利奥变身“奥立奥”，甚至泸州老窖也可以变身“泸渊老窖”等，还有大量过期食品、三无产品等充斥着农村集市商店。有一次笔者在农村碰到一个迎娶的车队，有意看了一下陪嫁的电器，冰箱、洗衣机、彩电的品牌十分生疏，可以说在城里前所未闻，是专门为农村而造出来的。这些年，农村居民收入水平增长速度明显快于城市，而重要的因素是工资性收入增长较快，一些研究者往往把农民的农业收入不高与农民的家庭收入、消费水平挂钩，殊不知来自城市的收入反哺才是农民现金收入的最主要来源，随着农民收入水平的提高，客观上有消费升级的要求，但农村市场并没有及时给予满足。特别是一些农村富裕群体，要想体面地消费一下，必须进县城甚至进省城。而电商的渠道恰恰可以打破时空的限制，满足农村不同消费层次的需求。比如，家电下乡的政策补贴取消后，电商下乡中的大家电依然火爆便是一个例证。

三、模仿型排浪式消费农村刚刚开始

虽然中央经济工作会议讲，城市的模仿型排浪式消费正在终结，然而农村却刚刚开始。电商在城市的爆发，最终演化为以顾客为中心的个性化消费，过去穿衣服，唯恐没有赶上潮流，如今穿衣服唯恐没有个性，撞衫事件甚至导致心理失衡，这标志着20世纪80年代人人穿喇叭裤的模仿型年代一去不复返了。同时，在传统意识中的几大件相继普及之后，城市新的消费增长点开始多元化，甚至相当散乱，排浪式的消费也面临终结。这是许多商家难以适应形势的根本原因，不是生意不好做了，而是生意不能再像过去那样做了。然而，与城市相对应的是，农村的模仿型排浪式消费刚刚开始，城市人家家户户都有的冰箱、空调、电脑这几件必备家电，在农村的消费增长才开始，正在成为新的排浪式消费，这一点从农村婚嫁的陪嫁品就可以看得出来。同时，几经进城与回乡，农村人的消费观念开始追逐城市，品牌消费慢慢起步，成为一种模仿型的消费流行。比如，在农村电商村级服务点，经常出现的情形是，一个农村妇女买后说好的衣服，其后一段时间往往会有其他妇女购买同款。

四、农村妇女的“败家”能力不可低估

农村是真正的女人当家，马云精心培养的“败家娘们”群体，后备力量在农村。做商业的都知道一句行话，能不能卖得好，关键看能不能抓住女人。第一要抓女人本身，一年四季，女人的形象何止万千，需要的消费又何止千万；第二要抓女人的孩子，一天长一个样的小家伙，消费自然不可少；第三要抓女人的亲人，包括丈夫、父母等，有时候看女人有心无心，就看给亲人买东西多少。可以看得见的是，那些已经在淘宝上买东西买到“剁手”级别的女人，如果心里对这种疯狂购物有负罪感，则往往就会再为家里其他人也买一些，这就是城市的女人！而农村的女人什么样？勤俭持家当然是传统品质，但并不意味着她们不愿意进行更多的消费，特别是在生活水平一天天提高的时候。浙江遂昌的实践表明，自从有了电商，县域内的人均年消费提高了 1 000 元左右。更重要的是，农村妇女在目前农村人口的“386199”部队结构中，处于生产生活的绝对主导地位，随着一批 80 后的新一代农村媳妇逐渐成为大当家，农村电商就天然地有了增长的空间，只需配套的电商服务跟进即可。全球管理咨询公司麦肯锡最新发布的 2015 年中国数字消费者调查报告指出，尽管互联网在三四线城市和农村普及率较低，但这些地区的大部分消费者都在使用电子商务，网购的比例分别达到了 68% 和 60%；农村用户中的“网络达人”更是比一线及二线城市多出 25%，渴望第一个尝试新的产品和服务。麦肯锡全球董事季翔说：“很有意思的是，虽然在农村互联网覆盖率仅为 19%，但是在电子商务的使用上他们跟城市居民一样活跃。”

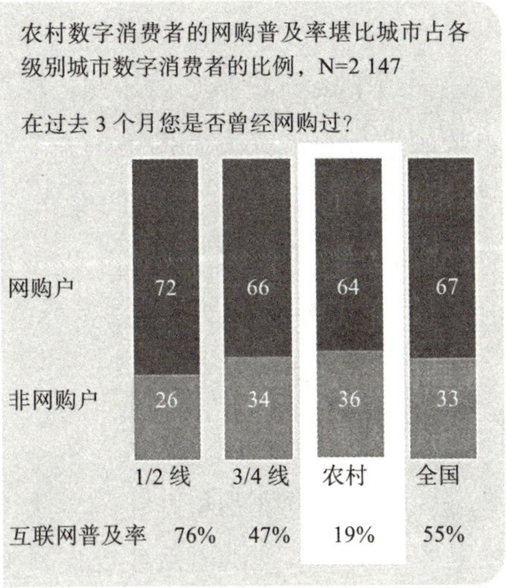

农村网购用户认为自己是“网购达人”，通常渴望第一个尝试新的产品和服务回答“同意”和“非常同意”的消费者的比例，N=982

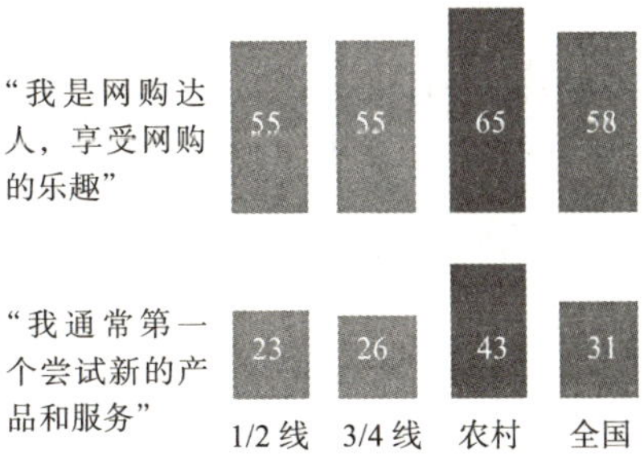

资料来源：麦肯锡 iConsumer2015 中国数字消费者调查

最后，如果笔者列的这些都不是可以相信的理由，那么就看看那些热烈地下乡刷墙的电商吧，他们不可能不约而同地做着同样低智商的事情，现在农村电商只需要农村与电商之间的有效链接。

做农村电商应关注的一些积极变化

作为业界眼里的蓝海，农村电商正在多方推动下不断追赶电商整体发展的脚步，并在实践中显露出明显的乡村特色，未来值得期待。

变化之一，从卖到买的转变

农村电商的发展经历了初级的卖农产品，到中级的农业产品开发，现在向电商经济转型，既着眼于将农村的特色农产品进行包装开发，推销出去；又着眼于农村的新兴消费需求，推动生产生活资料下乡，形成有买有卖的电商经济。陕西的武功县率先提出了“买西北、卖全国”的县域电商经济模式，进一步将农村电商的内涵拓宽到更大的视野，推动形成以电商为中心的县域新经济。

变化之二，从自发形成到政府推动的转变

早期的农村电商基本由返乡的大学生、农民工等群体来推动，经过个体电商创业的成功示范，再带动村、乡及县域电商的发展。但随着近年电商日益得到各级政府的重视，由县乡政府推动的电商发展痕迹越来越明显。在首批全国淘宝村中，既有自发形成的，也有政府推动形成的。像广东揭阳的军埔村，在政府的强力扶持下，只用了半年时间就形成淘宝村，创造了淘宝村成长的神话，也充分体现了行政推动的强大力量。在阿里研究院公布的首批县域电商模式中，有一个明显的共同特征，即行政推动，而且也是最重要的经验。各方的讨论也认为，县域电商的发展必须由当地政府强有力地推动。而且，在电商竞争日趋激烈的情况下，无论是个体创业还是企业介入，都已经离不开政府环境的支持，这是农村电商发展阶段的重要变化。

变化之三，从粗放到精细的转变

早期的农村电商基本保持了“纯朴”的本色，其推出的产品是纯朴的，而营销手段也是“纯朴”的，整体显得粗糙。最初推出时，由于经营商户少、产品量少，还能吸引消费者，到后来商户与商品量猛增时，这种初级手段只能开始升级，无论是商铺网页的设计，还是产品的包装及营销的手段，都开始向精细化转变，早期形成的淘宝村也开始了产业升级之路。像江苏的沙集，在家具产业初具规模后，再靠简单的模仿、低价营销和家庭作坊式的加工已经难以持续，只能向现代工业园区和现代电商企业或电商联合体转变。

变化之四，从个体为主到企业参与的转变

“淘品牌”的成功，让更多的电商企业把眼光聚焦于城市和快消品，对农村一时还难以顾及，当然也有农村电商基础不完善的问题。但2012年起，农村电商明显发力，得到企业越来越多的关注，一批农业电商企业开始崭露头角，像三只松鼠、西域美农等农产品企业开始迅速成长，让人耳目一新。当前的农村电商发展，呈现出企业“大象起舞”与个体商户“蚂蚁雄兵”同在的生动场景。

变化之五，从商品到品牌的转变

农产品品牌建设相对滞后，但经过多年发展，目前大体进入由商品到地域公用品牌过渡的阶段，出现了一批让人耳熟能详的地域品牌。比如，吃苹果过去要吃烟台苹果，后来要吃陕西苹果，陕西苹果又讲究首推洛川，其次白水、旬邑等。再比如，枸杞肯定是宁夏的好，但进一步问宁夏什么地方的好，又可得知中宁枸杞声名远播。诸多此类可以列举出阳澄湖大闸蟹、赣南脐橙、五常大米等。但公用品牌有自己的缺陷，这就是品牌公用、鱼龙混杂。因而，农村电商推动农产品品牌由地域公用品牌向以企业为主体的市场品牌再次升级，一些农业电商企业已经成为有号召力的市场品牌，而地域品牌则退居产品内核。像过去吃葡萄干，人们知道要吃新疆葡萄干；当三只松鼠公司名气大增后，人们知道好的葡萄干在三只松鼠，但三只松鼠卖的其实就是新疆葡萄干。

变化之六，由产品到服务的转变

农村电商发展有一个城市电商绝对没有的优势，即自然生态环境。生产好的农产品的地方，一般也是山清水秀的好地方，乡村文化特色浓郁，其特产让人吃后难忘，优美环境更让人向往。于是农村电商开始由卖产品向卖乡村旅游服务方向探索，浙江遂昌县走在前列，借鉴餐饮“O2O”的模式，吸引游客到遂昌来乡村旅游，集乡村文化体验、农家美食品尝、自然生态感知、农业劳动采摘等为一体，让农村电商的内容再次得到拓展。

把握农村电商的四大商机

农村电商的美好前景在2014年已经展露无遗，在初期的观望、质疑、思虑之后，随着总理视察淘宝村和阿里巴巴集团的农村战略亮相，一股投资农村电商的热潮正在兴起。农村可能会再造一个淘宝，也可能让京东打开新的增长空间，也让转型阵痛期的苏宁似乎看到新希望。但更重要的是，农村电商的爆发，不仅仅是几大电商平台的机遇，也不仅仅是农村群众的民生福祉与县长的政绩标杆，而是最终要带来实实在在的产业机遇，造就一个农村电商大生态系统的繁荣，这才是农村电商最终持续发展下去的根本所在。根据笔者的观察，农村电商将带来如下四大产业机遇。

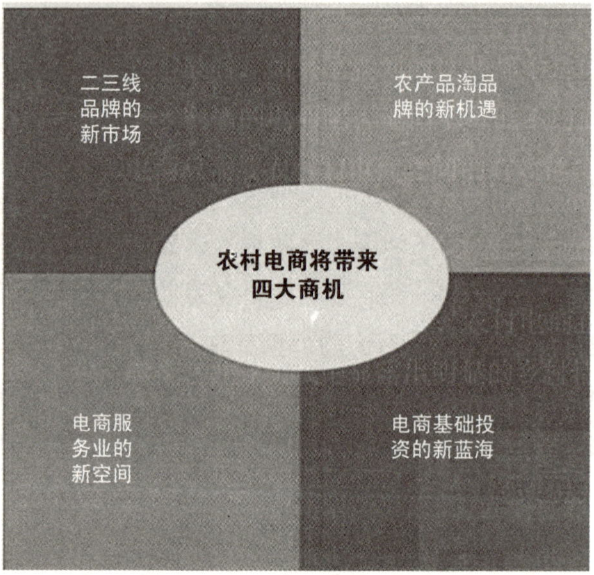

一、农村电商将带来二三线品牌的新市场

全球管理咨询公司麦肯锡最新发布的2015年中国数字消费者调查报告指出，尽管互联网在三四线城市和农村普及率较低，但这些地区的大部分消费者都在使用电子商务，网购的比例分别达到了68%和60%；农村用户中的“网络达人”更是比一线及二线城市多出25%，渴望第一个尝试新的产品和服务。

麦肯锡全球董事季翔说："很有意思的是，虽然在农村互联网覆盖率仅为 19%，但是在电子商务的使用上他们跟城市居民一样活跃。"淘宝农村消费占比正在不断提升，从 2013 年第一季度的 8.65% 上升到了 2015 年第一季度的 9.64%。2014 年农村网购市场规模为 1 830 亿元，2016 年超过 6 000 亿元，继续缩小与城市网购规模之间的差距。

再看目前的农村市场现状，可谓假冒伪劣产品横行，很多东西农民想买却买不到，进城买又不经济，加之一些富裕农民群体的形成，确实还有很大的消费潜能。城市的模仿型排浪式消费正在终结，而农村却刚刚开始，像城市人家家户户都有的冰箱、空调、电脑这几件必备电器，农村这几年才开始普及。一些地方已经出现了专门为村民代理网络购物的淘宝代购客，也从侧面证明了这一点。

完全可以说，在农村经济社会迅速发展的今天，农村消费市场也正迎来全面升级的历史新机，正所谓"风物长宜放眼量"。

二、农村电商带来农产品淘品牌的新机遇

尽管农产品品牌已经进入了地域公用品牌的时代，但互联网上的农产品品牌化进程，并没有与之相配套起来，缺乏有影响、有实力的农产品品牌企业。于是，出现了一个与天猫商城起步之时有些相似的情形，即线上品牌的兴起，让人不禁回想起"淘品牌"风云一时的年代。而农产品电商虽然从 2009 年开始进入高速增长期，但传统农产品品牌与互联网品牌出现了明显的"代沟"，那些有一些影响力的农产品地域品牌，并不能很好地理解和运用电商这个有效工具，特别是目前的农产品企业，还普遍缺乏应有的电商敏感和有效的电商策略，显得慢慢腾腾、漫不经心、漫无目的。

由此，在传统农产品品牌大规模网络化之前，又出现了一个农产品淘品牌的美好时代，其表现就是以三只松鼠为代表的互联网食品品牌的兴起，他们基本上没有农业生产基地，主要从农民或合作社或供销企业手里收购农产品，或者建立可靠的买手团队到生产一线负责生产指导与后期收购，然后进行独特的包装设计、精选加工、创新营销，往往突破了传统农产品包装设计上的土气笨拙，

也一改颜色上的大红大绿，精准地抓住了80后、90后的消费心理，借助于电商这一渠道，实现超常规增长。

而且，与一般消费品的没有区域性相比，农产品恰好相反，地域特色鲜明，这又是特色品牌的温床；农产品具有品类上的高度同质性，却有品质上的千差万别，品牌的差异化应运而生，而且很有空间；目前农产品缺乏突破区域限制的大品牌，而电商给了这一切可能，仅新疆特产就已经养活了很多农产品“淘品牌”！

目前，农产品地域品牌日趋成熟，我们完全有理由推断，还会有大量的农产品细分行业，存在着农产品“淘品牌”成长的空间，在目前以干果、进口水果为主要类目的农产品“淘品牌”日益成熟后，将会逐渐带动其他类目的农产品网络品牌化进程，甚至目前电商难以有效征服的生鲜领域。这也意味着，农产品电商还会出现一批异军突起的新品牌，成就一批创业人士的新梦想，也会产生像当年“淘品牌”一样的造富神话。

三、农村电商将带来电商服务业的新空间

农村电商发展到今天，如果把经验与教训总结为一条，那就是电商已经过了单打独斗的时代，没有一个电商生态的成熟，就不会有一个地方电商发展的壮大。再说得明白一点，农村电商要抓，则关键在电商服务，就像打造航空母舰一样，给电商提供一个起飞的平台；也像电脑的Windows操作系统一样，让大家便捷地自动化办公而不需要再艰苦地从BISIC语言学起，从DOS命令用起，让电商成为一种方便的应用体系。

目前一些地方反映的农村电商人才短缺，不会运营，最根本的原因还是电商服务没有跟上，美工少，专业摄影少，不会使用页面设计，客服水平低，后台管理混乱，仓储物流信息跟不上等，都需要专业公司提供服务。

从目前的发展来看，电商正加速向服务专业化迈进，围绕电商的各个环节正在加速成熟为一个独立的电商服务门类，而农村电子商务服务的广度与深度均十分苍白，发展亟须的IT技术类、运营服务类、营销推广类、市场研究类、仓储物流类、品控保险类和电子商务整体外包类（电商整包类）大多处于荒漠

状态。如果在城市竞争中感到力不从心，在城市水泥森林已呆得厌烦了，在远离他乡而故土难离的折磨中浸淫已久，那么玩电商已经十分老到的年轻人就可以回到县城，那里不仅有事业上的发展空间，更有价值上的充分被尊重，还有重回故土的自由自在。

以最常见的人才培训为例，陕西省每年需培训10万人次左右，培训市场在3 000万元规模左右；更不要说专业运营了，各个企业、各个地方政府对代运营公司、优秀运营团队、运营管理人才等求贤若渴。

再以一般电商规划为例，一般一个县级电商规划需要30万元左右，加上省市级、乡村级、企业的、行业的等，一个省的电商规划市场也在数千万元。

四、农村电商将带来电商基础投资的新蓝海

电商虽然属于时尚的轻资产模式，但并不意味着电商的轻资产不需要其他配套产业的支撑，一个发达的电商背后必须有发达的工业制造业来支持，也会有发达的物流业来配合，而农村电商还会涉及一、二、三产业的关联与打通，恰恰是中央农村工作会议提出的第六产业形态。就目前的发展情况来看，农村电商需要在如下方面加快投资：（1）县域电商园区。整合电商企业、仓储物流、产品检测、配套生活服务等。预计仅陕西省每年将有3 ~ 5个县启动建设，每个投资在亿元以上。（2）电商孵化中心。集合运营服务、软件服务、营销服务、人才培训、金融服务等，每个服务中心建设资金约千万元。（3）物流中心。承担县域快递物流的分拣、交换、二次配送等，投资因电商规模而异。（4）信息化基础建设。网络改造、硬件升级、增值服务等。

可以说，整个农村电商将带来数亿元级的投资新机遇。在宣布投资100亿元实施农村电商“千县万村”计划后不久，阿里巴巴集团补充说，100亿元仅仅是一个开始，表明农村电商确实需要很大的投资强度。京东正在逐县建立县级服务中心，已经招聘乡村推广员近40万人。苏宁则要建立10 000个乡镇服务站，覆盖全国四分之一以上的乡镇。显然，农村电商发展所需的硬件与软件投资空间已经同时打开。

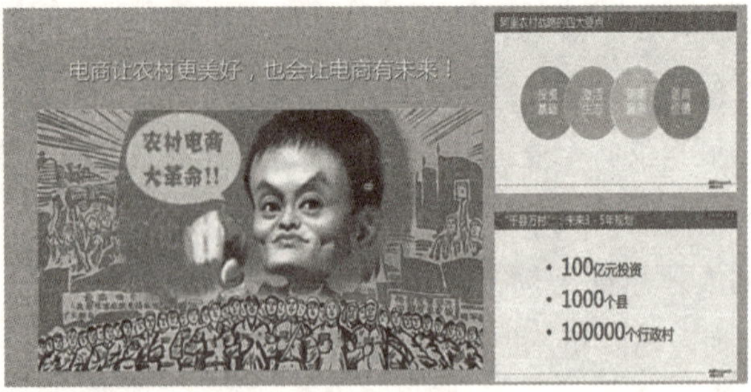

如何把握好农村电商的商机

前面分析过农村电商将带来四大商机，意在提醒农村电商可参与的领域广泛，不可简单视之，一股脑都做了网商或平台，而是建议大家关注四个商机。但现实是，大家还在集中猛攻“农村电商”这个词的本身，反倒是一些电商未做成而做了电商服务商的商家还滋润些。下面分享两个小故事。

第一个故事发生在江苏睢宁东风村。2006 年，在孙寒等“三剑客”的带领下，这个村的电商从无到有，日益做大，硬是在村子及周边做出一个 50 亿元的家具产业，而原来这个村子的村民竟是以收破烂为生！这里笔者无意再复述故事，而是想讲什么叫作“从事电商”！并不是每个村里人的网店都能开得很好，所以有的人感觉技不如人，就退了一步，做家具的供网商；后来家具竞争也激烈，又有人退到供木料；木料竞争又激烈了，又有人退到跑运输；物流企业多了，又有人退到搞超市；如此演替，直至有的人在街头开了饭店，总算找到合适的位置。那么，在电商村做饭不也是电商服务商吗？电商的大生态是涵盖多产业的，是又一张的经济大网。

第二个故事的主角是陕西洛川小伙何飞杰。小何大三时就通过微博等新媒体帮助家中及村里卖了几百吨苹果，可谓电商英雄出少年。毕业后，他自然从事了苹果电商，但发现问题不少，供应链漏洞、包装物流成本、同质竞争等。几经考虑，他最终选择了做农产品电商物流，提供系列的包装、仓储、物流等服务，这也是一种做电商的有效姿势，适合小何这个曾经的校园快递明星。

至此，笔者想要表达的观点就可以端出来了。

第一个观点：“宁为鸡头、不为凤尾”的思想对于电商而言，尤其值得检讨。

动不动自己搞个平台，烧不起钱，请不起人才，大多花的是冤枉钱，初期只落一点名而已。而且到了最后，连名也落不下，因为平台的时代过去了。连搜狐、新浪等传统门户网站都没有人上了，还整一个 PC 端的电商平台出来，岂不是自寻落后？而梦想 APP 移动平台的下载量往往少得惊人，且风投早已没了兴趣。互联网是大市场，“高速路”本就有，何必再自开新路，上别人的高速一样进北京，特别是自己实力不济的时候，更应学会“借船出海”。

第二个观点：与其与平台竞争，不如与平台融合。如阿里巴巴，平台特征突出，很多业务是交给合作伙伴的，像一个淘宝大学就养活了不知多少电商人才服务商！更不要说整个阿里巴巴生态系统，据说形成了一个 3 000 万人就业的大生态。孕育出大量电商链的相关企业，如代运营、店铺装修、数据分析、市场推广等。现在农村淘宝依然是平台战略，亟须大量合作的服务商，这是平台愿意、政府急盼、创业者迫切需要的行当，肯定有前景，而一个县域企业自成体系，与阿里巴巴直接竞争，是十分危险的事情。所以，商家应围绕各大电商平台的业务，找到适合自己的接口，主动对接上去。

第三个观点：农村电商创业要放宽视野。不是都开网店、都在网上卖东西就称为做电商。现在开网店的人太多了，而能帮助大家把网店开得好的人太少了。电商服务业、物流体系，再到产品供应链、产业链，有大量文章可以做，完全可以放开思维，寻找好的切入点，而不是跟风随大流。如前面讲的，只要电商起来，电商的服务业肯定起来，各个环节都会独立成为一个专门的行业，像各地涌现的电商培训机构、代运营企业、物流仓储服务、品牌设计等，找一个点切进去就好。当然，这个前提是自己要有两把刷子，如果自己还是学生，那么最好老老实实从头学起，急也没有用。将来整个农村电商的生态就像池塘一样，五大家鱼中，鳙鱼和鲢鱼生活在水的上层；草鱼主要生活在水的中层；青鱼、鲫鱼、鲤鱼生活在水的底层；而不是所有的鱼都挤在水面冒泡！

第四个观点：中小企业特别是本地企业，要善于在大平台、大电商中找合作位置，而不是搞新平台，搞同质竞争，做一个多口插头即可，像旅游中的地陪，帮助平台完成最后一公里，这是目前各大电商平台的痛点，谁能把县域内的电商资源对接（注意不是整合）起来，谁就有机会。比如，京东、阿里的农产品上行，是很需要县域的农产品电商企业来承接的。既然这样，与其自己卖得很辛苦，何不一下抱上平台的“粗腿”，安心做个电商供应商？再像火热的电商培训，各大平台都在选合作培训机构，是有很多机会的。但必须注意，这个行业太乱、鱼龙混杂，拿十年前的课件出来骗人的都有，最好还是实践家转行来较好。

第五个观点：电商要学会向政府建言，推动政府完善电商生态。在中西部地区长期形成的“等、靠、要”思想，不仅表现在基层政府身上，也表现在创业者身上。很多人一创业就盯着有什么补贴、有什么优惠政策可以享受一下，根本走不远。真要做好电商，就不要动不动就向政府伸手要补贴、要资源，而是要给政府画一个明确的电商路线图，让政府知道电商是什么、该做什么，多在电商生态上下功夫，不要一味招大商、引大资，盲目建园区、建平台，整天鼓动着每个普通农民都去开网店，要面子上的光景；而是按照供给侧改革的要求，把网络、物流、孵化、电商服务等软硬环境搞好。政府重视电商生态，电商环境变好，就一定会让电商的市场主体获得更多的发展机会。

总之，农村电商要放开视野看，思维一变天地宽，其间的商机还有待深度开掘。

正视农村电商的七个现实问题

“前途是光明的，道路是曲折的”，这话用在所有的新生事物身上恐怕都合适，对于农村电商也依然如此。农村电商前途光明、发展迅猛，但现实中的问题与困难也不少。

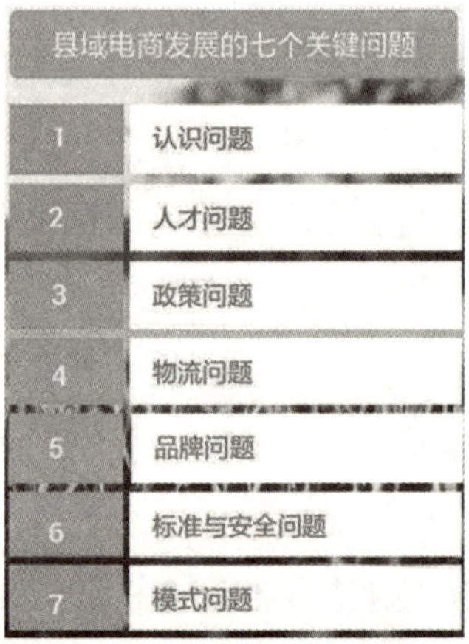

第一，认识问题

在城市中已经泛滥的互联网思维、电商理念、微营销等概念，至今在农村中还是新事物，不要说留守在农村的农民群体对电商处于“乃不知有汉，无论魏晋”的状态，就是一些县乡的干部对此也相当陌生，最多知道开淘宝店就是电商，离真正的电商概念还有相当大的距离。在我们组织的问卷调查中，创业青年对电子商务这个词并不陌生，但大都只停留在名字本身，而对于电商究竟做什么，很少有人能够讲清楚。那些在农村电商领域的先行者，也往往走入两个方向的误区，要么把电商看作一个独立的产业形态，为电商而发展电商，与实体产业结合不紧密，最终成为无源之水；要么把电商看作一般的营销手段，作为一个新的渠道来运作，忽视了与现有产业的融合，结果独木难支。在参与农村电商发展推动工作的过程中，笔者对这些认识方面的问题感受尤深，切实需要一场比较深入的电商理念普及，尤其是对县乡干部，而且需要降低电商理念宣讲的格次，从基本知识入手。

第二，人才问题

干事创业靠人，这话对农村而言更为关键。发展农村电商，人才已经是一个非常紧要的瓶颈，政府喊缺人，企业喊缺人，整个行业都在喊缺人。前面有数据表明，整个电商行业大约短缺人才 150 万人；最近阿里研究院与淘宝商学院联合发布了《县域电子商务人才研究微报告》，未来两年县域网商对电商人才的需求量将超过200万人，最缺运营推广、美工设计和数据分析三类人才。即使已经开始从事电商创业的人才，也面临能力不足的问题。《“新三农”与电子商务》引用的调查数据表明，20%的人认为缺少开店知识，另有14%的人反映不会设计网店，31%的人认为当前最大的困难是经营管理和发展问题。所以，引进人才是一个方面，培训人才也十分迫切。

第三，政策问题

农业发展，一靠政策，二靠投入，三靠科技。这话套用在农村电商发展上，同样适用。在发展明显滞后于城市的农村做电商，政府的作为十分重要，这也是各地发展县域电商的普遍经验。当前农村电商的政策有，但方向与重点有偏差。一个是在方向上，还停留在平台思维上，动不动想花大力气自建平台，花钱多，效果却不好。实际上，随着几大平台的发展，电商的平台时代已经过去了，已有平台面临的最大问题是“高速路”太多了，要解决的是“车辆通行量”的问题；而新建则基本是步其后尘，多数的命运可想而知，还是老老实实地做孵化平台更为现实。另一个是重点上，往往注重“大象起舞”，把扶持重点放在了电商园区、企业招商上，对草根电商创业重视不足，开网店贷款、享受政策很难，电商创业的“蚂蚁雄兵”态势形不成；电商软环境建设跟进不够，配套服务跟不上，电商经济很脆弱。

第四，物流问题

对于农村电商，能看上这一市场的人不少，但真正动起来的却不多，究其原因，物流是一个大瓶颈。农村物流体系，非不能，是不为，经济规律决定了这一现状，因为太分散、不经济。有两个主要原因，一个是配送成本很高，特别是在非平原地区，成本高过城市数倍，且效率低下；另一个是返程空载严重，这又抬高了物流成本。出路在哪里？只有降成本。虽然各家大电商不约而同地做出了电商下乡的姿态，但离问题破解还有时日。笔者的看法是，降成本要靠“草船借箭”、“梯次转运”。所谓“草船借箭”，就是要用好农村现有的小商业基础，如乡镇的批发门市、小超市和村里的小卖部，以此形成类似城市社区化的格局；

所谓“梯次转运”，就是把电商的集中配送终端设置在乡镇，而乡镇到村再到农户手中的这一段，由村里的小卖部完成。同时，积极开发农村土特产品，争取在工业品下乡的同时，把农产品再运进城。这个过程更复杂，有待逐步探索。

第五，品牌问题

卖的东西多了，竞争就激烈，如果不能标新立异，那么便只有干着“杀敌一千，自伤八百”的低价营销套路。这便是当前电商C类市场的大致情况。农村的产品搬上网络的时间并不长，但已经陷入泥潭：干货品类，像红枣、核桃等，与普通消费品的储藏物流特性差不多，又没有大的品牌，于是基本陷入低价营销误区，都干着赔钱赚吆喝的事情；生鲜品类，保鲜成本高，物流困难大，损耗率十分惊人，属于“看上去很美”，毛利率高得惊人，实际亏损程度也是大得惊人。在这样一片烂泥潭中如何爬出来，一靠品牌，二靠模式创新。品牌不等于名牌，但却是最好的识别标识，能形成固有的品牌用户。特别是农产品，品牌问题进展只迈出半步，虽然形成了诸如洛川苹果、阳澄湖大闸蟹等地域品牌，但基本上陷入“公地悲剧”，假冒伪劣问题严重，最终还是要进展到企业为主体的市场品牌上。模式创新主要针对生鲜而言，大家基本看到了社区化这个出路，但具体路径还需探索。

第六，标准与安全问题

农业不是工业，农产品不是工业品。哲学中有一句话，“世界上不可能存在两片相同的树叶”，套用在农产品上，就意味着不要想象有与工业品一样标准化的农产品。更重要的是，农产品是分散的小农户生产的，更加剧了产品的不标准化程度，可能不同批次的同一农产品都不一样。同时，由于标准化程度低，农产品的安全与信任就成了大问题，毕竟是人吃的东西，不放心怎么行？但现在市场上有机绿色满天飞，各类认证一大堆，哪个是真的？所以，农产品的标准化是一个大课题，外观与内在品质的标准是一大体系；从田间到餐桌的全程可追溯又是一大体系，两个都得有。但是，这样复杂的体系与漫长的链条，一般的企业根本做不下来，农产品的标准化进程还需要一个艰难的过程。但可以预计，谁能率先破解了农产品标准化问题，谁就将在农村电商的竞争中率先胜出。

第七，模式问题

一波又一波的电商热，实际上是热了电商投资。电商投资看什么？说到底，是看模式。京东至今不盈利，各路投资依然趋之若骛，因为看重其模式。唯品会上市之后股价能涨得离谱，也是因为其模式的独特性，对代销模式进行了创新。但农村电商的模式整体还处于混沌状态，路径很不清晰。主要原因：农村电商涉及面太宽，几乎要达到电商生态链的再造程度，其难度可想而知；农村不是城市，农产品也不是工业品，现行的城市与工业品为主的电商模式在农村套用不上。当然，农村电商肯定不是漆黑一团、荒漠一片。比如，城市电商到了消费升级的时候，农村电商的大门才刚刚打开；城市电商是陌生人交易，而农村人有熟人圈可以依托；城市人心急火燎，对物流速度到了只争朝夕的地步，农村人的生活节奏慢；这些都是重要机遇，只要认真研究，巨大的潜力和空间就能开发出来。

思考农村电商人才瓶颈的六个维度

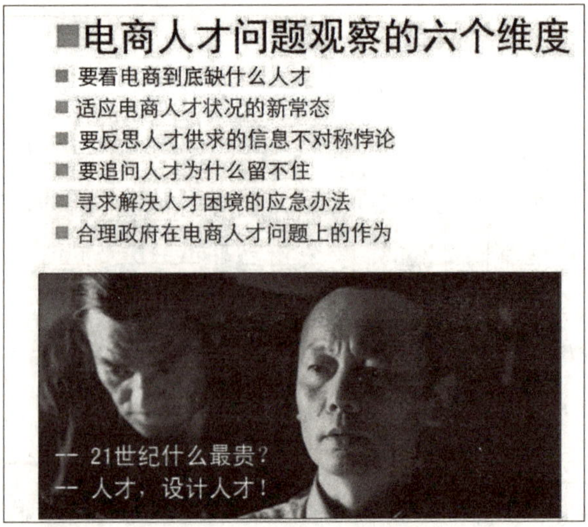

要问今天农村电商发展最缺什么，几乎从政府到企业到业界，一致的回答是人才！套用冯小刚贺岁片中的经典台词：电商中什么最贵？人才。经常引用的电商人才数据有两个：一个是目前整个电商行业的人才缺口大约为150万人；另一个是阿里研究院的数据，即未来两年农村电商将缺人才200万人左右。然而，让人啼笑皆非的是，就在电商行业为人才问题大声喊“渴”的同时，教育部发布的2014年就业最难专业排行榜中，电子商务专业竟赫然在目。看来，电商人才的问题没有那么简单，需要多一些深入的思考，至少应该从如下6个维度来分析。

第一，要看电商到底缺什么人才

人才这个概念太宽泛了，仅就电商而言，就有管理型人才、技术型人才、研究型人才、应用型人才、综合型人才等。虽然政府感叹缺战略性人才，大企业喊缺综合管理人才，但对于整个行业来说，最缺的还是实践操作人才，也即一般的应用型人才，主要集中在三个领域：运营推广、美工设计和数据分析，虽然有一定的技术含量，但总体可以归结为缺电商“蓝领”。解决“蓝领”电商人才这个问题难不难？说难也不难。只要政府和企业真正重视起来，进行黄埔军校式的短期强化集训与实战演练，“出师”也是挺快的。可惜的是，现在人们的心态太浮躁，热衷于人才的争夺战，却不肯用心去培养，导致人才荒越来越严重。

第二，适应电商人才现状的新常态

人才之所以称为人才，肯定就是一种稀缺资源。如果人才满地都是，那么其就是普普通通的人。目前缺电商人才，也大体符合这一规律。实际上，目前电商更多的是缺一线电商从业者，就像用工荒一样，这也会成为一种新常态。当下的问题是，能否有效吸引年轻人来干。现在整天讲，要有体面的收入、尊严的生活，如果电商不能有效提供这两者，则缺乏电商人才的状况就不可能得到缓解。事实上许多大学开设了电商专业，但招不来人，就业情况也不好。

第三，要反思人才供求的信息不对称悖论

教育部公布电商专业过热后，迅速引来一片嘲讽，基本倾向于对现行教育体制的攻击，认为没有培育出产业发展需要的人才；甚至说，培养的所谓人才徒有虚名，根本没有办法用。事实是不是这样？部分属实，但不全属实。一些重点高校的电子商务专业还是就业良好，也有一些大学凑热闹开设的所谓电子商务专业，纯粹是误人子弟，没有教给学生有用的知识。试想，一些教师自己连淘宝店铺都没有接触过，又如何去讲解电商运营？更根本的原因在于，目前电商行业的产学研是分割的，直接导致人才培养结构与产业需求不匹配，教学体系确实需要根据产业现状做出调整，这是今后改进的重点。

第四，要追问人才为什么留不住

网无界，电商人才的流动也异常频繁。一些老板感慨道，一再加薪，为什么人才还要走。笔者的回答是，请来的客人总是要走的，除非变成自己人。就县域电商人才问题，笔者曾与县长开玩笑，让人才留下来的关键措施是，让他们变成本县的女婿或者儿媳妇，否则没有什么更好的办法。所以，应该看看阿里巴巴上市后，整个互联网创业目前又在琢磨什么。业内人士指出，阿里巴巴创造财富神话的背后，实质上为整个互联网创业强化了一个公司治理模式的信号，即传统的股权控制与职业经理人制度在互联网领域要改一改，全新的事业合伙人企业风起云涌。如果传统企业像刘邦搭台拜韩信、或者像晋商的东家磕头请掌柜一样对待人才，那么现在的企业就要像梁山好汉聚义一样，大块吃肉、大碗喝酒、大秤分金银，志同道合，一起打拼。人才机制在互联网企业中，不能再像传统的企业那样，是一种雇佣制，而是新型合伙制，是基于未来愿景的共同打拼，否则人才无法长久留下来。如果需要再加上一个限定条件，那么就是必须有好的企业前途和一个值得跟随的企业领袖，企业不好、老板人品差，指望人才留下来，无异于痴人说梦。

第五，寻求解决人才困境的应急办法

对于人才，请又请不来，只好自己培养了。笔者给出的答案是，大力培养

“父子兵”“夫妻店”“兄弟连”“女人帮”这样的小团队。一些传统企业做电子商务，企业主往往年龄大，思维跟不上，很苦恼，要学会电商思维与运营也相当困难。笔者的建议是，完全可以把儿女请回来，让他们掌舵电子商务，老爷子可以退到后台，专心搞好生产，这就是一个完美的“上阵父子兵”模式。这样的成功案例已经不少，如福建中闽弘泰的王思仪就用电商把家里的茶叶卖得很好。陕西兴平的一个小伙子，也是用电商把辣椒面卖到了国外，老爷子迅速让出了董事长的位置。“夫妻店”就更好理解了，女的心灵手巧，主要搞店铺运营；男的做好配套服务，写发货单，跑快递，也算是黄金搭档。这样的小夫妻网店成功的也不少。“兄弟连”“女人帮”，其实就是草根版的马云创业团队，其因为有共同爱好、优势互补、分工协作，照样可以风风火火。

第六，合理政府在电商人才问题上的作为

没有人才，电商绝对做不成。城里的电商尚且缺人，县域电商更是如此。要发展县域电商，政府必须把人才问题放在突出位置。有三条基本路径：通过优惠的政策吸引一批；通过创办培训基地和电商孵化基地培养一批；通过配套创业贷款等政策扶持壮大一批。必须注意的是，一些政府在人才的问题上过分偏重于人才引进，迷信于“外来的和尚能念经”，结果可能出现“请来女婿气死儿”的负面效果，要把三条路径统筹运用好。同时，必须关注一个事实，从事电商的主体是年轻人，其成长最快、潜力最大，要有明确的青年电商创业扶持和培养计划，这可能决定了县域电商的未来。

农村电商需要补上三农这堂课

最近在与农村电商的交流中，笔者明确提出一个观点：不懂农产品就不要做农产品电商，不懂农村就不要做农村电商，不懂农民就不要做涉农电商！而且笔者也不止一次建议做农村电商的商家，不仅要研究电商本身，更要研究农村、农业和农民，最好先从阅读费孝通先生的《乡土中国》开始。有专家讲，只有读懂了农村才算读懂了中国。回想这一两年无论是电子商务进农村也好，还是农产品电商也好，所受到的挫折、遭受的委屈，差不多都是与三农的隔膜

所致。而对于出现的这些问题，仅仅从道德上做批判，是电商唯利是图还是农民背信弃义，都没有意义，更不会解决任何现实问题，反倒让农村电商这潭水更浑。既然城市与乡村的二元世界的形成已经不是一天两天，那么二者形成的天然差异也注定是冰冻三尺非一日之寒，国家下了那么大力气，城乡二元结构依然根深蒂固，仅凭电商单枪匹马想要迅速变革谈何容易？所以，农村电商必须对三农这个大课本恶补一番。

农村是另一个世界

首先，做农村电商的商家应该明白，农村是熟人社会，而城市是生人社会。费孝通先生的乡土中国论，正是从熟人社会出发的。由于乡村天然地有血缘、地缘关系，左邻右舍、乡里乡亲，天生是一个熟人社会，开着门、串着户，东家长西家短，这人如何那人好坏，可谓知根知底。所以，农民在乡村内部是天然有信用的，还有乡规民约、公序良俗的约束，很多事情是非常简单的。比如，农村的传统借贷，实际上大多都不用字据，完全是口说即为凭证。但城市就不一样，铁门一锁，自成世界，真是“无缘对门不相识”，原子化现象十分严重，发自内心的信任感始终是缺失的。唯一有一些信任感的熟人社会就是单位的家属院，可惜也因为后勤社会化，逐渐变得陌生起来。而目前的电商制度设计，恰恰就是适用于陌生人社会的，以第三方支付工具做凭证，强制保障信用。但是这一套体系用在农村自然不合适，因为农村的事更多的在于人的因素。比如，做农村电商服务点，选人的标准要看硬件，什么学历、收入水平、职业技能；更要看软件，一个在村子没有口碑的人，不可能在村上赢得好的商机。

其次，同为农村，差异也大，不可一刀切。比如，村的大小差异极大，陕西关中的村一般人口有上千人，而且村村相望，人口稠密；而陕南、陕北的村则十分分散而且很小，百人以下的村在大规模撤乡并村之前也是广泛存在的。而且，关中的村居一般高度集中于村内某处，而陕南、陕北的村居又散落在村中各处。这样，一个农村电商服务点的建设，在关中的村理论上是可行的，但在陕南、陕北似乎就不大可行，因为人太少养不起。

再有，一方水土养一方人。上述提到，人口多少是支撑电商的基础数据，但在实践中，人口数量又不是绝对影响因素。这是因为地域不同，人的习性也不同，特别是消费观念上。比如，关中的农村历来有勤俭节约的传统，一辈子只为两件事：盖房子，给孩子娶媳妇，其他一切消费似乎皆可省去，像不吃蔬菜，关中八大怪之一即“辣椒是道菜”。而陕南却受楚文化影响较深，似乎更重视当世的享受。由此，看似人口较少的陕南，其农村电商的业绩表现却优于关中，因为肯消费，也因为原有线下消费的供给不足。

最后，必须研究农村的城镇化规律。笔者给一些做电商的商家推荐拙文《城镇化的区域差异与山区路径》，核心的意思是，在关中人口密集的农区反倒不容易形成大的集镇，因为交通便利，离县域太近，“灯下黑”严重；而在陕南山区则每隔几十里必然形成一个大的集镇，而且普遍熙熙攘攘、十分热闹，像中国的小香港一般。由此，关中的农村电商在村内设点，以销售生活日用品为好；而陕南的农村电商则在乡镇必须考虑站点，而且服务内容要全面一些。

农业与电商隔一个世纪

用一个比喻来说，农业还在 19 世纪，而电商已经跨入 21 世纪，二者是对不上话、拉不上手的。而且，农业的小生产将在很长时间内存在，任何超前的信息化运动都是堂吉诃德对风车的不自量力的碰撞。中国农业的户均八亩土地还分散为九块的小农经济的现状绝对不适合任何大规模标准化的生产，必须要有智慧地进行适度规模经营，如培育小型家庭农场、发展合作社、开展土地托管等社会化服务等。2015 年一亩田遭遇的“业绩造假”质疑，本质上是他们干了农业部门多年想干却干不动的事情，即使投入上万人仍无济于事，再想想十年前的轰轰烈烈的信息进村入户工程，到最后逐渐归于沉寂。所以，农业的电商化一定以农业的互联网化为前提，而农业的互联网化又需要时日，不管电商等得起还是等不起。

农业电商的问题又集中表现为农产品电商问题。农产品的问题在于缺乏工业化锻炼，而农产品电商却恰恰忽视了前端。笨鲜生是一个典型的例子，任何不从源头上做起的农产品电商特别是生鲜电商其结局都是悲惨的。连京东这样的自营王牌在生鲜电商刚宣布准备大干的时候都遭受了作家六六的当头棒喝，谁能说自己的体系更胜于京东？由此，一轮又一轮的融资，推动生鲜电商不得不走上重资产的奴役之路，多少有些悲壮的色彩。比如，2016 年上半年易果生鲜宣布完成近2亿美元的C轮融资，随后天天果园宣布获得1亿美元的D轮融资，每日优鲜也宣布获 2 亿元人民币的 B 轮融资。然而，京东的重资产导致其至今不盈利，而唯快不破的资本在农产品电商上究竟有多少耐心？但指望着农产品的标准化已经成形、农产品的冷链运输体系已经完备，尚不知何年何月，只争朝夕的电商只能大包大揽。

至于专家批评的，电商下乡让农民买得多而帮农民卖得少，不是电商不愿意干，而是无能为力。因为上行与下行是截然不同的两个体系，连看似可以共享的物流也是不同的，更不要说已经下乡的电商缺兵少将，根本无力打仗。从各地探索的经验看，农村电商的上行就不是电商一家可以做的事情，一定是政府、平台、电商、创业者、农业体系综合配套的结果，想得越简单，做起来越艰难。特别是幻想着靠一批农村电商创业者扛起农产品上行的重任，在实际操作中往往落差甚远，因为这些年轻的创业者根本不具备全能冠军的实力，还需要农民、电商和电商服务商的大力支持。

由此，农业的电商路注定是“路漫漫其修远兮”，需要大家一起“上下而求索”。

要帮助农民而不是指责农民

“笨鲜生”事件出来后，一批做电商的商家和自媒体指责农民经常背信弃义、坐地涨价。笔者想说的是，不要一味指责农民，他们确实是一个经不起任何闪失的群体，他们的保守、小富即安甚至见利忘形，都是小农经营的经济社会基础决定的。如果有兴趣，可以看看毛泽东主席早年的作品《中国社会各阶级的分析》，他把自耕农归入小资产阶段，“他们觉得现在如果只使用与从前相等的劳力，就不能维持生活。必须增加劳动量，即每天起早散晚，对于职业加倍注意，才能维持生活。”这样一种情况，必然使得农民患得患失、畏首畏尾。也可以换位思维，当你是一个农民，当你本小利薄经不起折腾却面临一线生机时，你将如何抉择？而那些所有的不诚信也不是农民的专利，一些坑蒙拐骗的东西就是从城市输出到农村的。还有，农民也没有经过工业化的大生产锻炼，在思维、行动上都与电商所要求的标准化生产体系相差甚远，这个适应过程注定需要较长时间。

所以，认识农民的善良与缺陷，多些理解与支持。他们不知道互联网，更没有互联网思维，他们只关心自己的农产品能否卖出去，他们需要更多的领路人，而不是二道贩子。还是前面的笨鲜生的案例，假如当初给农民的收购价格不是几毛钱而是更高一些，假如有专业买手耐心给农民讲解电商的标准与要求，或许事件的结局不是那个样子。

早在 20 世纪 50 年代，法国的社会学家孟德拉斯就指出："20 亿农民站在工业文明的入口处，这就是 20 世纪下半叶当今世界向社会科学提出的主要问题。"今天笔者也想说，几亿名传统的中国农民站在互联网时代的入口处，这也是当今农村向电商提出的重大课题，任何不能破解"互联网 + 三农"的电商下乡都不能称为合格的电商，也终将难于取得成功。

电商要与电商服务商一起下乡

电商要做成功，必须是电商服务业要发达。没有电商服务业的地方，一定不会有好的电商。所以，对于县域电商，笔者觉得电商企业和电商服务商要携手下乡，一个人下乡干不动。

如何定义县域电商服务商

县域电商服务概念比较大，服务商能服务什么？第一个是电商直接最需要的服务，如我们常常讲的，人才谁培训？美工谁来做？后台数据怎么管理？这是俗称的小的电商服务业。第二个是县域内电商生态的打造。比如，电商园区谁来运营？底下"村淘"的人谁来日常进行管理培训？等等。第三个方面，县域需要加强电商的基础设施建设，电商运营商也是可以参与的。比如，现在所建电商孵化园区，很多地方没有电商服务商的参与，所建的孵化园区根本不像是电商的。有的像老年公寓，没有电商的痕迹。

现在的电商服务商在县域怎么干

县域电商服务商面临最大的问题是自己的转型，因为目前可能 80% 以上的县域电商都是工业品电商转型而来的。曾经有一个电商服务商信誓旦旦地到陕西去，“我要给你做苹果电商的运营商”，然后签了豪迈的合同。但半年之后此人悄悄地离去了，根本做不动，农产品电商和工业品电商根本不一样。所以，对于做县域电商服务商，笔者给出如下建议。

第一，从了解县域、了解农村开始。比如，跟农村淘宝陕西区的人交流，笔者建议他们买一本书看一下，就是先看一下费孝通老先生写的《乡土中国》，先了解农村，才能了解中国。没有搞懂农村，是一定做不了农村电商的。

第二，要本地化，不能高高在上。你的团队可以带一两个骨干，但不能长期让你带来的部队在当地驻扎下去。对于现在 80、90 后的年轻人来说，长期待在县城是非常困难的，哪怕给他们很高的工资，都解决不了其内心的失落感。有的县长说，我想把他留下怎么办？逼急了办法是有的，笔者开玩笑说，你把他们变成你们县的女婿或者儿媳妇就差不多了。服务商一定是点火的角色，然后要在县上挖掘现有的电商、现有的青年人才，让他们成为服务商的一员。有一个现象，所谓的电商生态圈不是人人都在直接做电商，百分之二三十的人做电商就够了，百分之七八十的人从事电商相关服务业，而且随着电商生态的发展，所有的电商服务业都会拆成独立的产业生态。一开始是服务商搞培训、美工等，什么都干，电商做大了，以后肯定会成立专业的电商培训机构、孵化机构等。所以，其中的文章很大，要加快进行本地化。

第三，一定要给政府当好参谋。笔者给很多电商服务商的建议是，别盯县长的钱包，而要盯县长的脑袋。县域电商，准确来讲，是 2015 年才开始爆发的。所有的县长几乎都想做电商，但很多县长到目前为止对电商认识还不太清楚。其在抓电商的时候很犹豫，很无助，因为底下也没有人懂。所以，这时候电商服务商要承担一项重要的任务，就是帮助县长认识电商，给他提出有关发展县域电商好的建议。笔者发现很多好的县域电商服务商，落地比较好的，主要原因是其打动了县长，让县域电商走上了一条比较规范、比较正常的道路。

电商要与电商服务商合作共赢

目前各大电商都在下乡，投入大量的人力、物力、财力，很辛苦，但效果并没有达到预期。一个重要的原因是，把老板干成了伙计。一个县一个电商团队，这样下去，全国所有的县都要覆盖，需要电商平台打造多大规模的团队才能实现？所以，最可行的办法，还是老板要像老板，把具体的工作交给大家干，自己开放系统就行了。试想，如果阿里巴巴不是开放平台服务体系，那么他自己需要养多少员工？现在对于各大农村电商平台而言，要做的就是——开放平台！

开放平台后，可以根据电商需要遴选各类电商服务商来协同合作，大家在一个电商链上实现共赢。例如，培训可以交给可靠的电商培训机构，而孵化基地可以交给专业运营团队，物流可以找第三方甚至第四方物流，等等。总之，要避免事无巨细、亲力亲为的思想，农村电商谁想包打天下都不行。

2

电商下乡——大地上的新竞争

角逐农村电商的六种力量

轰轰烈烈的农村电商运动已经进入第三个年头，最初美好的憧憬至今难言实现，反倒是加入农村电商争夺战的各方力量与日俱增，大有“引无数英雄竞折腰”的态势。除以阿里巴巴、京东、苏宁为代表的电商巨头“大兵压进”之外，还有以中国邮政、供销总社、中国电信为代表的“国家队”高调入场，以浙江赶街、山西乐村淘、深圳淘实惠为代表的地方土豪“虎踞龙盘”，以金正大、辉丰农业、诺普信等为代表的涉农上市企业推动农资电商的集体喧嚣，以新农人群体涌现和微商平台形成为标志的农特微商“悄然崛起”，自然也少不了各大电商服务商的“四面出击”，并成为农村电商运动中最为忙碌的一个群体。这六种力量正在竞争、融合中深化农村电商的发展模式构建和势力版图划分，当然也在推动着农村电商不断向前发展。

以阿里巴巴、京东、苏宁为代表的电商巨头在“大兵压进”中开始“转换阵形”。阿里巴巴从最初充满情怀的“千县万村”计划推出，到 2016 年 7 月农村淘宝 3.0 版本的推出，其农村电商战略日益丰满。如果农村淘宝 1.0 是基于农村现有商业体系的搭载，则 2.0 版本已经把人才上升为第一要素，并推出“固点不固人”的农村淘宝合伙人公开招募，活力明显提升；到 3.0 版本则明显从简单的电商下乡向综合的农村电商生态打造和服务演化，以农村淘宝、淘宝村为双核，人才培养、金融下乡、旅游在线、上行通路等数个板块支持，从简单的网上商品买卖向综合的农村互联网经济打造转型。京东的农村电商战略紧跟阿里巴巴推出，初名为“千县燎原”计划，通过京东帮和京东县级服务中心“两条腿”走路的方式向县以下渗透，到 2015 年下半年经刘强东提议，其农村战略逐渐定型为“3F”战略，即工业品下乡战略（Factory to Country）、农产品进城战略（Farm to Table）和农村金融战略（Finance to Country），因为三大战略的英文首个字母均有“F”，故名，以有效弥补简单电商下乡的单薄。苏宁的农村电商战略迟至 2015 年 1 月才正式推出，主要是将其在乡镇一级的门店升级为苏宁易购服务站，仍然属于其固有 O2O 模式向农村的下延。此后，苏宁一把手张近东对农村电商亲自倡导和研究，最终形成新的“三化五当”模式构想，即农业产业化、农产品品牌化和人才专业化的“三化”愿景和“当地销售、当地纳税、当地服务、当地就业和当地造富”的“五当模式”，可以说针对性很强，对地方政府吸引力也很大。短短两年多时间，各大巨头的农村电商战略发生如此剧烈的变化，充分表明了农村电商发展之快、形势变化之快，农村电商的“农”字特色正在越来越浓，更加接地气。

以中国邮政、供销总社、中国电信为代表的“国家队”高调加入农村电商竞争。“邮老大”从2014年开始加入农村电商的竞争，依托邮乐网这一自有平台及其农村操作终端“邮掌柜”系统，顺着其健全的农村网络向下渗透，到2015年年底已经完成对11万个村的覆盖。从这一次的行动看，“邮老大”对待农村电商的态度是认真的。如果说能对其庞大的农村邮递员队伍进行有效激励，对农村物流的终端配送体系进行开放性的改造，则在农村电商中分一杯羹是完全可能的。继中国邮政后，供销总社也在2015年高调入场农村电商。在2015年的供销社改革中，中央赋予了供销社新的权力，即电商和金融，而且有资金支持，这让其底气大增，有一种持“尚方宝剑”入场的感觉，随后花重金打造的“供销E家”上线运营。但让人遗憾的是，“供销E家”的体验感似乎并不尽如人意，而让一个电商平台同时承担B2B、B2C、O2O等在线功能的设想也备受质疑，因为马云也办不到。农村电商要发展，网络是基础。在农村电商高歌猛进的时候，几大电信运营商也跟着享受红利。中国电信对此似乎还不满足，从“给人服务”到“直接动手”，把农村电信服务点升级为电商服务点，还配套升级了旗下的B2C电子商务网站114MALL。不过这个平台系统还较为开放，在青海的试点中，其基层的电商服务点更像一个代购服务点，各个平台都可以代理，各个支付手段都可以选用，而不仅仅是电信的“翼支付”。

以浙江赶街、山西乐村淘、深圳淘实惠为代表的地方电商土豪“虎踞龙盘”。浙江赶街虽然起家于浙西的遂昌，但作为整个农村电商的最早探索者，其探索改进的脚步从未停歇。最初的赶街版本启迪了阿里巴巴的农村淘宝，而赶街也在2015年的农村电商“跑马圈地”中扩张到10个省数千个村。但随着面上的扩张，也带来模式的适应性、可持续性等一系列问题，所以他们放缓了扩张的步子而开始琢磨深层次的问题，本地的线上线下融合成为重要的探索方向。山西的乐村淘算是又一个不安分的“土豪”，不到三年时间竟然扩张到全国25个省，覆盖6.5万个村，他们公开唱响的模式也是O2O，尤其以发明的“乐6集”较有创新价值，每月的6日、16日、26日，集中下单、集中销售、集中配送，可以降低农村电商的物流成本和采购成本。总部深圳的淘实惠则打出了“县域自生态”的响亮口号，想打造一个农村电商服务平台，而不是自己买卖，并提出构建服务于县域和网点的物流、金融、供应链、IT和经营五大赋能体系，以便让当地经济发展得更好，到目前为止也已经扩张到数省。

以金正大、辉丰农业、诺普信等为代表的涉农上市企业推动着农资电商的集体喧嚣。2015年春天，联想投资云农场拉开了农村电商的又一个激烈竞争领域——农资电商。本来各大电商平台的农村电商业务就设计了农资电商板块，但联想的投资行为则直接激发了各大涉农上市企业的集体喧嚣，纷纷投资农资电商，并催生出数个农资电商平台。比如，金正大联合中国农业产业发展基金和现代种业发展基金有限公司等，高调成立农商一号，一期投入20亿元，准备3～5年扩张到1 000个县。诺普信则推动旗下的田田圈启动“田田圈互联网联盟”，除了O2O服务平台，还推出农集网（B2B）、农发贷（P2P）及物流、农产品销售等平台，构建农业互联网生态圈。辉丰股份则投资了农一网，突出农药产品，初步实现电脑端农药商城在线交易系统、手机APP、移动触屏版、微商城系统的线上生态建设。据不完全统计，涉足农资电商的上市公司除金正大、辉丰股份、诺普信外，还有辉隆农资、新洋丰肥业、农产品、司尔特、新奥股份、芭田股份、新希望、北大荒等。但这些上市企业涉足农资电商的共同特点是强烈的平台思维和自成体系，其开放性决定了其未来的空间，否则电商板块始终是中看不中用，盈利十分困难；而且农资的特殊性决定了农资电商的竞争还要取决于线下农资市场的竞争。

以新农人群体涌现和微商平台的形成为标志的农特微商“悄然崛起”。2015年，一宗因为微信朋友圈销售假劣面膜导致的毁容案开庭，销售面膜者被判刑。此后，暴力刷屏的第一代层层囤货式微商开始式微，而以销售特色农产品为代表的农特微商却接过了接力棒，迅速爆发。为什么会出现这种情况？一个重要的原因是，农产品是非标准化的，恰好利用了微信的社交基因，在形成熟人信任的基础上缓解了生人交易中对标准化的苛求，一时间情怀满天飞，农特产品充斥朋友圈。不仅如此，微商经历了简单粗暴的阶段后，开始平台化，出现了有赞、有量等微商平台，不再需要暴力刷屏，也不需要层层囤货而近乎传销，只需一个后台开放系统即可实现一件代发，而代理层级一般也控制在二级以内，日益透明化、规范化。基于阿里研究院的研究成果和各方面的数据分析，县及县以下回去了大约200万名年轻人在从事互联网农业，普遍在运用网店、微商和微博等工具。这一支力量目前还很零散化，个体弱小，但发展的态势不可低估，成为农村电商又一活跃的因素，而且正在日益呈现聚合化的趋势，毕慧芳、辛巴、勤劳农哥、土豆姐姐等新农人代表人物在农村电商界的影响日益扩大。

与各大电商同步下乡的电商服务商在“四面出击”。农村电商，仅靠电商平台是做不动的，政府也不行，电商必须与电商服务商一起下乡。所以，在农村电商的发展过程中，电商服务商日益成为关注的焦点，其中的一部分已经成为县长的座上宾、农村电商的同盟军和农村电商创业者的领路人。如赶街的潘东明团队，本身就是服务商之一，承担了政府大量电商服务功能；丽水的王军龙团队，从电商人才培养切入农村电商综合服务，已经富有影响；在浙江发达的县域电商背后，依稀看到余斌、王文辉等电商服务商的身影；从浙江走出来的莫问剑团队操盘的县域电商通榆模式，更是将电商服务商推到前台，全程牵头农村电商的设计与实施。在其他省，有田建刚团队对新疆农产品电商上行的系统服务，有徐小波团队对江西电商扶贫的服务功能承载，还有服务湖北县域电商的杰夫电商团队、深耕电商园区运营的河北尚永华团队、在甘肃坚守的王雪莲团队。随着农村电商的深入推进，农产品上行同质竞争的问题日益显现，品牌战略逐渐受到各地重视，专职从事县域农产品品牌策划的农本咨询贾枭团队自2015年起迅速活跃于全国各地，而长期从事农业品牌研究与服务的浙江大学农业品牌研究中心胡晓云团队、志起未来李志起团队、福来营销娄向鹏团队等也被请入电商圈，提供电商品牌服务。品牌必然与传播相伴，从媒体出来的原央视记者薛倩团队、原南方系胡海卿团队，也纷纷参与了农村电商的宣传策划与事件营销设计，并有经典案例。与农村电商一起“发烧”的还有农村电商培训，其局面可以用火爆来形容，几乎每个电商服务商都在组织培训，从理念引导和人才培养入手，不仅对创业者，而且对地方领导和企业老总，在淘宝大学首开县域电商县长班之后，各地的领导干部电商培训风风火火，京东、苏宁的县域电商培训也随即跟进，中国电商协会旗下的县域电商联盟、安徽的半汤商学院、陕西正在筹建的绿野书院等，也都纷纷加入农村电商培训行列。做电商少不了规划，电商规划往往也在培训之后跟进，相关专家与机构也为此而忙碌。可以预计的是，随着农村电商战略的深入，越来越多的地方政府和业务人士认识到，电商服务商的重要性与日俱增，未来还有大的发展空间。

总而言之，农村电商的发展随着规模的不断增加、模式的不断深化，特别是农村电商生态的不断发育，越来越需要更多的力量参与其中，目前能看得见的六种力量之外，还有其他的力量纷纷进入农村电商领域，如一些县域的传统零售企业也借用电商工具在探索线上线下一体发展，这些参与都会让农村电商更加丰富多彩起来。唯一的愿望是，所有力量在农村电商的竞争与融合中，最终都能以农民得到实惠来体现。

阿里巴巴：从农村再造一个淘宝到人才上升到首位战略

一向为人忽视的农村电商市场在 2014 年下半年徒然升温。2014 年 7 月初，首届中国县域电子商务峰会在阿里巴巴杭州总部召开，上百位县长齐聚阿里，共商农村电商发展大计，这场名副其实的电商“县长大会”轰动了全国；当月月底，阿里巴巴集团董事局主席马云第一次来到浙江丽水，调研遂昌县的农村电商，这位风云企业家佩戴草帽、行走在乡间的照片瞬间传遍大江南北。2014 年 9 月，阿里巴巴在美国上市后随即宣布，未来集团三大战略是农村电商、跨境电商和大数据，农村电商由于阿里巴巴的投入而加快走到了聚光灯下；2014 年 10 月，阿里巴巴正式公布农村电商战略，推出“千县万村”计划，准备投资 100 亿元，在全国 1 000 个县建设电商服务中心，在 10 万个行政村建设淘宝服务点，并将第一个农村电商试验点确定在浙江桐庐。2014 年 11 月 19 日，李克强总理视察淘宝村后，农村电商进一步升温。2014 年年底，京东也公布了自己的农村电商战略，按照两条腿走路的办法，在县城建设京东帮和服务中心，分别负责大家电与家具的四位一体服务和一般商品的农村导购。苏宁也不甘示弱，随后推出了自己的农村战略，并在京东老总刘强东的老家江苏省宿迁市洋河镇开设苏宁易购第一家服务站。至此，农村电商争夺战全面爆发。然而，三个电商巨头，农村战略哪家强？首先观察一下阿里巴巴。

精心准备，重磅推出

在推出农村淘宝计划之前，阿里巴巴可谓精心准备，除掌门人马云亲自调研农村之外，阿里研究院 2014 年 10 月也发布了《农村电子商务消费报告》，报告核心数据表明，农村电商大有潜力，过去 3 年，淘宝农村消费占比不断提升，从 2012 年第二季度的 7.11% 上升到了 2014 年第一季度的 9.11%，预计 2014 年全年农村网购市场规模达到 1 800 亿元，到 2016 年甚至有望突破 4 600 亿元；2013 年农村网民使用手机上网比例高达 84.6%，农村居民对网购模式接受率达 84.4%，人均年网购消费金额预测为 500 ～ 2 000 元，品类集中在日用品、服装和家电等。

2014 年 10 月 13 日，阿里巴巴集团在首届浙江县域电子商务峰会上宣布，启动千县万村计划，主要目标是，在 3 ～ 5 年内投资 100 亿元，建设 1 000 个县级电商服务中心和 10 万个农村淘宝服务点，主要定位于四个方向：一是让农村也能享受与城市一样的消费选择，即代买、代缴费服务；二是让优秀的人才可以回归农村创业，即带动农村就业创业；三是让农民可以直接从厂家采购生产资料从而降低成本，即放心农资下乡；四是让农业产品足不出户卖到全世界，即代卖农产品服务。

为了推进这一计划，阿里巴巴确定了如下重点工作：首先是投资基础，具体而言就是在县村建立运营体系，加强物流，做好基础建设；其次是激活生态，帮助培养更多的买家、卖家和服务商，做好人才培养；再次是创新农村代购服务、农村金融、农资电商 O2O 等；最后是创造价值，帮助农民提高收入、增加就业、实现新型城镇化。

具体推进方式是，各地政府向阿里巴巴集团公开申请，由阿里巴巴在选定的县级城市开设农村淘宝县级服务中心站点，由县级服务中心站再去开拓合适的村级服务站。村级服务站由当地村民或适合做村民网购网销服务的店铺来运作。阿里将同地方政府对接，整合当地物流配送、培训机构、农副产品检验检测机构、农资农具厂家等资源，打造一个“消费品下乡、农村产品进城”的双向流通体系，并提供包括金融在内的综合服务。其中，县级服务中心承载着人才孵化、小企业孵化、服务商孵化、小企业集聚、服务商集聚的“三孵化、两集聚”功能。在县级服务中心周边，配套集聚培训、美工、摄影、物流、冷链等电商服务企业，从而形成一个促进农村电商发展的小生态圈。

阿里巴巴与县级政府合作，共同出资建设8个领域的项目：（1）县级服务中心的软装、购置办公设备，硬件及基本装修由县政府完成。（2）村点建设，包括村点装修、门头设计、电脑/电视等设备购置。（3）人员配备，包括派遣阿里巴巴员工驻地指导，联合开展农村淘宝合伙人招募等。（4）物流体系，依托菜鸟物流信息平台，在县域内选择好的物流服务商，进行物流补贴，打通县到村的物流。（5）人才培训，主要是提供系统化的培训体系，与县政府有关部门合作，定期开展培训。（6）线下推广，主要是广泛开展线下的宣传推广和相关业务拓展。（7）平台建设，主要是平台的对接、地方特色馆等二级平台搭建、平台入驻商家的招募及商家管理等。（8）线上运营，主要是开展线上宣传推广和业务拓展，推出特色活动等。

2016年3月底，也就是阿里巴巴集团的2015/2016财年结束，根据阿里财报披露的数字，“村淘”已进驻全国27个省（区、市）、333个县，覆盖16 500个村，推进速度相当快，“千县万村”已成雏形建设生态，集团作战为了配合农村战略的实施，阿里巴巴先后做出如下几项重要部署。一是对淘宝网进行了改造。2014年11月针对农村市场推出了二级页面“农村淘宝”，页面布局更为简单，除淘宝常规的服装、鞋包、母婴、电器、居家百货之类外，特别的要属“农资用品/农耕工具”品类，在这里能买到包括肥料、农药、塑料薄膜、种子、播种机等各种涉农商品。二是加快农村物流体系建设。根据菜鸟网络首度公布的数据显示，菜鸟统计了阿里巴巴村淘覆盖区域的快递进出时效，发现有约13%的订单也在当日或次日即可送到，在长三角、珠三角的网购更为普及的地区，农村快递速度已不逊于城市，可谓进步神速。按照规划，菜鸟将用5～8年的时间，努力打造遍布全国的开放式、社会化物流基础设施，未来能够支撑日均300亿元（年度约10万亿元）的网络零售额，支持国内任何一个地方网购实现 24 小时送货必达。三是加快农村金融布局。蚂蚁金服发布的数据显示，2014 年新增的农村余额宝用户超过 2 000 万个，增收 7 亿元。其中，东莞、温州、苏州、泉州、成都等地的农村尤为活跃，开户数居全国前五。“80 后”和“90 后”是绝对的主力用户，占据 2013 年新增农村余额宝用户的 75%。根据 2016 年公布的数据，2015 年农村地区的余额宝用户规模同比 2014 年激增了 65%，数量占整体的 15.1%，相当于每 7 个余额宝用户中就有一个来自农村，达到约 4 500 万户。互联网金融的深入农村，将在拉动农村居民消费、解决农村居民融资难等问题上进一步发挥作用。

同时，为了避免农村淘宝事业部孤军奋战，阿里巴巴每个季度会召集阿里旅行、阿里健康、阿里通信、特色中国、1688、蚂蚁金服等 17 个相关的事业部，开一次协调会议，集中研究解决农村淘宝推进过程中面临的现实问题，相关事业部协同推进，最终让农村淘宝变成一个航空母舰式的农村电商大平台。

迅速升级，集聚英才

在农村淘宝的落地过程中，初期主要依托乡村现有商业门店来建，好处是有基础、搭建方便，但缺陷同样明显，原有门店经营人员认识不深、思维不活，农村淘宝始终处于捎带状态，这显然难以达到农村淘宝的战略目的。所以，2015 年，农村淘宝 2.0 版本推出，对制度设计进行了重大调整。

从农村淘宝 1.0 到农村淘宝 2.0，核心是把人放在更重要的位置，因为初期的试点显然表明，人才是农村电商的最大制约，需要 20 万名以上的农村淘宝合伙人去开拓新空间，而阿里巴巴需要做的是发现人才、支持人才、打造生态。在此情况下，“千县万村百万英才”项目推出，计划在 3 年内选拔 10 万农村淘宝合伙人、培养 10 万农村电商带头人、带动 100 万农村电商从业人，通过针对合伙人、带头人、从业人（培训服务商从业人、物流服务商从业人、供应商从业人）的培训成长，带动更多的孵化中心、淘宝村、创富协会衍生出来，培养真正属于县域、农村的电商基因。为了实施这一项目，阿里巴巴先后与国家发改委、团中央分别签订了合作协议，同时将之作为项目县政府合作的重要内容，确保实施的力度。

同时，对于村淘服务站的功能也进一步做了梳理，力争打造为“三个中心”概念，即：（1）生态服务中心，能让群众享受到“一站式”服务（代购，便民缴费等），推动城乡一体化进程。（2）创业孵化中心，通过村淘合伙人招募，让人才回归到本地；与当地政府共建创业孵化的基础设施，给人才提供项目孵化场所；提供更多金融产品，为创业提供贷款资金。（3）文化公益中心，通过远程教育 / 医疗 / 数字娱乐、改善农村的人口结构和人文环境，从公益角度吸引更多生态友军一起改变农村。

在各业务板块中，农村金融给农村淘宝合伙人打开了很大的想象空间。在项目试点县，一个农民最快 30 分钟即可通过蚂蚁金服贷到生产贷款——“旺农贷”产品，流程仅仅是扫扫身份证，填一张非常简单的表，而且贷款资金会在 24 小时内到账。而对于受流动资金困扰的电商经营者，小额的周转资金通过“花呗”产品贷款，几分钟即可搞定。在农村金融问题破题乏力的情况下，互联网金融无疑让人眼前一亮，不仅使农民受惠，也有可能成为农村淘宝合伙人的重要业务与收入来源。

主推下行，探索上行

各路农村电商在推行过程中，为人诟病最深的莫过于上行不足，也就是一些专家批评的，让农民买得多，而帮农民卖得少。但实际上，不是阿里巴巴不想做，而是整个农产品体系很难与电商接轨。因为阿里巴巴是平台电商，销售的主体和载体是入驻平台的商家，阿里巴巴能提供的资源是平台流量和品控体系。而目前县域存在的最大的问题是，能够承载上行的服务商太少，农产品到商品再到网货之间的产业链不完善。但面对批评，农村淘宝还是勉力而为，做了一些积极探索，即让阿里巴巴的其他平台拿资源来支持。

2015 年 8 月，农村淘宝协调阿里巴巴内部资源，将黑龙江肇源大米、山东栖霞苹果、浙江临安土鸡蛋、广东化州橘红、江西玉山红糖、湖南湘莲、吉林通榆葵花籽、江苏沛县牛蒡、安徽霍山石斛共 9 个县域的优质农产品，放在聚划算平台与消费者见面。消费者可以通过聚划算平台对农村土地直接“下单”，获得来自全国各地的优质原生态农产品。数据显示，仅用了 37 个小时孟州的全部5万份玉米售罄，聚划算作为阿里巴巴的团购平台在农产品促销方面也显示了实力。

2016年5月，经过改造后的农村淘宝“乡甜”频道也正式上线。“乡甜农场”作为一种新的社群式订单农业模式，是农村淘宝重点打造的农产品上行平台。通过深化土地流转、订单化种植管理、溯源体系建设、仓储物流建设、体验式营销服务，强控农产品品质与标准，力争让一批有鲜明地标特色的“乡甜”品牌崛起，最终实现优质农产品从农场直达终端消费者餐桌。为此，“乡甜农场”提供全流程的交易、资金管理、分期发货、社交等功能，推进C2B（个人定制）、CSA（社区农业）模式实现，将消费端需求前置对接生产端，降低生产、流通、营销环节的成本。

除上述动作，农村淘宝还正在通过激发当地电商创业，促使县域电商产业链逐步完善，最终让当地的电商基因自己生长出来，承担起农产品电商上行的重任。

刚刚开始，任务繁重

整体观察，目前农村淘宝的实施情况是，代缴费业务相对简单，开展容易；代买服务通过消费习惯培养，正在加速推进；而代卖农产品服务依然推进不足，农用物资下乡还需要梳理体系。究其原因，代买的商品多为工业品，标准化程度高，产业体系成熟；而代卖的农产品则产自千家万户，标准化缺失，质量不一，还有安全检测与信任的问题，鲜活农产品更有保鲜与冷链运输的问题，城里的生鲜运输尚且还是问题，农村就更不用说了；至于农用物资的电商下乡，则必须面对长期以来形成的强大的传统农资流通体系，其买卖配送又与普通商品明显不同。

更重要的是，通过千辛万苦招募回来的合伙人队伍如何稳定地留下来还是一个非常现实的课题，对人口稀少的一些乡村而言，佣金收入非常有限，而农产品上行又非一两个单兵作战就能够实现，如何赋能农村淘宝合伙人必须加紧考虑，金融、旅行、医疗等服务项目能成为合伙人的新收入来源吗？

还有，农村淘宝2.0版本的固点不固人，固然把人的积极因素调动起来，但对传统乡村既有商业门店的抛弃，也是从一个极端走向了另一个极端，农村电商的落地模式完全可以再放活一些。所以，农村淘宝现在与小卖部合作，做"友军"模式，即小卖部通过合伙人来更廉价地批发进货。

无论如何，农村淘宝的试水大大增强了阿里巴巴的信心，"千县万村"计划在 2015 年开春明显加速，而阿里巴巴高层也明确表示，农村电商投资 100 亿元仅仅是初期的，不是最终数字，显然未来的投资力度有可能会更大。在城市电商日益竞争激烈及饱和的情况下，农村将担负着再造一个淘宝的重任，并且初期的试点已经给了阿里巴巴足够的信心。

2016 年 7 月 28 日，阿里巴巴农村淘宝宣布，启动以"服务"为核心的 3.0 业务模式，农村淘宝的 3.0 时代终于在千呼万唤中走向前台。从宣传报道看，3.0 模式就是在 2.0 模式把人才作为核心的基础上，进一步把阿里巴巴整个服务体系下沉到农村，把农村淘宝合伙人由创业者演化为乡村服务者，农村淘宝也将从大家印象中的网上买卖产品变为向村民提供生产生活多项服务的基层站点。这又一次的调整，将带来怎样的改变，值得期待！

京东：从"两条腿走路"到"三F战略"

在阿里系围绕农村战略衔枚疾进的时候，京东的农村电商战略也在紧锣密鼓地推出。2014 年年底，京东全国首个电商试点县落户四川仁寿，仁寿县人民政府成为京东下乡进村"千县燎原"计划的首个签约地区。2015 年京东在农村的扩张明显提速，截至 2016 年 6 月底，乡村推广员达到 27 万人，服务 27 万个行政村。京东县级服务中心达到 1 500 多家，京东帮服务店布局 1 500 多家。地方特产馆、特产店已达到 1 000 多家。

用"两条腿走路"来快速落地

为快速在农村扎根，京东按"两条腿走路"的思路快速落地。

一条"腿"是"京东帮"服务店。主要采用合作模式运作，挑选县域有实力的家电销售商授权合作，主要服务涵盖大家电、家具在内的所有配送和交付不便利的大件商品业务，是集营销、配送、安装、维修四位一体的服务店。与京东的纯电商特色相比，“京东帮”服务店反而有一些苏宁的特色，即门店内有部分样品展示，有一些线上线下一体的味道。消费者可以在现场体验，然后可以现场下单，也可以回头在自己的手机上下单，县域内所有的订单均由京东集团完成采购，转运至各县“京东帮”服务店，最终配送到消费者手里。自2014年11月开出首家“京东帮”之后，随后呈现遍地开花的态势，2015年内便突破1 000家。2016年6月，总数已经达到1 500家，覆盖40多万个行政村。随着业务量的扩大，京东计划依据大数据增加“京东帮”服务店的备货量，这样热门商品即可实现门店自提或者限时送货上门，进一步提升配送速度。

另一条“腿”是京东县级服务中心。性质为京东自营，主要功能是业务咨询、购物体验、推广运营等，同时负责乡村推广员的招募与培训管理，主要向消费者推广销售“京东帮”服务店范围外的所有小件商品，也可销售大件，但目前还不负责配送。一般在县级成立京东县级服务中心，其下以村为单位招募乡村推广员，主要任务是开展电子商务推广宣传营销、电子商务服务（培训指导注册、交易）、代客下单、网络支付服务等。对村民网购的产品，可以代收货或代提送达。乡村推广员由京东县级服务中心负责招募，按业务量和推广销售的不同商品性质付给一定比例的佣金。2016年6月，已经招募27万名“京东乡村推广员”。

值得注意的是，作为自营模式的京东在电商上一直走的是自建物流的“重资产”路径，但在农村电商的村级站点建设上却一反其“重资产”的特征，玩起了“轻资产”，即相对于阿里巴巴在每个村建立实体店和专门招聘农村淘宝合伙人，京东在村上的合作点并不要求专门的实体店，经过京东审核，颁发资质证明牌匾后即可运行。京东推广员也不需要专门的电脑、打印机等设备，一般自主用手机等移动终端下载京东APP即可，走村串户完成销售。这种农村的“轻资产”路径也是京东在农村跑得比较快的重要原因，而在农村战略上同样反其道而走上“重资产”道路的阿里巴巴，虽然农村电商动得比京东早，但是在2016年5月，累计投入运营的村点不过2万个，不及京东村点的1/10。

用“三F战略”来丰富内容农村电商

一直为人诟病的是，工业品下行太多，让农民买得多而帮农民卖得太少，农产品上行普遍是软肋。京东是自营电商平台，农产品类目也在加大推广，所以有推动农产品上行的便利条件。同时，农村电商的竞争已经由简单的商品买卖演化为生态体系竞争，呈现出从农产品到旅游到文化、从商品到金融到生活服务的趋势。在此背景下，京东在 2015 年下半年开始将农村战略升级为“三 F 战略”。

“三 F 战略”,即工业品下乡战略(Factory to Country)、农产品进城战略(Farm to Table ）和农村金融战略（ Finance to Country ），因为三大战略的英文首个字母均有“F”，故名。

工业品下乡战略（ Factory to Country ），主要解决农村商品品种少、价格高、质量差、售后难问题，依托于京东成熟的自营电商平台和发达的物流体系来实现。整体上是京东商城的农村扩展，只需要加强终端的推广和物流配送，问题并不是太大，核心是“京东帮”服务店和乡村推广员的有效激励和管理问题。

农产品进城战略（ Farm to Table ），主要解决农产品卖难、卖不出价等难题。目前的农产品上行，某种程度上不是电商不愿意而是没有办法，因为涉及供应链直至产业链的各个环节，而且没有成熟的东西。所以，大胆做农产品电商上行的电商多少都有鼻青脸肿的经历。京东有自营平台，农产品电商类目特别是生鲜类目在大举扩张，因而在上行方面跃跃欲试。2015 年 5 月，京东策划的“E 路高歌‘枇杷行’”活动正式上线，四川仁寿县将 21 万亩枇杷通过京东电商平台与物流配送网络销往全国，迅速打开了仁寿枇杷的国内市场，同时带动本地枇杷销售量价齐增；而跟随上线的福仁缘枇杷原浆饮料及枇杷酱等产品也借机打开线上渠道，当次活动取得 192 万元的销售额。此后，福仁缘再接再厉，接连参加京东“6·18”、“双十一”、年货节等活动，2016 年第一季度线上销售额已破 1 020 万元，跃居京东饮料类目新品牌增速第一名。总结仁寿县的经验后，京东又相继策划了苍溪红心猕猴桃节、怀宁蓝莓节等活动。

农村金融战略（ Finance to Country ），主要针对性解决农村金融服务不完善的问题。农村金融长期供给不足，农民饱受信贷资金制约之苦。为了加快在农村的推广，京东金融也开始瞄准电商渠道下沉的趋势，通过为乡村推广员试点授信，正式进军农村金融。包括两个方面：一方面是向农村提供消费信贷服务，面向农村市场拓展“京东白条”业务。农村居民在京东购物可以享受京东30天免息、分期付款等金融服务。另一方面是，推出农资产品电子商务及相应的“京农贷”业务，面向农民推出赊销服务，暨农村在种植环节在京东赊销农资产品，农产品销售后还款的金融服务。

除上述业务，京东还与县市政府合作，加快设立京东特产馆（店），并愿意向当地电商企业开放平台与物流体系，充分利用京东的资源、技术、流量等优势，产品定位以地方名特优食品为主，地方特色工艺品为辅，由本土企业及多类产品入驻，到2016年6月全国已有100多个省、市、县级地方馆正式开馆，入驻企业1 000余家，为城市消费者提供了安全、放心的农特产品。

总体观察京东的农村战略，与阿里一贯的平台思维不同，京东继续坚持以自营为主的节奏，并对自己的物流与金融服务表现出相当的自信。

还需要克服的现实问题

农村人常说，吃什么利，受什么害。一方面的优势在某种程度上是另一方面的劣势，对于京东的自营电商模式来说也一样。京东农村电商战略同样有值得研究的地方。

第一，农产品上行的市场拓展能力受到较大压力。根据笔者接触的一些基层政府，愿意和京东打交道的主要原因是，京东亲自帮你卖，而不是像阿里巴巴那样搭个场子让你自己卖，二者的难易程度是绝对不一样的。由此，京东自身的经营规模就决定了其农产品上行的规模。到目前为止，京东已有“枇杷行”等较为成功的农产品上行案例，但总体而言，其依然处于有点无面状态，将各个地方的特色农产品成规模地通过京东销售出去，还需要做大量工作。首先是来自体量的限制，阿里巴巴有3万亿元的零售规模，2015年的农产品销售规模才勉强有700亿元；京东2015年交易规模为4 600亿元，农产品及生鲜类目还处于拓展期，要将更多的农产品通过京东销售出去，还得一点一点来。其次是供应链的考验，行内公认是老大难的农产品供应链可谓千疮百孔，非一时之功可以完善。最后，最为糟糕的是，当大量的农产品寻求上网的时候，其互联网化的程度可谓相当初级，产业链源头的整合任务又是一项复杂的系统工程，阿里巴巴一筹莫展，京东同样独木难支，必须通过政府、平台、本地企业、农业生产者的共同努力才能实现目标。

第二，人才队伍的稳定还需要完善机制。农村电商的事和所有涉及三农的事一样，慢而且区域差异很大。农村淘宝合伙人制度建立以来，年轻人参与招募的热情高涨，但上手后的局面很快就分化为几家欢喜几家愁，一般的农村淘宝合伙人仅靠销售佣金是养不活的。京东的乡村推广员招募好像没有阿里巴巴宣传的那样火爆，却在短短一年多的时间内超过 27 万人，如此大数量的队伍，如果稳定下来也面临阿里巴巴一样的烦恼，因为其仅靠销售佣金同样是养不活的。目前京东按乡村推广员销售商品的性质分别给予其不同比例的佣金，因各村的情形不同，收入水平差异较大，一些人口基数少的村，其乡村推广员的收入难以完全专职化。后来京东又在一些重要活动时期，赋予乡村推广员众包物流的功能，增加一份兼职快递员的收入，但前期农村订单量少，增加的收入部分依然有限。

第三，经营模式的不断修正。马云曾经批评过京东的模式，大意是几十万人才做到几千亿元的交易规模，要做到上万亿元的规模得多少人，这些人又如何管。京东已经从当初的“3C”垂直电商跨入全品类的综合电商平台，但自己的精力毕竟有限，一些品类的标准化、品牌化程度还很差，还得像阿里巴巴一样，开放平台，让大家来做，这就是后来的京东“POP”商家，类似天猫入驻企业。同时，京东也在与永辉超市这样的线下企业合作，想补上线下的短板，推动“O2O”发展；还与腾讯合作，开通了微信一级菜单，导入了社交流量。那么，在农村电商领域，是否还需要像阿里巴巴的农村淘宝独立域名一样，进行专业化的区隔？如何与大量的当地企业合作？这显然也值得深思。

苏宁：从线上线下一体到“三化五当”战略

与做电商平台的阿里巴巴和做 3C 电商起家的京东不同，苏宁由传统企业转型而来，但这几年的转型并不顺利，在传统渠道与网上渠道互相掣肘的情况下，苏宁以破釜沉舟的勇气对企业架构进行了重大调整，也对战略布局进行了重新审视，并先后与电商巨头阿里巴巴、商业地产巨头大连万达实现了战略合作，在众人的一片担心中持续前行。当农村电商的争夺战开始后，苏宁再次鼓起勇气，投入又一重要领域的争夺，如果不能在新兴的农村市场中取得主动，则很可能会形成城市、农村腹背受敌的情况，形势不言而喻。

农村电商战略哪家强？有一个不太合适的比喻：阿里老谋深算，马云善讲情怀，但在农村却像曾国藩一样打呆仗，推进缓慢；京东老刘倒也实诚，自称就是一个商人，将真货以更便宜、更快的速度送到农村，顺便捎点土特产回来，所以跑得飞快；苏宁死磕O2O，虽然只到乡镇，但当大家抱怨电商体验差时，张近东嘿嘿一笑，我有门店。苏宁的出身不同，其农村战略与阿里巴巴和京东注定不同，与阿里巴巴的农村电商生态打造的大气魄相比，苏宁实力明显不济；即使与京东的3F战略相比，苏宁更多立足于现有资源的整合，并把目光投向自己不遗余力构建的O2O，在推进工业品下乡的同时，利用苏宁在城市的大量实体店，大力推动农产品进城，实现双向流通，同时实施“精准扶贫”计划。

苏宁农村电商战略落地的四个支点

虽然苏宁的农村战略迟至2014年年底才公布，但实际上早在一年前就开始通过将原先三四级市场的代购点、售后服务网点等进行升级改造，推出一大批集销售、物流、售后、客服、招商等功能为一体的苏宁易购服务站。这些自营服务站，涵盖了日用、百货、家电、3C、食品酒水、母婴美妆等多个品类，同时还摆放少量实物商品供当地居民体验试用。除销售商品外，服务站还将同时具备品牌推广、购物消费、金融理财、物流售后、便民服务、招商六大功能。有记者在苏宁服务站现场看到，出样的“商品”多是二维码，还有专人手把手“教”网购，物流售后的问题也可以解决。此外，还提供免费贴膜、代购车票等服务。

苏宁初期的农村电商主要基于两个维度：一个是怎样让农村用户得到更好的商品、价格、服务；另一个是从下往上，将农村好的土特产品推广出去。那么，又如何实现目前并不好办的农产品进城呢？据苏宁方面透露，苏宁超市业务上线后，为苏宁易购平台起到强大引流作用，短期内就迅速新增用户100万人以上。同时，超市商品的复购率高，对提升苏宁用户黏性起到了积极作用。也正是在这种背景下，苏宁的农村战略有意将农村变为苏宁超市的一个产品采购地，把大量优质商品带到农村，同时启动农产品直采、农产品众筹等项目，把大量优质农副产品销往全国各地。苏宁的底气在于，目前线下拥有 1 600 多家门店，线上苏宁易购排名前三，是国内唯一一家打通线上、线下渠道 O2O 闭环的互联网零售企业，国内首家内部打通现代化物流 O2O 闭环的企业，并且有向社会第三方开放物流资源的绝对实力。拥有物流仓储面积近 500 万平方米，形成了全国 8 个采购枢纽中心、57 个区域配送中心、352 个城市转配中心，自动拣选和传送系统达到国际先进水平、物流妥投率达到 99% 以上。

随着时间的推移，这种简单的战略思维显然不能适应农村的现实，所以苏宁的农村电商战略也在不断完善之中。2016 年春节，几经调整充实的苏宁农村电商战略变成了 4 个支点。

一是人才培训。苏宁老总张近东在 2016 年“两会”上的政协提案在农村电商方面的主题就是人才培训，认为没有人才成为农村电商的重要制约。所以，张近东就在提案中建议，应该由国家牵头来打造一个跨平台的农村电商教育孵化体系，将各类涉农专家、企业电商平台专家、数据分析专家等聚集在这一平台上，打造一个可持续发展的农村电商人才培养生态圈，从前端入手，进行全方位的培训。而苏宁愿意针对所在区域内的商户、农户、贫困户，定期组织电商培训工作，普及电商知识，增强电商意识，授之以渔。

二是电商扶贫。苏宁第一个与国家扶贫办签约，承诺对建档贫困户进行帮扶，拉动贫困户产品销路，增加贫困户收入。根据公开的信息，双方将在“电商扶贫双百示范工程”、电商扶贫 O2O 展销专区、“10·17”扶贫购物节、农村电商人才培养 4 个方面展开合作，在 100 多个贫困县开展“双百示范行动”，覆盖 234 万个贫困家庭。2015 年 11 月，国务院扶贫办联合苏宁启动第二轮电商扶贫试点，计划 3 年内在 18 个省（区、市）的 104 个贫困县开展电商扶贫探索。

三是产品上行。发掘各地具备一定规模产量的农副产品，拓展产品上行渠道，拉动产品销售，解决生产农户销路问题，增加农户收入。准备搞贫困地区的“一村一品”、“一县一业”，即为每个村镇推广一款产品，为每个贫困县打造一个优势产业。同时，开展生鲜预售、产地集采等业务，加快开放平台与物流体系，推动农产品上行。比如，策划的“舌尖上的苏宁”——查干湖冻捕胖头鱼活动，在其“大聚惠”平台一小时卖出 2 000 条。

四是综合服务。主要依托县级的苏宁中华特色馆和乡镇级的苏宁易购服务站来实现商品销售、金服服务、便民服务、物流售后、特产招商五大功能。苏宁计划在 5 年内建立 10 000 家苏宁易购服务站，覆盖全国 1/4 的乡镇，2015 年已经建成 1 100 家，2016 年谋划再建设 1 500 家；同时，要为 320 个县开设苏宁中华特色馆。例如，2015 年苏宁“赣州馆”开通后，苏宁及时策划了赣南脐橙的预售活动，两天实现 6 万个订单的销售，远远超过了预期。

“三化五当”模式引人注目

农村电商在一些地方没有做起来，一个重要的原因是地方政府有顾虑。因为目前的电商下乡，以工业品下行居多，而且平台又不在本地，这样容易导致消费流失、税费流失的情况，还影响当地的实体经济。虽然有许多道理上的说教，但一些地方的领导还是心有余悸。于是，各家电商均承诺，要加速农产品上行，但实际情况是雷声大、雨点小。因为农产品不是工业品，其上行问题是一个复杂的系统工程，要从源头的生产端一直打通到最终的销售端，若依靠现有力量，则产业链很不成熟；若亲力亲为，则对于任何一家电商而言，都属于严重的超范围运营。所以，苏宁的农村电商也在不断调整中。

2016 年 5 月，苏宁的农村电商战略进一步梳理升级。借首届县域互联网 + 流通发展论坛在苏宁总部举行之际，苏宁宣布成立农村电商学院，并发布 2016 年农村电商战略，明确提出农业产业化、农产品品牌化和人才专业化的“三化”愿景及“当地销售、当地纳税、当地服务、当地就业和当地造富”的“五当模式”。其中，“产业化”通过苏宁易购直营店、中华特色馆等渠道反向推动农业的产业化发展，“品牌化”借助苏宁大聚惠、苏宁众筹等互联网特色营销平台助推农产品的品牌化发展；“专业化”通过成立苏宁农村电商学院推动农村电商人才的专业化发展。在公布新战略的同时，苏宁也宣布，2016 年将投资 50 亿元，再建 1 500 家直营店、10 000 家代理点及授权服务站，上线 200 个地方特色馆，带动 10 万人返乡创业，打造 20 个“最美乡村”样本。

什么才是“最美乡村”样本？苏宁给出的描绘是：三年内苏宁平台销售额达到 1 亿元，至少带动 10 家当地企业成为优秀电商，至少带动 10 个当地优质产品成为全国知名品牌，至少创造 1 万个稳定就业机会，成为全国知名县，进军百强县。这样看来，苏宁人眼中的“最美乡村”远不是村的概念，大体上是一个涉农县域电商的体量。

值得一提的是，苏宁提出的“五当模式”让人眼前一亮，对一般的县而言，确实很有诱惑力。为什么苏宁可以这样提？因为其本身就是线上线下一体，在一般的县域也都有实体店，只要公司注册在当地，则纳税肯定在当地，用工一般也是当地人为主，再加上农产品上行，这样在当地“造富”也就是水到渠成的事情。

为了实现上述目标，苏宁还配套提出四大配套举措，一是物流加速向农村渗透，2016 年，正向物流计划全年新增至少 500 条串点调拨线路，新增三四线城市配送区域 5 000 个，三四级市场覆盖率突破 87%；二是金融下乡，任性付、易付宝等消费金融产品向农村拓展，同时着手为农村电商量身设计金融产品；三是信息平台开放，向小微企业开放互联网接入设备和云产品等端口；四是搭建培训平台，依托苏宁电商学院及各地分公司和直营店，开展涉农电商政策普及、农村电商 O2O 实践、中华特色馆运营实操、电商运营基础课程等内容的培训。

目标的实现还需要加把劲

以苏宁的特色和张近东的老道，苏宁在农村电商战略方面确实有突破，但伟大的目标实现同样需要伟大的实践，实现苏宁的农村战略还需要多多努力。

第一，电商“三国演义”中，苏宁 2015 年的零售规模为 500 亿元，体量最小，其农产品电商有多大开拓能力？这个问题与京东类似，必须在农产品及生鲜类目方面加快拓展。

第二，门店虽多，能给不太赚钱的农产品多大空间？消费者能否接受？苏宁主要是从卖电器起家的，后来逐渐拓展到其他品类，直到如今改成城市的苏宁生活馆，但在如此高大上的地方摆放上溢价空间狭小的农产品，恐怕不是太划算的事。还有，在洋气的场合摆上有些土气的农产品，消费者到底会在多大程度上为此买单呢？这需要在实践中进行探索。

最后，可能还是要变。比如，人人都在做生鲜电商，但基本上不挣钱。对于苏宁而言，要么后延一步加工成食品，这样可以将其当作普通商品卖，在休闲食品上或许可以突破一下；要么前伸一步做食材，依托各地的生活馆和超市来实现真正的“O2O”。

关于苏宁的转型，业界充满了争论，但无论如何都改变不了苏宁对O2O模式的痴迷，能否在农村如愿实现设想中的双向流通，让人拭目以待。

中国邮政：一只正在醒来的农村电商“狮子”

进入2016年下半年，中国邮政的农村电商业务频频上新闻头条，先是8月22日，李克强总理在江西调研时，察看了瑞金市叶坪乡黄沙村的邮政电商服务站，并给予肯定，这多少让其他农村电商有羡慕、嫉妒的感觉；接着是9月6日，全国“互联网+”现代农业工作会议暨新农民创业创新大会上，农业部与邮乐网签署农业电子商务合作协议；9月19日上午，中国邮政浙江安吉分公司举办了全国第一条无人机邮路启航仪式，宣布正式启动无人机邮路的试运行。

回顾历史，中国邮政的电商基因可谓强大。电商有两个翅膀：一个是金融支付；另一个是物流快递。天然具有这两个翅膀的就是中国邮政，因为其有到村的邮政系统，还有一个到乡的邮政储蓄银行。所以，在2005年国务院为电子商务发文的时候，就有专家分析说，中国邮政会在电子商务的发展中迎来新生。但历史却开了一个大大的玩笑，恰恰是在这以后的十年，不是中国邮政取得了历史性新发展，而是以“四通一达”为代表的快递业全面爆发，一点一点吞食着邮政的市场；金融支付方面同样没有带给中国邮政储蓄更多的表现，反倒是阿里巴巴的“支付宝”却迅速做大，直至演化为一个新的金融帝国——蚂蚁金服集团。所以，过去的十年可以说是中国邮政失去的十年！于是有人戏说，中国邮政是没有睡醒的电商“狮子”。

但是，这不表明中国邮政不想在电子商务方面有所作为，其探索的脚步从未停歇，“邮乐网”电商平台其实早几年已经上线，只是还没有广为人知。

资料显示，“邮乐网”由中国邮政和TOM集团合资，中国邮政控股并运营，主要销售品牌服饰、箱包鞋帽、个人护理、居家生活、食品保健、母婴用品、数码家电等。在中国邮政的战略布局中，“邮乐网”是其从实业领域进入电子商务的核心平台，最为直接的作用，是在赚取商品进销差价的同时，为中国邮政旗下规模庞大的营业网点、物流配送设施提供源源不断的业务。据了解，邮乐网已于2014年1月完成1.1亿美元的首轮融资，估值达到50亿元；2015年销售额达到240亿元，2016年预计将达到660亿元，增速迅猛。

从2013年开始，邮乐网加快切入乡村电商市场，力图通过O2O模式将基层邮政网点与互联网连接起来，让网点成为电子商务落地点。一方面，形成“活动推动＋村邮站代购＋目录营销＋投递配送”的工业品下乡模式；另一方面，尝试“农产品加工企业＋邮政网点＋邮乐网”“农户＋村邮站＋邮乐网”的农产品进城模式。根据邮乐网在河南商丘市的摸索实践，逐步完善农村电商平台，实现“邮掌柜”“积分兑换”“缴费一站通”三个系统在综合服务平台上的叠加。其中，“邮掌柜”系统是中国邮政为推进农村O2O战略而专门研发的一套系统，以邮乐网为基础平台，具有商品线下代购、商品采购、进销存管理、会员管理（CRM）等功能，同时还能提供多项便民服务，如代收话费、水费、电费等，可以有效提升村邮站与邮政的黏合度，为邮政发展代理金融、保险等业务拓宽了渠道。“邮掌柜”系统可以让农村超市实现智能化操作，替代了原来的进出货手工计算、盘点，不仅价格无误、能清楚地统计每天的营业额，而且对于到底有多少货、剩多少货，哪种商品需要进货，都会一目了然。在试点地区，这一套系统受到了欢迎，特别是扫描枪配备后，似乎一下子让农村超市现代化起来。根据新闻报道，“邮乐网”及其“邮掌柜”系统到2015年年底已经在全国完成11万个村的覆盖，也可谓“不用扬鞭自奋蹄”了。2016年9月，这个数字变成26万个，可谓神速。

但邮乐网存在的问题也是明显的，其依然定位于自运营的综合式B2C，其运营能力受到业界的质疑，如果能开放平台，发挥出4.6万个邮政营业网点、

3.6 万个银行网点及 15 万名配送人员的优势，则其在农村电商的竞争优势会大大提升。同时，基层的邮乐网系统一方面在对外招商，建设基层的服务点；另一方面，基层的邮政服务人员却没有充分解放，如果能在机制上彻底激活基层邮政队伍的活力，那么其扩张能力也将大大提升。不知这种体制机制上的问题，会不会随着改革的深入推进而逐步解决。

再从战略上检讨，中国邮政的电商平台是在平台格局大体形成的情况下于“后知后觉”中上线，向新领域的探索勇气固然可嘉，却不是自己最擅长的，以自己的劣势搏人的优势不是理想的选择，现在最需要考虑的是，如何把邮政在农村的物流优势发挥到极致，也许只需要把农村物流这一件事做成功，中国邮政的明天就会灿烂很多。

现在要做的是：第一，开放的心态，与各大电商平台广泛合作；第二，开放的后台，在大数据上打通，一个通用码识别各个快递企业，再逐级配送到村，完全打通“最后一公里”；第三，优质的服务，送到的态度还不要紧，关键还要看退换货时的服务态度，这最考验服务质量，但目前还不够好；第四，灵活的机制，如果把基层的邮递员这个队伍的积极性调动起来了，则邮政的力量会空前爆发，让基层的邮递员变成众包物流的创业者，是一个挑战；第五，足够的硬件，原先送报纸、信件的快递条件无法满足农村电商的物流需求，小面包车、小三轮还得上，转运的车辆也得相应增加，仓库也得改，物流管理也得升级，等等。

中国电信：从“给人服务”到“直接动手”

农村电商要发展，网络是基础。所以，在农村电商高歌猛进的时候，几大电信运营商也跟着享受红利，一个最典型的例子就是淘宝村。凡是有淘宝村的地方，电信的服务一定都很到位，像报道浙江电信的新闻标题就是《浙江电信百兆宽带助力农村电商“淘金”潮涌》，中国电信为淘宝村的信息服务站提供了高速的宽带接入，并提供无线 Wi-Fi 环境及热线电话、视讯系统等。现在，农村电商上升为国家战略，中央明确要求宽带进村，肯定会带来新一轮农村电信投资热潮。但中国电信并不满足于此，而是也开始了自己的农村电商探索之路。

自建电商平台上线。2014 年 7 月，中国电信与旗下号百公司共同搭建的 B2C 电子商务网站 114MALL 正式运营，根据平台简介信息，以商家入驻为主要运营模式，以海外及自贸区直邮品牌、全国原产地直邮特产为主营商品。作为电商的一个基本支撑，金融支付必不可少，而早在 2011 年，中国电信就开通了翼支付，作为中国电信旗下运营支付和互联网金融的业务品牌。不过，114MALL 同时接受银联、支付宝等多种支付方式。利用翼支付的线下消费能力，中国电信推出“翼商联盟服务站”，即中国电信通过给商铺装翼支付的 POS，并帮助其进行店铺推广及做优惠营销活动。

在青海全面试点农村电商。青海的农村，地广人稀，暂时没有其他电商进入。所以，青海电信将乡村的“翼商联盟服务站”就地升级为农村电商服务点，除原先的充值缴费等电信服务外，又增加了网络代购、包裹邮寄、火车票代购、翼支付体验等功能，还能免费观看 ITV 电视、免费手机 Wi-Fi 上网、免费电脑上网体验，利用翼支付购买商店内的商品还有 9.5 折优惠。由于当地很多农村人还不知道怎么上网，所以店内还配备了“3C 辅导员”，手把手地教农村人如何上网和网购。在购物选择上，代购平台多样，不局限于电信自身，可以在淘宝、京东等多个平台上挑选。由于只有电信在青海承接电子商务进村的最后一公里，所以商务部给青海的 7 200 万元电子商务补贴项目资金，政府也全部交给了青海电信。

与京东开展合作。2015 年 12 月，中国电信与京东签署合作协议。新闻报道说，双方将集中于农村市场“实体渠道 + 农村电商”的有效融合，在农村市场的渠道发展、终端供销、通信服务与电商分销等多方面展开合作。从现实看，双方确实有互补的地方，如电信的电信服务京东没有，而京东的丰富商品电信没有，可以优势结合。

各地电信与地方电商平台合作。如在四川，遂宁电信与遂宁顺意通电子商务有限公司合作，共建电信益农社信息平台及其乡村站点，电信负责优惠活动补贴、益农平台培训；顺意通负责商品展示、物流配送、村级服务站培训。而在陕西，铜川电信与逛街网电商平台合作，在照金革命根据地旧址依托电信营业点共同建设电商服务点。

显然，中国电信直接介入农村电商的趋势已经不可改变，但还是与给邮乐网的建议一样，发挥自己的长处才是最好的电商模式，学别人、走别人走过的路，都不是最好的选择，电信如何把自己的电信服务优势在农村电商中发挥出来，值得更多的研究和思考。

供销总社：借电商重现“王者归来”

改革开放 30 多年，原有的经济格局、利益格局被打破，有受益者，也有失落者，在计划经济时期如日中天的供销社系统便是失落群体的一员。如今可能没有几个人能记起最初的供销社是朴实的乡亲拿着一个鸡蛋、一条板凳这样入股成立的，也没有几个人还能记得一夜之间供销社就成了国有企业，垄断了整个县以下的商品供应，并在 20 世纪 80 年代初达到辉煌的巅峰。在那个年代，能找一个在供销社工作的对象一点也不亚于在今天找到一个公务员。随着改革开放的到来，市场经济大潮带来农村商品市场的多元竞争，供销社先是被基层的农技部门分走“一杯羹”，接着被大量出现的私营企业抢走大部分市场，到 20 世纪末，曾经无比辉煌的供销社逐渐淡出了人们的视野，一些甚至成了地方政府的不安定因素，出现职工上访情况。

为了解决供销社的问题，国家也想了很多办法，积极推动改革发展。比如，2009 年 11 月 17 日，国务院以国发〔2009〕40 号印发《关于加快供销合作社改革发展的若干意见》，提出供销社要加快构建农村现代经营服务新体系。2015 年供销社又迎来史上最高规格的改革文件——《中共中央国务院关于深化供销合作社综合改革的决定》(中发〔2015〕11 号)，提出“把供销合作社系统打造成为与农民联结更紧密、为农服务功能更完备、市场化运行更高效的合作经济组织体系，成为服务农民生产生活的生力军和综合平台，成为党和政府密切联系农民群众的桥梁纽带”，并在承接政府购买服务、发展合作金融等方面开了政策口子,特别是提出了“加快发展供销合作社电子商务”的安排,希望“形成网上交易、仓储物流、终端配送一体化经营，实现线上线下融合发展”。而 2015 年、2016 年的中央一号文件和国务院办公厅《关于促进农村电子商务加快发展的指导意见》(国办发〔2015〕78 号)都明确表示,支持供销社发展电商。

在此情况下，供销总社随即成立班子，筹划大型三农综合电商平台——供销 e 家，并于 2015 年 9 月底开始测试，2015 年 11 月正式上线。根据设计，供销 e 家是全国供销合作社统一的综合性电商平台，以农村电子商务和农产品电子商务为重点，发挥一网多用、双向流通、供销并举、综合经营的独特优势，既把日用消费品、农业生产资料供应下去，又把农副产品、再生资源收购销售上来，形成网上交易、仓储物流、终端配送一体化经营，实现线上线下融合发展。根据新闻报道，其交易功能提供 B2B 大宗交易、批发交易、B2C 零售交易、O2O 在线交易等多种交易方式；服务功能主要包括支付结算、金融服务、物流融合、质量认证和产地追溯、为农服务、便民服务、技术支撑、培训服务等。这样，其平台功能大而全的程度甚至超过了马云的阿里巴巴，交易内容更涵盖了农产品电商、工业品电商、农资电商、二手货网上交易、旅游电商、便民服务等多项内容。

但自供销 e 家上线以来，围绕其展开的争论就不断，主要焦点在如下方面：一个电商平台能否同时承担 B2B、B2C、O2O 等功能；线上线下一体说来容易，但现实中成功的案例凤毛麟角，以苏宁的强势尚且在此方面一度险情不断，供销社作为电商的新兵又如何顺利实现整合；还有，电商已经进入生态化阶段，简单地拥有平台不代表什么，关键比拼的是平台背后的电商服务业、快递物流、金融支付、供应链整合、人才培养等生态系统，供销社能否在短期内完成生态构建值得怀疑；等等。

再从实际运营来看，似乎亮相之后的发展没有大家想象的那么快，目前还停留在全国总社自有平台的层次，暂时还不能将全国供销系统都融合在内，于是各省、市甚至一些县的供销社又相继自建了电商平台，这无形中又造成了力量分散。更重要的是，一些美好的设计最终体现在市场认可、顾客买账上面，如何让更多的企业和消费者愿意到供销 e 家来交易和消费，这才是真正的考验，这又需要强大的电商服务软实力，其人才的厚度、管理的精度、服务的细度都有很高的要求。

也许是我们在零售电商的思维中浸淫了太久，到 2016 年 9 月供销电商平台上线一周年的时候，一组数字还是让人吃惊的，“供销 e 家”电子商务平台上线品种已达 4 万余种，半年营业额逾 3 000 亿元。这些交易额的创造，显然不是我们通常理解上的普通商品零售电商，因为每一个品种的平均交易额达到 7 600 多万元，基本上是网上批发的交易规模，还有信息撮合的成分在内。

不管怎样，我们还是要祝福供销社，毕竟能在一个巨变的时代勇敢地站在互联网的风口上，已经勇气可嘉，接下来就是战略的不断完善和具体执行力。

附：

关于供销社发展电商的五点思考

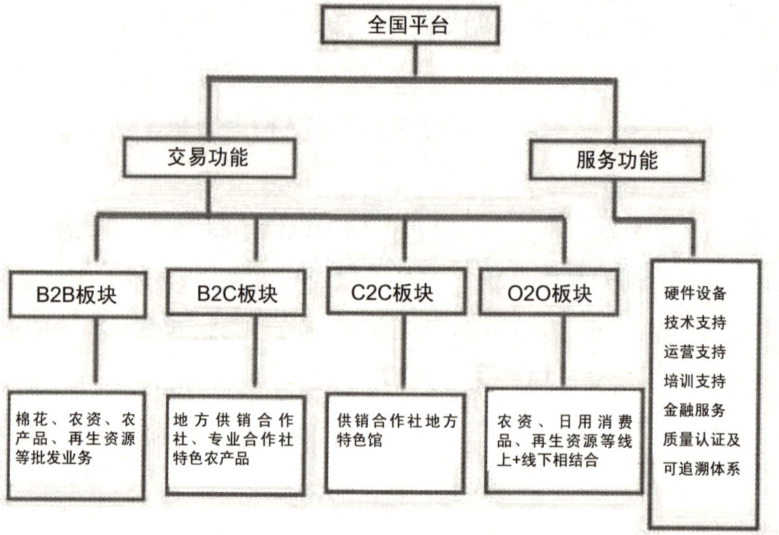

（图片来源：《中华全国供销合作总社关于加快推进电子商务发展的意见》）

供销社电商平台构想图

在农村电商发展如火如荼之际，供销系统持中央改革的“尚方宝剑”快马杀入（《中共中央、国务院关于深化供销合作社改革的决定》明确供销社可以发展电商、可以搞农村金融等政策），给日趋激烈的农村电商竞争又加入新的变数。供销社做电商，到底行不行？各方争论不休，正反双方观点截然相反，有谨慎乐观者，也有完全悲观者，更有从内心感情上根本排斥者。前段时间，笔者与供销系统的同志谈电商，简略说了几点，表达了自己的看法。现在，再用文字对自己的看法进行阐释。

第一，要找准自己的优势

根据最近披露的数字，供销社系统到目前也零零散散地在各地建立了上千家区域性的电商平台，这种探索值得肯定。但就目前的形势而言，电商留给小平台的机会不是太多，马云等人公开讲，电商平台格局大体已定，新建平台一定要慎重，除非靠强大的资本、新颖的模式砸出一片空间。比如，在“B2C”模式的农产品电商哀鸿遍野之际，“B2B”涉农电商异军突起，让人看到了新希望。但必须正视的事实是，全国 4 000 家涉农电商平台普遍在亏损。显然，普通农产品按照一般电商零售模式走，有着天然不可克服的缺陷，如配送成本高、保鲜难、损耗大、质量不好控制等，而网上农产品批发似乎更有空间。所以，既然供销系统在全国体系健全，那么供销电商就应该把系统的整体优势发挥出来，整合内部的资源，集团出击，在大宗农产品网上交易中占据主动；至于农产品网络零售，可以让各地基层供销社继续探索有效路径。

第二，要注重线上线下融合

这可能是目前供销系统发展电商的最大风险所在。一般的传统企业转型电商，往往会出现两种情况，要么电商启而不动，要么线上压垮线下。其中的原因很简单，一般线上的东西要便宜些，因为去除了中间环节。有研究表明，大多电商可以降低中间环节成本的 35%~55%。如果线上的定价与线下一样，则可能卖不动；如果线上的定价按网上的一般行情走，那么也可以卖，但很快线下就受不了，因为同样的东西既然网上便宜，肯定不再从线下买了。所以，我们看到，苏宁的电商“O2O”转型非常艰难，理论上的线上线下同价，做起来十分不易，网上业务达到二三百亿元的时候，线上线下两个部门“打架”十分严重，而且线上业务导致线下业务亏损，只能破釜沉舟、重整公司架构，这就是目前苏宁的局势。当然，后来苏宁也想明白了，一味的线下转线上有问题，还得线上转线下。所以，苏宁把线上卖得很火的生活品通过苏宁超市的形式再转入线下，靠强大的采购能力和产业链控制能力激活线下业务，当然这个结果还有待观察。如果这一点依旧不能实现盈利，则苏宁的形势就很不乐观。众所周知，供销社在线下的优势比较明显，但如果转入线上，则也会存在类似苏宁的形势，必须对线上线下如何打通的问题深入思考，找到可行的方法。笔者的看法是，网络批发要在农产品市场的在线化上下功夫，而网络零售则要在供销社的基层门店上琢磨“O2O”的落地。

第三，要善于运用产业链思维

电商是一个典型的“轻资产”模式，一些“淘品牌”连生产工厂都没有，把重心放在产品设计和网络营销上，其他则采用代工模式。最典型的如小米手机，作为一个估值上千亿元的企业，没有自己的手机工厂，没有实体店面，没有在电视上做广告，完全靠粉丝经济推动，按消费者定制来生产，形成所谓的纯“电商”企业。但农产品电商不一样，因为农产品是自然条件下的生产，理论上不存在两个一模一样的农产品，也就意味着不可能像工厂那样标准化，而是因为地域、气候、生产主体的不同而存在差异。所以，那些按照一般商品运营的“轻资产”涉农电商，最后几乎都败在了产品上。所以，这两年的农产品电商终于明白，产业链决定生死，好产品始终是根本。目前的方向有两个，一个是打进口高端牌，到国外去采购；另一个是自建农产品基地，形成从田间到餐桌的全程控制，最极端的代表就是联想佳沃的“三全”体系（全球化、全产业链、全程可追溯）。有人预言，涉农电商竞争到最后，都是产业链的竞争，必须要有强大的产业链控制能力。今天的供销社同样面临这样的问题，如何从一般的“二道”贩子转型为控制强大基地的涉农电商值得深思。不论是与农民联合，还是与龙头企业联合，在农村建立可靠的基地是长远发展的根本。

第四，要注意做好双向流通

供销要有供有销，要把农产品从农村卖出去，再把农村需要的商品从外面买进来，这才是完整的农村电商。目前的农村电商，有的把注意力集中在农产品电商上，一味讲究卖；有的把注意力集中在县域电商上，急切地想找到县域经济发展新亮点；而对农村电商的发展，要么注意力不够，认为农村消费水平低、电商基础不配套，破题尚需时日，结果没有想到，形势比人强，农村电商发展速度远远超过预期；要么急于跑马圈地，阿里巴巴、京东、苏宁“三国演义”

的"战火"四处弥漫,各路资本纷纷借机杀入,想抢得一些地盘,但盈利遥遥无期。供销社系统长期扎根于农村，虽然近年在其他力量冲击下，在农村的市场控制能力下降，但依然有影响力，能否发挥好系统优势，在以农资、农机具、农村生活日用品为主的电商下乡热潮中重整旗鼓，对未来的发展十分重要。若错失农村电商市场，则供销社在农村的商业地位将可能丧失殆尽。唯今之计，是重塑信心、重塑形象、重塑品牌，以强大的供应链为基础，以可靠的"国"字号信誉为保障，以前所未有的力度改进基层服务，以期在农村夺回部分失地。

第五，要正视目前面临的现实困难

发展电商，难在何处？不同行业、不同领域的难处各不相同，但共性的问题在于认识难，搞清楚电商到底为何物、到底如何发展，这是目前正反案例反复证明的一个关键性问题，尤其是主要领导者的认识。在电商行内，大家基本有一个共识，越是在传统领域优势强，在电商方面失败的概率就越大，因为有传统思维定势的影响。所以，供销社要转型电商，首要问题是解决认识问题，正本清源，明确思路，选定模式。其次，是如何落地的问题，供销联社，如何把基层社"联"起来，形成一个新的电商大网，需要认真思量；电商拼的是服务终端，那些相当多已经靠租赁资产过日子的基层社如何重新开张面对农民，需要下一些苦功夫，而最后一公里的物流还需要放开视野与第三方合作。再次，是人才的问题。可以说，人才决定电商成败，电商行业在哀叹，懂电商的人有，懂农村的人也有，懂农村又懂电商的人没有，对于这个问题供销社又如何破解？再下来，还有产业配套、营销推广等一系列现实问题，但相对于上述问题，已经是细枝末节，前面几个问题解决好，后面有望迎刃而解。

总之，电商问题看似简单，做起来却十分不简单。如果能在开始之前把涉农电商的问题想复杂些，则可能做起来就会简单些；如果想得很简单，则做起来可能会很复杂。

浙江赶街：一个从未住脚的农村电商探索者

在诸多农村电商土豪中，浙江遂昌赶街似乎只是万千浪花中的一朵，但翻开赶街的历史，却绝对不简单。仔细算来，从2010年回归遂昌正式担任遂昌县网店协会会长开始，潘东明领衔的赶街农村电商之旅已经过去6个年头，与大多数农村电商平台是在2014年诞生相比，这绝对是元老级别。更重要的是，与一般农村电商平台以下行为先导不同，遂昌赶街网已经提前走过了农产品系统上行、完善县域电商生态两段历程，到后来的赶街上线也只是顺水推舟的事情，因为有了上行顺带可以做下行，有了销售自然也有消费。所以，认真研究遂昌的赶街模式，对于完善当前的农村电商模式是大有裨益的。

历经四个阶段的探索，赶街依然在路上

从探索农产品上行到对赶街模式的反思与调整，其间也大体经历了四个阶段。

第一阶段，依托协会建设公共服务体系，拉开“遂昌模式”帷幕。电商协会是各地发展电商过程中基本都会成立的协会组织，但可惜的是，大多数的电商协会只是空架子，而遂昌却把协会做实了。这里不得不要称赞一下遂昌政府的高明，政府推动却不主导，让协会居中协调，把能给的资源都给协会，还与阿里巴巴签订合作协议打造公共平台，再让协会带着资源调动各方电商主体的积极因素,协同实现遂昌农产品的有序上行。行业内也把遂昌农产品电商的“集体出阵”称为“遂昌现象”。笔者则称之为“政府的背书”，协会实际上就是政府的影子，通过协会集中打造上线的农产品某种程度上就是政府给了背书。在这样一种制度设计下，遂昌网店协会就成了政府支持下的市场化运作的电商公共服务平台，为县域的供应商、网商、服务商和政府部门提供从培训开始的全方位专业化服务，这在全国县域电商界是一个重要创新。

第二阶段，依托遂网公司完善电商生态，推动农产品上行。电商是一个生态体系，在电商萌芽阶段，电商生态的体系还不完善，各个电商主体像全功能细胞一样分别发展还可以，但到了中期阶段，市场主体全面发育后，则电商生态的短板一定会全面暴露出来，尤其是电商服务业的缺失会成为严重制约。这时候，协会初期提供的理念引导、人才培训、网货研发已经不能满足发展需要，从店铺装修、专业美工到数据分析、推广运营，各个环节都需要专业服务。在此情况下，遂网公司应运而生，主要解决的问题就是电商服务滞后的问题，逐

步完善电商生态，推动农产品上行。重点在农产品电商供应链上下功夫，建设完善的供应链管理体系，并注重产、供、销分离，引导科学的社会分工。同时，建立“社会化、全平台”的营销模式，把所有可能的平台都充分利用起来。对符合标准的农产品进行全网营销，通过农产品展示中心和线上分销平台，建立全网销售的大型销售网络，提升农产品销量。最后，再把区域农产品整体品牌化，不断提升市场影响力。

第三阶段，赶街正式上线。农民既是生产者也是消费者，农产品的“大出”也意味着消费品的“大进”，因为收入增加了，消费也会同步增加。这样，电商线上卖农产品，却在线下买生活品的情形很快就演化为网上互通，最早的迹象就是农村兴起了不少的网络代购者，帮助没有淘宝账户也没有支付工具的村民在网上代购产品，同时收一些佣金。在深入观察之后，赶街网在 2013 年 6 月正式搭建完成，而设计的业务四大板块正是如今所有农村电商都差不多沿用的，即便民服务、农产品上行、网上代购、创业服务，而服务体系也是大家目前采用的县有中心村有站。随着 2014 年 9 月阿里巴巴高调推出“千县万村”计划，全国性农村电商热也随即形成。在这个过程中，赶街也加入到对外扩张的行列，到 2015 年年底，赶街进驻全国 13 个省、35 个县，建设 2 800 多个农村电商服务站。

第四阶段，重回创业起点。就在各大电商为农村电商激烈争夺之际，潘东明和其团队却陷入深思。因为在全国范围内的大举扩张，带来了管理、人才、融资和盈利等许多问题，而最初设计的四大业务板块也难以有效实现，特别是在大家关注的农产品上行问题上，不仅需要系统深入研究，还需要大量的时间来验证，更需要政府、平台、企业、电商创业者和农业生产主体多方协作。不仅仅如此，农村电商在扩张的过程中，带有明显的工业品电商思维，大量的商品是跨区域交易，成本很高。而实际上，只要信息充分对称，大量的生活必需品并不需要“长途跋涉”，本地原有的供应体系即可解决；同样，也不是所有的农产品都需要“漂洋过海”，大部分还是在本地消费。这样，农村电商的模式又回到了最初的问题上，本地的生态体系建设与完善更重要。否则，以目前的粗糙扩张，盈利注定是遥远的。

赶街带来的启示与反思

创业者现在经常引用一句话：创业是一场修行。笔者在这句话后面又加了半句，也一定充满反思甚至反复。农村电商目前的情形正是这样，潘东明的思考同样是很多农村电商业界人士的思考。也就是说，曾经我们以为，电商的体系顺延到农村就能解决问题，而现在看来，电商必须要有一个农村化的过程，是电商要从农村的实际出发，而不是农村为电商而“削足适履”。至少要对如下三个层面的问题进行反思。

第一，农村电商是一场持久战。纷纷扬扬的电商下乡热潮，一定会在跑马圈地进行得差不多的时候转入完善模式、深做生态的阶段，目前的状态有点像汪向东教授讲的围棋的“中盘绞杀”，因为全国60多万个行政村已经有接近一半得到了电商的覆盖，一些村已经出现了多个电商的重复覆盖。在此情况下，竞争开始向深层次转变，就是看谁更切合农村实际，谁更能赢得农民的认可。特别是农民关注的农产品上行问题，更考验电商体系的协同能力，绝非电商平台大包大揽可以实现，而且给予较长的时间来实现也是必需的，这也考验大家的耐心。

第二，本地化的态势不可逆转。也即前面提到的，大量的商品不需要目前的跨区域交易，特别是成本上更不希望如此，本地化供应、本地化消费更经济、更科学，而且大多数情况下是可以实现的。未来的农村电商，一定是植根于当地的电商生态，而不是目前的“长途奔袭”。

第三，线上线下一体。李克强总理曾说，线上线下结合才能打开新天地。电商搞垮实体经济一定不是目的，积极融合才有出路。从现实看，电商与实体经济各有优缺点，谁也不可能替代谁。特别是对农村电商而言，农产品、农资产品的特殊性更决定了不可能套用一般工业品电商的模式。观察目前的电商下乡，京东帮实质上是对县城现有电商专卖店的改造升级，而农村淘宝的农资板块主要依靠本地农资供应商，赶街也正在实现供应的线上线下有效融合。

第四，农村电商正在宽泛化。随着电商下乡的深入，已经不是简单的商品买卖就可以有效涵盖农村电商，如赶街在实际运营中发现，一、二、三产业的融合正因为电商的到来而逐步实现，网上订购预售的农产品，到时候往往有人开着私家车前往，生态旅游、农家乐消遣、农产品采购甚至民俗文化体验都一并完成了，这个时候的电商又倒退回去成为一般的信息的撮合工具，农村电商的定义又因之而改变。

淘实惠：县域电商自生态的美好愿景

2016 年 3 月，一条关于农村电商融资的消息引起了业界关注，农村电商平台“淘实惠”宣布获得来自阿米巴资本领投，华睿互联（国家战略性新兴产业创投计划引导基金）、启赋资本、中信资本、飞猪资本、王亚伟等多家机构与个人联合投资的超 3 亿元 A 轮融资。不仅如此，其负责人还透露，B 轮融资也在进行中。如此大规模的首轮融资，显然表明淘实惠是有些来头的，行内的关注度随即迅速提升，而淘实惠提出的“县域自生态”的口号更是引人注目。

创始人出身于阿里巴巴，电商基因深厚

根据公司官网显示，淘实惠电子商务有限公司隶属于动态科技集团，而动态科技集团旗下还拥有深圳动态网络科技有限公司、深圳智慧城电子商务有限公司、淘实惠电子商务有限公司、深圳捷风物流科技有限公司、深圳动态联合供应链有限公司等，集团除“淘实惠—农村电商平台”外，还建有“捷风—农村物流服务平台”、“田觅觅—乡村旅游和农产品为核心的本地生活服务平台”，业务涵盖农村电商 IT 平台建设、农村电商供应链服务、县村仓配物流平台建设、农产品上行、农村电商人才培训、农村电商产业园建设等，可谓业务相当全面。

引人注目的是，淘实惠 4 个创始人中，两个出身于阿里巴巴，一个从事连锁经营，一个在物流行业浸淫多年，电商与物流方面相当专业。其中，创始人陈伟的电商从业经历长达 12 年，在阿里巴巴先后担任 6 年 B2B 区域经理和 6 年淘宝管理者；创始人黄阳先后担任怡亚通物流总监和华强电商总经理，也是首批授牌的淘拍档；联合创始人孙伟曾经将联合创业公司的化妆品连锁店开到 1 200 家，量贩式 KTV 也开到上百家；联合创始人龚涛则在阿里巴巴供职 5 年，主要负责阿里物流宝平台构建与运营，此后又担任顺丰仓配事业部 CMO；COO 刘樾是原 7-Eleven 中国区高管、柒一拾壹（北京）有限公司董事副总经理，对于连锁门店管理和商品经营具有丰富经验。

有着上述背景的合伙人组合创业，对农村电商的模式研究显得要更专业，也更务实。

农村淘宝向左，淘实惠向右

2015年中，农村淘宝2.0版本正式推出，最大的变化是固点不固人，完全放弃了1.0版本时代的依托农村小卖部来建设村级服务点的思路，开始独立建设站点，招募专职的农村淘宝合伙人来运营。由于阿里巴巴巨大的号召力，也因为农村电商巨大的吸引力，凡是招聘农村淘宝合伙人的地方，总是出现火爆的报名场景，最火爆的县，报名五六千人，而首批仅招录三四十人，录取比例甚至比公务员考试还低。但2.0版本同样带来一个问题，那就是“重资产”模式，而且初期要靠村淘点的经营来维持合伙人的生计也相当困难。此后，阿里巴巴又进行调整和完善，2016年又推出了3.0版本，进一步拓展村淘服务点的功能和合伙人的收入来源。

与农村淘宝的转向相比，淘实惠却固守着自己的既有路线，即坚持依托农村小卖店来嫁接，主要方式是给农村小卖部增加一块电子屏，丰富小卖部的商品种类，农民也可以在上面直接点击下单。淘实惠将自己的这种模式命名为将小卖部变成农村的“线上沃尔玛”。这种模式带来的好处是，轻资产、投入比较轻，而且主要由淘实惠的县域合伙人投而不是阿里巴巴那样自己投；人好找，在不影响既有生意的前提下，还能增加一份收入，农村小卖部的经营者还是愿意这样的；好运营，电子屏是落地式的，农民顺手就可以点，比起其他电商的电脑加大屏显示是简单了些，农民可以实现自助下单。

为什么农村淘宝和淘实惠走上了两条不同的路径呢？一个最简单的原因是，农村淘宝有规模很大的淘宝网，需要就势延伸到村；而淘实惠只是一个交易对接平台，让线下商业门店在线化是第一步。当然，如果仅在村级服务点上狠下功夫，那么也将很难对农村商业有根本改变，淘实惠对此有更多的设想。

打造县域自生态，主要运营在当地

对村级小卖部的改造只是农村电商的第一步，农村电商背后是广阔的电商海洋，让每一个村级电商点良好运营还需要更大的平台支撑。与一般电商的从外部强势切入不同，淘实惠更倾向于对现有体系的借助、改造和升级，不是要替代原有县以下的商业体系，而是要改造他们以实现线上线下融合，由此就诞生了一个新的构想——打造县域自生态。

县域自生态的核心内容是，构建县村两级服务网络，实现农村电商终端全面覆盖；帮助当地传统商贸企业互联网转型，推动线上线下融合；构建农产品信息共享平台，促进产销对接；搭建县乡村三级物流体系，实现工业品与农产品双向流通；培育电商人才，加强电商服务，强化“县域自生态”基础，最终实现县域电商的大进大出格局，而且将消费、GDP、人才、就业、税收留在当地。

在备受关注的物流整合上，其着力在本地化，就是搭建类似菜鸟一样的物流信息平台，让不同的快递企业在县域物流平台上进行物流信息的交汇，将县以下物流聚合在一起，形成“上面千条线、下面一针穿”的效应，再通过县域运营中心整合当地运力，通过集散中心按计划为各个村网点送货；同时，利用返程的运力，将农产品带回集散中心。这样一个物流体系，对各家快递企业来讲，可节约成本；而对集中承担的物流企业来说，也就具备了一定规模效应。

整个电商的核心是数据化，为此淘实惠推出三项配套工具，云 ERP（商家进销存管理系统）——“聚百优”，让小卖部的进出货管理首先数据化，与县域供货商连接；云 CRM（商家客户管理及网络营销系统）——“惠掌柜”，让小卖部的日常管理数据化，并积淀客户、资金流水等数据；云 WMS（物流规划系统及物流系统），让整个物流数据化、智能化、自动化，以提高物流速度、降低成本。

更宏伟的目标，从县域自生态到全国农村电商大生态

一个县在互联网时代肯定不能自成体系，电商注定是一个全国性的大生态，显然淘实惠志在全国。与阿里巴巴的“千县万村”计划类似，2015 年淘实惠启动了“千县万亿”计划，计划用 3 年时间构建 1 000 个“县域自生态”，改造 50 万个传统村级小店铺，平台整体交易额突破万亿元。截至 2016 年 9 月底，淘实惠已覆盖全国 23 个省及直辖市，签约近 300 多个县（含 53 个国家级贫困

县）、30 000 多个村（含 3 000 多个国家级贫困村）；平台交易额累计突破 50 亿元，单月最高交易额近 10 亿元。当然，要实现更大的发展目标，也注定需要更多的资本与人才，淘实惠的融资步伐也同步在加快，而吸纳更多管理人才与基层合伙人的速度更没有停下来。

乐村淘：一个有农民味的农村电商

明清之际，中国先后出现十大商帮，其中最出名的莫过于晋商和徽商。山西人做生意，有人评价其是精明出了头的，这其实也反映出一种有效的成本控制意识，“九毛九”某种程度上也可以理解为对精打细算、勤俭持家的表扬。或许是秉承了这种特有的基因，山西人在农村电商方面也显得相当务实，虽然有些土气，却显得有效，乐村淘便是其中一个。

从 2014 年 10 月 26 日第一家农村电商体验店在山西省晋中市太谷县朝阳村开业，到 2015 年成立北京办事处，开始走出省外扩张的第一步，乐村淘逐步从一个偏居山西的区域电商变成一个野心勃勃的全国性农村电商。根据乐村淘对外公布的数据，到 2016 年 8 月底，乐村淘已经在全国建立了 25 个省级分公司、600 多个县级管理中心、65 000 个村级体验店。这种扩张速度在各大农村电商平台中，可算是探花，仅次于京东和邮政在农村的扩张速度。2015 年乐村淘平台实现总交易规模 10.59 亿元，其中上行为 1.5 亿元，下行为 9.09 亿元。

低成本的扩张

根据乐村淘的宣传，其主要定位于打造中国村镇 O2O 服务平台，网上依托“乐村淘”线上商城，线下建立县级管理中心，并对镇和村现有的小卖部、便利店进行改造，升级成为“村镇 O2O 服务平台”的线下体验店，交易均在线上下单、支付，同时由线下实体体验店提供优质服务。在物流上主要借助于村小卖部或便利店，每个乡镇选一家规模较大的便利店作为该乡镇的镇村物流配送中心，将物流终端延伸到村里。由这个模式设计可以看出，乐村淘的 O2O 并不是从线上到线下，而是从线下到线上；也不是阿里巴巴那样的开新路、重资产，而是选择了就地改造、顺手上网，这样做的成本显然会明显降低，烧钱的力度自然也就下降了许多，有利于低成本扩张。更重要的是，乐村淘在输出这一套O2O体系的同时，也需要线下加盟商相应出一定资源，紧密利益联结关系，也可以进一步降低成本。

接地气的网上赶集

乐村淘平台有别于其他农村电商平台最大的特色就是把农民赶集真正搬到了网上。如果按照一般电商的做法，则农村电商必然面临用户居住分散、配送成本高企的问题，谁也经不起县东三十铺村今天3单、县南七十里地明天5单式的零散订单折腾。而乐村淘创新打造的“乐6集”，将每月的6日、16日、26日定为网上赶集的日子，采取类似聚划算的做法，对商品进行集中促销，定价下降，吸引农民集中下单，然后再通过物流集中配送。这样做，一是销量大增，采购成本下降；二是集中下单、集中配送，物流成本也就相对下降。无论是对平台、对供货商，还是对农民，都可以使其受益。

越来越丰满的构架

大家都已经认识到，农村电商不只是工业品下乡，更重要的还是农产品进城。要真正在农村扎得住根，上行是一个躲不开的槛。所以，乐村淘在随后又开通了乐村淘特色馆子平台，为合作的每一个县各建一个特色馆，2016年8月，乐村淘平台上已经开通203个县级特色馆。为了促进上行，配合开展网上展销活动，如2016年已经开展的太行山小米节、砀山酥梨节等，其中，“枣聚吕梁”专题活动通过线上线下联动销售红枣913万元。

农村电商不仅有网上零售，还有网上批发。有数据分析表明，普通淘宝商家的主要进货渠道是同属阿里巴巴的1688小额批销平台。乐村淘在拓展农村业务的过程中也发现，网上零售需要网上订货平台来配套，于是推出“乐县域”，主要定位为“B2B”模式，为乐村淘体验店、社区店、城区超市店提供线上订货服务。

电商造节以拉动消费，也是成功的商业案例，典型的就是阿里巴巴发起的“双十一”，京东发起的“6·18”，初期双方各自为战，到后期已经不约而同，共同享用这些逐渐为大众认可的电商节。就像2016年的“6·18”，阿里巴巴旗下各平台收获并不比京东少，苏宁也参战积极。但这些节庆更多的是城市人的狂欢，乐村淘大约受此启发，把一个更吉利的数字“6·6”找出来，于2016年6月6日策划了首届“6月6农民节——农民网上大赶集”活动，并请来国家部委官员和电商大腕来站台，通过多路媒体报道推动。根据后来的公开报道，活动当期平台交易额达到5.58亿元，其中上行销售达到7 687万元。

随着业务的扩大，乐村淘对自己提出的未来目标也越来越宏伟，准备到2018年覆盖32个省、2 000个县、20万个村。

还在创业的路上

今天的乐村淘已经不能用山西电商来表述了，因为已经扩张到25个省、600多个县、6.5万个村，但整体来看，其依然处于农村电商创业的路上。在2016年9月初的中国青年电商创业大赛上，乐村淘也正是以创业项目的名义来参赛的，最后取得第2名的好成绩。与阿里巴巴、京东、苏宁这三大巨头是从大电商向农村延伸不同，乐村淘和众多的农村电商创业者一样，是从农村白手起家，两者的资本厚度、电商经验、人才储备、战略定位和政府支持等都不在一个重量级。如果说阿里巴巴用三年时间投入100亿元且不追求盈利，那么这些农村电商创业者如何去竞争？不仅战略上要有差异化，而且战术上也要有差异化，并且考验团队的战斗力。而融资更应该作为一个重大问题来考虑，支撑艰难的创业期，烧钱搞农村电商绝对是不对的，而没有钱搞农村电商绝对是不行的。

同时，也要注意扩张的速度与质量协调。如果按照乐村淘目前公布的数据来测算，则目前6.5万个村点累计交易18亿元，平均每站交易额不足3万元，如果再平均到月，则数字将更小。而盈利问题更是核心，如果是自营电商，则还可以赚中间差价；如果是第三方平台，则主要靠佣金和服务；农村电商平台盈利模式如何实现也需要思考，是提供服务、整合物流、打造供应链？还是其他？这将是一个需要在长期实践中不断探索的现实问题。

农资电商：上市企业的集体喧嚣

农村电商与城市电商的一个重要不同点在于，农业生产资料是一个刚性且大量的需求，既不是工业消费品，也不是农产品，也只有在农村存在。大的农资概念主要包括化肥、农药、种子、农机具及农膜等，总市场体量估算约在2万亿元以上，是又一个电商大市场。所以，农村电商兴起之后，农资电商迅速成为各家电商争夺的重要领域，最心急的京东，早在2014年春天就开出了第一辆农资下乡配送车。但真正引燃这一把火的时间还是2015年春天，2015年3月19日联想控股战略投资云农场，后者的宣传是全国第一家网上农资垂直交易平台，2014年2月开始大面积推广，到联想投资时云农场公开信息显示，已经拥有数百家农资企业入驻，上千个农资品牌上线，拥有200多家县级服务中心，覆盖十多个省份，拥有16 000个村级站点。此后，全国多个上市企业宣布，旗下农资电商平台相继上线，而阿里巴巴、京东的农资频道也在2015年正式运营，一场农资电商的竞争就此拉开帷幕，由此2015年又多了一个元年的称呼——农资电商元年。

农资电商竞争的三大主体

整体观察，农资电商主要有三大主体在参与竞争，一是电商平台，如阿里巴巴、京东及赶街、乐村淘等区域性电商，农资是其农村电商板块的重要组成部分之一；二是以上市企业为主的涉农企业，在电商的冲击下，纷纷投入重资，自建或联建电商平台，力图将网上农资市场控制在自己手里，下功夫较多的有金正大、辉丰股份、诺谱信等；三是互联网企业跨界，力图用互联网思维改造农资市场，如丰收侠、七公里等。

在三大参与主体中，电商平台的农资板块只是整体业务的一部分，虽然也在大力推进，但更多的精力还是在农村电商生态的建设上，大力推动工业品下乡，探索农产品进城，加速乡村站点布局，配套开展便民服务，所以力度相对较大，但没有那么突出。而互联网企业跨界做农资电商，还需要对线下渠道进行有效整合，其模式的探索和融合的程度都需要时日。那么，唯一能突显的，也就是农业上市公司，搞农资电商，一来关乎企业未来发展和转型，二来也是很好的概念，股票市场可以有所表现。所以，2015年春天在农业上市企业纷纷宣布投资农资电商的时候，股票市场也就相应出现了反弹，一些公司甚至出现涨停。这样的场景，也可算作农业上市企业的集体喧嚣。

到底有多少上市企业投资了农资电商？据不完全统计有近20家，如自建平台的有辉丰股份的农一网、诺谱信的田田圈、金正大参与的农商一号、新都化工打造的哈哈农庄，辉隆股份与安徽供销社合作共建农资电商，新奥股份全资子公司威远农药上线农资电商“威远禾美网”，新洋丰则选择了入驻农村淘宝，芭田股份与京东开展了战略合作，史丹利、司尔特、大北农等都涉足农资电商，新希望不仅要搞饲料电商，还要搞乳品跨境电商，等等。

主要农资电商平台扫描

（1）云农场。云农场是农资电商的最早引爆者，也是农资电商体系设计最全面的，不仅有线上农资商城，还有线下配肥体系；既卖农资，还跟着技术服务（农技通子平台）；既搞农资服务，还搞农产品销售（丰收汇子平台）；既搞电商，又搞金融（云农宝子平台）和物流（乡间货滴子平台），整体构架可谓完美，也对其他农资电商平台的设计产生重要影响，有如赶街模式对各家农村电商平台的影响。在联想集团2015年3月投资后，2015年7月其又获春晓资本逾亿元投资，扩张进一步加速，号称服务土地3亿亩。2015年12月，却传出裁员800人的消息，云农场随即回应，年底人员流动很正常，大约离职120人而不是800人，而且年后还要新招员工。但不管怎样，二轮融资后公司进入发展常态期，单纯的跑马圈地已经不行了，这么庞大的平台架构，又前无成功案例，确实需要认真进行内部整合以增强各事业部门的协同性，也需要进一步梳理商业模式和提升运营能力，特别是盈利的问题。

（2）田田圈。田田圈的背后是上市企业诺普信，根据官网的介绍，田田圈是整合了上游农资厂商、中游经销零售商，提供下游消费者入口，并开发专业种植指导人（PCA）和农业金融的线上线下一体化的O2O服务平台，由田田圈、农集网和农金圈共同组成。根据公司负责人张建锋2015年11月向农业部副部长张桃林的汇报，田田圈已经辐射全国27个省（市、区），与当地农资经销商建成县级运营中心400余个、田田圈门店2 000多个，联系植保服务及农业种养大户10 000余名，服务农户超500万人。从其业务介绍看，与云农场的平台架构类似，依然涉及全农资类产品，线上、线下并行，还配套有农技服务和金融。如此庞大的业务架构，同样对运营能力是一种巨大的考验，也会形成与其他平台不可避免的同质竞争。而根据最新的报道，田田圈不仅做农资买卖，还先后与电信、银行等合作，在基层门店增加了农民充值话费 / 网费、缴纳水电费、存款等业务，这是否在预示着田田圈要向综合性的农村电商转型了？

（3）农一网。与云农场、田田圈的大而全相比，农一网更专业，其是由中国农药发展与应用协会发起，辉丰股份等国内 4 家业内知名农药企业共同投资组建的以农药为主的农资类电商平台。其农药电商业务，不仅有网上零售，也有网上批发，还有原药交易。其基本运营模式是，乡镇设实体站点，村上设代购员，用手持终端、移动 POS 机实现推广和代购服务。当然，也通过代购员开展农产品上行服务，同时配套有金融服务。在移动端，不仅有“农一”APP，后来还专门开发了“农一通”微信营销平台，算是在移动电商方面又进了一步。2015 年 11 月 1 日是农一网上线一周年，公开信息显示，已经完成注册会员 20 余万人，在线注册代购员 2 万多名，建设县域工作站 800 余家，网上交易 1.4 亿元。农一网 2016 年计划目标是完成县域工作站 1 000 家，力争三年实现县县都有工作站。

（4）农商一号。与前几个农资电商相比，农商一号成立较晚，却是最高调的一个。2015 年 7 月 16 日，农商一号正式上线，一期投资高达 20 亿元，对外公开，是国内目前投资最大的农资电商平台，由中国农业产业发展基金和现代种业发展基金有限公司，联合东方资产管理有限公司、北京京粮鑫牛润瀛股权投资基金、江苏谷丰农业投资基金、金正大集团共同筹建，其官网也毫不客气地用上了“农资电商国家队，依托国家资本、国家品质、国家渠道、国家技术四大实力支撑”等字样。从业务板块来看，依然涵盖全农资产品，也配套开展在线技术服务，同时开展农产品上行的信息发布与交易撮合，还开发了农业金融产品（但网站显示已经暂停使用）。“农商一号”设计的线下架构中，县级运营中心负责配送和农技服务，村级服务站则成为电商与农户之间的信任纽带，具体由一号推广员负责帮助农民上网下单、查询信息及提供其他便民服务。农商一号的加入，让农资电商的竞争进一步加剧。

农资电商的基本特点及模式探索

前面已经谈及，农资电商有自己的特殊性，不顾及这种特殊性，简单套用其他电商模式，可能就会出现问题。

特殊点之一，不适合纯线上，天然是O2O。农资电商产品，特别是化肥、农药，有毒有害，包装运输有特殊的要求，可以网上销售，却不可能按一般商品来快递，除非建有专门物流渠道。同时，农资产品除种子外，其他都比较笨重，特别是大型农机具，更不可能快递。唯一可行的办法，只能是线上购买，线下就近配送。从这一点来讲，农资电商可以视作农资交易的在线化。当然，也不是这么简单。

特殊点之二，不仅仅是卖货，还必须有配套技术。农资产品技术含量较高，也有人称其为物化技术，其施用必须按照一定的操作规程进行，如果没有专门技术人员配套指导，则很可能导致施用不当带来经济损失。所以，农资产品销售一定会与技术服务相配套，这与一般商品截然不同。

特殊点之三，赊欠习惯难改，电商金融必须结合。传统农资经销，一个最大的问题就是赊欠严重，账面上的盈利往往被赊欠拖垮，这也被视作农资电商可以克服的一个痛点。但现实的情况是，即使农资电商，依然要正视农民的购买习惯，特别是一些农户确实面临资金周转困难的问题，这样就必须有互联网金融产品与之配套，阿里巴巴的旺农贷、京东的京农贷就是在这种背景下出台的。

所以，当农资电商按照一般电商思维进入，认为可以打掉传统农资经销的中间环节、实现低价为民的时候却发现，离开了线下，农资电商什么也不是。而初期设计的模式，也在农村面临接地气的现实问题，各个农资电商平台都在为此焦灼。但2016年春天，阿里巴巴、京东似乎已经率先喜笑颜开了，为什么？因为其找到了法宝，即本地化。通过阿里巴巴、京东强大的平台资源与农资厂商合作，一个区域内的农户在网上下单后，还是传统的农资经销商通过当地的线下站点就近配送，根本不需要重新构建复杂的网上新平台，加之已有的乡村电商站点人员配合，一切实现起来就简单多了。再反观上市企业建设的农资电商平台，就显得“笨重”多了，因为整个电商平台是新建的，其烧钱和试错的成本可想而知；而且在线下要从原来的资源供应者变为资源统筹者，或者再形象一点讲，就是从卖自己货的人变为一个卖大家货的人，其困难可谓巨大。

农资电商的下一步

浮华过后是暗淡。在不约而同地杀入农资电商之后，各方或退，或转，或坚持，已经不得不进入深挖细耕的阶段，农资电商的下一步，竞争还会更激烈，各个平台的差异化已经是一个必须思考的现实问题。有如下 4 个方面值得反思。

（1）平台思维是否可以淡化一些。本来都是某种农资产品的生产者或供应者，现在偏偏要整合别人，搞起大而全的新体系，而且要在全国铺天盖地搞站点，这显然是一厢情愿式的美好设想。平台最大的问题不在于平台的架构多么完美，而在于平台自身的推广是否顺利，也就是说，农村的用户是否认可；而在多个农资电商平台相继上线的时候，农民到底认可谁？只怕平台的竞争是异常残酷的，后来者一定要看清楚形势。

（2）合作才是王道。有人坦言，平台的格局已经固化。如果大型综合电商平台的农资电商板块梳理顺利，则专业的农资电商平台又如何竞争？形象地讲，如果已有高速路畅通，只要交一点过路费即可，那么自建高速路意义何在？如今是电商时代，各大主体纵横捭阖，自建、联建、入驻，都是可以考虑的形式。一些上市企业选择与大型平台合作而不再单独建立自己的农资电商平台，或许是更理性的考虑。

（3）传统渠道的重整。不管农资电商有多少问题，但电商去中间化的趋势不可改变，传统农资经销中大量的中间渠道由此面临调整，虽然不至于彻底去掉中间环节，但减少层次以实现扁平化已经是共识，这种调整必然面临利益格局的改变，这给电商与传统渠道的融合能力带来挑战，谁与传统渠道融合得好，谁的农资电商之路就会更顺利。

（4）倒推农资市场的供给侧改革。农资市场长期存在小而散、乱而杂的局面，行业虽然深感有痛，但改变乏力，单靠市场的竞争淘汰显然有一个过程。电商的到来打破了长期封闭的地域界限，为农资市场的整合提供了新机遇，不排除一些农资企业借电商而迅速壮大。同时，长期的农资市场供应格局依然是企业生产，农户被动挑选，大路货多而特色货少，电商的到来也有望为不同区域农户的自主选择，甚至主动订制带来可能。这将真正带动农资企业的互联网转型与供给侧改革。

3

淘宝村现象——田野里的新革命

2009 年以来，随着农产品电商的兴起，电商逐渐向农村覆盖，出现了一个新的经济现象——淘宝村。根据阿里研究院的定义，“淘宝村”现象是指聚集在某个村落的网商，以淘宝为主要交易平台，以淘宝电商生态系统为依托，形成规模和协同效应的网络商业群聚现象。其认定标准包括如下三条：第一，交易场所、经营场所在农村，以行政村为单元；第二，在交易规模方面，电子商务年交易额达到 1 000 万元；第三，在网商规模方面，本村活跃网店数量达到 100 家以上，或活跃网店数量达到当地家庭户数的 10% 以上。

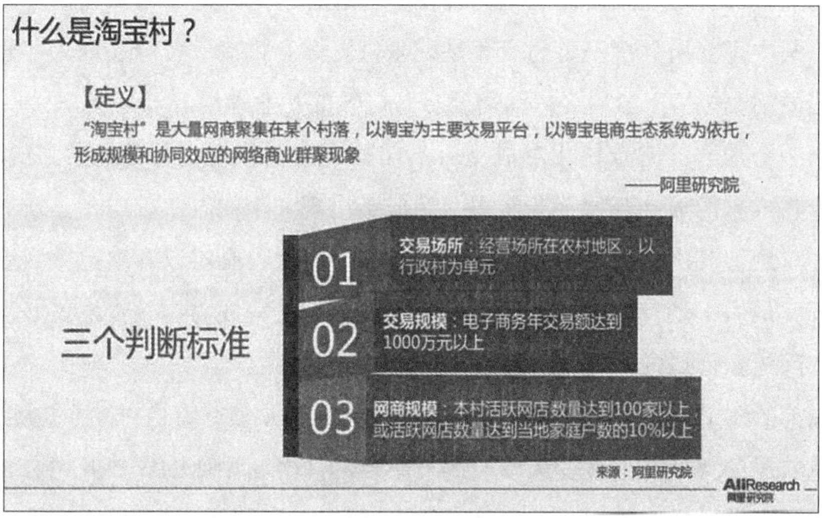

从 2009 年开始，短短 5 年时间，淘宝村经历了萌芽、生长、大规模复制等几个阶段。到 2016 年 8 月底，阿里研究院在全国共发现 1 311 个淘宝村。从最初的 3 个淘宝村，到 2013 年进入统计视野的 20 个，再到 2014 年的 200 多个，再到 2016 年突破 1 000 个，淘宝村已然“破茧成蝶”，成为影响中国农村经济发展的一股不可忽视的新兴力量。

目前发现的 1 311 个淘宝村分布在浙江、福建、广东、河北等 18 个省市。其中，浙江 506 个、广东 262 个、江苏 201 个、山东 108 个、福建 107 个，这五个省已发现的淘宝村数量在全国占比超过 90%。同时，在中西部发现 25 个淘宝村，在东北地区发现 5 个淘宝村。

值得注意的是，在淘宝村的基础上，全国还出现了135个淘宝镇，表明产业要素正随着淘宝村的壮大在更大范围聚集。阿里研究院认为：一个镇、乡或街道出现的淘宝村大于或等于3个，即为“淘宝镇”，这是在淘宝村的基础上发展起来的一种更高层次的农村电子商务生态现象。

那么，目前的淘宝村在干什么？虽是农村，却普遍做着非农的买卖。淘宝村是怎么起来的？大体有两种模式：一种是柳暗花明；另一种是无中生有。淘宝村如何玩电商？也有两种方式：一种是批发改零售；另一种是外贸转内销。

淘宝村都有哪些共同的经验？首先，普遍有带头人的不可低估的示范引领作用。其次，普遍具有一定的产业基础来做支撑。再次，普遍表现为年轻人势不可当的创业热情。最后，依然需要相对成熟的产业环境。

当一个地方的淘宝村相对成型后，在整个淘宝市场竞争日趋激烈的时候，则淘宝村成长的烦恼开始逐渐暴露，一般会出现4个问题。首先，是难以破解的人才难题。其次，是不可避免的同质竞争。再次，是难以容纳更大发展的狭窄空间。最后，是日益显现的电商生态脆弱。这些均成为进一步发展必须正视的现实问题，否则可能遭遇发展的“天花板”。

当前的淘宝村也正在发生改变，产业要素不断聚集，有出村入乡进城趋势；正在从农民的自发行为转变为政府的行政推动；经营网店的农户开始分化和分工协作；由单纯的经济行为向经济社会生活转型；由单纯的卖出去向有卖有买转型。

观察各个淘宝村的发展经验，应该注意如下几点。把握发展的阶段性，明确各个阶段的发展重点。把电商生态打造放在更重要的位置，行政措施要精准。把人才问题作为产业发展的核心，用心培养。把找出适合电商销售的产品作为重点来研究，并根据电商进行改进。把对电商的认识作为一个基本前提，最好一把手亲自研究。

今后几年的淘宝村会如何发展？《中国淘宝村》给出的回答是，“在未来，‘淘宝村’可能会成为一种经济常态，将给农村经济的升级转型插上信息化的翅膀”。但是笔者也在想，将来的淘宝村还会重复现有淘宝村的“草莽英雄”式的“野蛮生长”过程吗？是否会有新的变化？特别是在各地政府纷纷介入农村电商发展的时候。相对于现有的淘宝村，将来的淘宝村应当在如下方面实现提升，努力打造淘宝村成长的 2.0 版本。

下面从六个方面进行详细分析，再观察三个淘宝村的案例。

细说淘宝村之一：农村的互联网新风

淘宝村的出现，标志着农村信息化结出了硕果，也意味着互联网之风在农村吹开了新的花朵。那么，已经出现的这些淘宝村都是什么样？又是如何率先绽放在农村电商的荒漠上的？

2016年淘宝村销售额最高的十类商品

排　序	商　品	排　序	商　品
1	服装	6	化妆品
2	家具	7	户外用品
3	鞋	8	玩具
4	箱包皮具	9	居家日用品
5	汽车用品	10	床上用品

来源：阿里研究院，阿里新乡村研究中心，2016 年 10 月

第一，看淘宝村是做什么的

可以肯定的是，淘宝村虽是农村，却普遍做着非农的买卖。服装、家具和鞋是淘宝村最主流的商品。服装是淘宝村网店销售额最高的品类，第二是家具，第三是鞋。第 4~10 依次是箱包皮具、汽车用品、化妆品、户外用品、玩具、居家日用品和床上用品。如果说还与“农”字有点关系的，那么就是浙江省杭州市下辖县级临安市的白牛村、马啸村、新都村、玉屏村所售卖的山核桃等坚果炒货，可以将其纳入食品工业的范畴。类似的还有江苏省宿迁市沭阳县解桥村（以糕点为主）；还有山东省滨州市博兴县的湾头村、安柴村、顾家村、院

庄村，其是做草柳编制品与手织粗布的，属于农村手工业范畴，类似的还有浙江省金华市下辖县级东阳市的防军村（木雕）；再就是江苏省宿迁市沭阳县堰下村、周圈村，其做的是花卉，算是纯正的农业。

为何淘宝村不姓农？基本原因如下。一是涉农产业的产品电商化程度不高，除坚果、茶叶等，其他产品的电商化都不太成熟；二是受制于淘宝、天猫平台的购物特点，整个电商是从图书、服饰、电子产品起家的，网购渗透率最高，这些行业空间大、最好切入；三是农产品还有不同于工业品的特殊问题，特别是生鲜农产品，快递成本高、保鲜难、标准化程度差等问题目前没有太好的破解办法，这也是大量存在的传统农业“一村一品”村庄没有成为淘宝村的重要原因。

第二，看淘宝村是怎么起来的

淘宝村大体有两种模式：一种是柳暗花明；另一种是无中生有，但以前者为主要模式，也就说，在当地有一定产业的基础上，因为某种契机，淘宝村的产生才会更容易。前者的典型代表——河北青河的淘宝村，基本上都做着同样一件事，网上卖羊绒及相关产品，这是因为清河是中国羊绒之都，实体生意不好做，纷纷转移到网上；与之类似的是义乌周边的淘宝村，还有大量的以服装鞋帽为主业的淘宝村，皆因为就近有产业基础。后者的典型代表是江苏的沙集镇，原是收破烂的，后来在一个年轻人的带领下开始在网上卖仿制家具，结果成了气候，于是再造出一个新产业；类似的还有浙江缙云县的北壶村，硬是在山沟里新生出一个户外用品产业。

第三，看淘宝村是如何玩转电商的

既然上述已经分析到，大部分的淘宝村是原来就有，或者就近有产业的，为何后来又转移到网上？大体有两种情况：一种是批发改零售；另一种是外贸转内销。前者完全借助于淘宝网带来的网络零售契机，让传统的商业发生重大变化，去除了繁杂的中间环节，与消费者面对面，这对网店经销者和消费者都是有利的，淘宝村的成长轨迹是与电商在农村的普及情况同步的；后者则是在金融危机之后、外贸出口不利的情况下，借助电商这个平台，大量分散转移到国内消费市场，发现也有不俗的市场空间和利润空间。这也可以从侧面解释为什么广东初期没有出现一个淘宝村，而这两年却大量出现。

第四，看淘宝村带来了什么变化

首先是提高了农民的收入水平，不用出远门，不用找关系，一台电脑、一根网线解决了农民的生计问题，如果做得好，则还能成为村里的白领，在县城买房买车；其次是提高了生活质量，既然家里就能就业，何必再东奔西跑？留守儿童没有了，夫妻关系和睦了，老人有依靠了，社会明显和谐了；再次是吸引了大量年轻人回来，利用电脑就能就业、创业，村子里明显有生气了，村庄不会空心化了，产业也不会老龄化了；最后是农村经济社会转型了，产业专业化了，村里的人职业化了，生活现代化了，村庄城镇化了。

第五，看淘宝村出现的内在机理

为什么电商会在村庄里发展起来，而不是在资源更为聚集、条件更为便利的城里？这是因为，只要有产业的依托、通信网络的基础，村庄就能为农民提供一个低成本的互联网创业平台，这里的创业成本几乎可以忽略，房子是自家的，仓库也是自家的，人手是自己人，甚至拿的货也是自己人的，可赊可欠。这些条件完全是城里不具备的。义乌的青岩刘村有淘宝创业孵化基地的外号，一语道破淘宝村存在的根本原因。

所以，淘宝村确实是电商与农村经济的完美结合，中国农民在不知不觉中完成了又一次的伟大发明创造，这绝对可以算作中国奇迹的又一个重要表现。

细说淘宝村之二：共同的经验

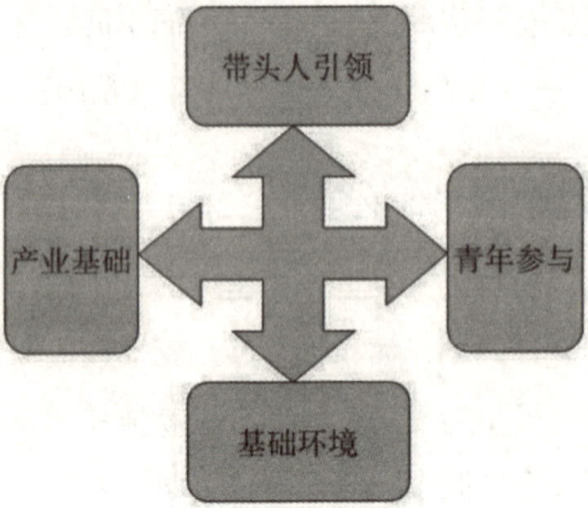

淘宝村形成的4条共同经验

尽管淘宝村各不相同，起步早晚不一样，经营产品不一样，生成机理也不尽相同，但总体归纳起来，还是有几条共同的规律或者特点。

首先，普遍有带头人的不可低估的示范引领作用

做过农业推广的人都知道，农民因为从事农业这一自然风险极高的行业，整体具有思想保守的特点，就是对于新事物普遍持有谨慎甚至拒绝的态度。所以，每一项农业技术的推广，必然先进行示范，示范成功了，农民才会跟着做。而当连续的示范成功后，其余的推广工作则十分轻松，因为农民还有一个特点，就是眼见为实、从众心理极强，一户成功、户户跟进。正是因为这样，在每一个淘宝村的发展历程上，差不多都有着带头人的深深烙印。最为经典的故事就发生在江苏沙集镇东风村。

2006 年，一个名叫孙寒的郁郁不得志的打工小伙子回到家里开始了网上售卖家具的草根创业，其后的 8 年这里却因为这样一个举动发生了让人瞠目结舌的变化，产生网商 478 家、网店 1 000 多家，从业人员多达 2 000 多人，年销售额为 20 多亿元。再将目光投向其他淘宝村，义乌的青岩刘村有刘文高不遗余力地推动，揭阳的军埔村有黄海金等一批年轻人回村淘宝实践，山东曹县的

丁楼村有周爱华等人率先成功试水，浙江松阳的西山村有刘国平帮助父亲网上销售进行大胆探索，山东博兴的湾头村有跑前跑后的“热心肠”安宝忠，而缙云县北山村的户外用品电商完全是吕振鸿带出来的，等等。这些例子可谓不胜枚举。

其次，普遍具有一定的产业基础来做支撑

利用淘宝卖东西，可以打破时间、空间的限制，但却不能改变商业的基本逻辑，即卖的东西总得有人生产、有人运送。在目前发现的淘宝村中，虽然也有像江苏沙集、缙云北山这样的无中生有式的案例，但总体来看，一定的产业基础更有利于淘宝村的形成与发展。因为有羊绒产业的基础，清河县在一个村的成功淘宝实践之后，目前已经带动形成 7 个淘宝村；山东博兴的草柳编本来就是当地的民间传统手艺，有外贸出口的基础，上淘宝也只差一个点火者而已，在湾头村成功实践之后，现在扩展到 5 个村。再看那些做服装鞋帽的淘宝村，多在江浙沿海一带，本来就有生产贸易的基础，为草根一族在农村低成本开店创造了基础。像广东揭阳的军埔村，能在进入官方视野后半年达到淘宝村的标准，行政推动措施有力固然是重要原因，更重要的是产业配套十分成熟，完全可以满足网店销售需要。至于号称淘宝第一村的青岩刘村，完全是近水楼台先得月，占尽了义乌商品城的便利。

再次，普遍表现为年轻人势不可当的创业热情

有青年，有未来。这话对于一个国家、一个民族来讲是真理，放在淘宝村的发展实践上，同样是真理。尽管不能否认，在淘宝村活跃着一批爷爷级的网店老板，也不能断然否决把中老年人培养成淘宝店主的想法，但必须看到的是，农村淘宝之路是年轻人率先想出来的，也是他们自发地闯出来的，甚至在创业之初可能被认为是不务正业、离经叛道，但最后的事实证明电商英雄出少年，从而为村庄打开了一道互联网时代的发展大门，实现了经济上的新突破。如果再回头把各个淘宝村的带头人进行年龄上的梳理，除去个别的，则大部分是 80 后、90 后，特别是 90 后，可谓功不可没。像江苏阳澄湖的大闸蟹，其在网上

的销售，完全是“蟹二代新农人”的倡导与实践，其商家父辈大多是蟹农，生产经营不错，但他们却积极探索在常人看来难以在网上销售的螃蟹电商，几经挫折，取得成功。再像有最美淘宝村之称的福建龙岩的培斜村，村支书的儿子华永良的大胆探索，带动了一批青年人投入网店，把村子的传统竹制品产业推到网上，并形成一种独特的父子兵模式——老子技术好，搞好生产；儿子脑子活，做网销。

最后，依然需要相对成熟的产业环境

在目前发现的淘宝村中，虽然有了西部的身影，但总体还是江浙沿海省份的天下。在1311个淘宝村中，浙江独占506个，广东262个、江苏201个、山东108个、福建107个，这五个省已发现的淘宝村数量在全国占比超过90%；排名第6的河北91个，其余36个在河南、天津、江西等12个省（市）。从上述分布可以看出，沿海发达地区依然具有形成淘宝村的天然优势，包括：成熟的产业基础、完善的产业配套、开放的思维模式、便利的交通区位等，这些条件的具备为淘宝村在农村土壤上的破土生长提供了基础。而反观西部的农村，则在上述基础条件方面逊色很多，也有年轻人返乡创业，但并不能改变薄弱的产业基础。这也预示着，当东部的农村再次借助信息化和优势的产业基础率先突破时，西部的农村更需要政府的积极作为，努力弥补农村电商发展上的天然劣势，否则一味地等待产业的梯次转移，则东西部农村发展的差距只会越来越大，形成又一次的发展鸿沟，并有可能成为愈演愈烈的马太效应，这无疑是让人不愿想象的未来。

细说淘宝村之三：成长的烦恼

在淘宝村的发展历程中，虽然早期有艰难的探索，但整体赶上了个人网购市场的爆发期，卖方市场的特征还比较明显，生意相对好做，同业竞争也相对较轻。但当一个地方的淘宝村相对成型后，在整个淘宝市场竞争日趋激烈的时候，则淘宝村成长的烦恼开始逐渐暴露，成为进一步发展必须正视的现实问题，否则可能遭遇发展的“天花板”。

首先，是难以破解的人才难题

既然淘宝村是农民的草根电商创业，那么就已经表明，人才的概念在这些村庄基本等同于自我成长的“草根”一族，在最初开一个店卖点东西糊口甚至赚点小钱的时候是可以的，但事业成长起来后，网店变网商的时候，人才的瓶颈因素就展露无遗。几乎每一个淘宝村在谈及当前的问题时，都把人才作为重要因素提了出来，缺乏专业的美工、缺乏专业的推广运营、后台管理不到位、企业管理人才缺乏等。可以说，淘宝村的兴起是带头人带起来的，而淘宝村的进一步发展需要人才来提升。一些地方的商家想象着能否请来外面的人才来农村，但实际的效果并不理想。一个很有意思的现象是，淘宝村富起来的村民都会在县城买房买车，也就侧面表明，村庄是难以留得住人的，只是一个低成本创业的跳板。既然本村的人尚且想出去，外面的人才如何会进来？更何况，整个电商行业的人才都是缺乏的，常年缺口在150万人左右，农村电商预计将缺口人才200万人左右，城市尚且很难请到人才，更不要说农村了。而且，不是所有的农村都请得起人才。所以，淘宝村的人才如果一味眼睛向外，那么基本上是无解的，最根本的办法还是自己培养，自己提高自己，无非需要一些学习提升的平台而已。这个功夫当然很慢，但最靠谱。笔者曾经列举出农村电商人才破解的一些简单办法，如“父子兵”“夫妻店”“同学帮”“兄弟连”等，但都需要不断培训、提升。这种更高层次的培训，农村自己解决不了，需要政府的帮助。

其次，是不可避免的同质竞争

既然淘宝村的电商发展模式基本上是看样子、跟着做、由带头人示范带动起来的，那么客观上也就形成了同质化严重的现实。像最典型的缙云县北山村，几乎一般农户都是北山狼品牌的网上代销，虽然有最低售价的限制，但在市场竞争面前，这个底线很容易被突破。淘宝村的电商发育模式在初期是有优势的，可以抱团取暖，在网上形成搜索排名优势，降低物流运输成本，催生电商服务业的诞生，更利于产业发展。但随着产业规模的壮大，不容忽视的问题产生了，由于淘宝村的发展层次总体比较低，受制于人才、资金、技术等因素的制约，缺乏品牌意识，创新不足，一般若不能通过品牌品质向上寻求溢价空间，则最终极有可能演化为低价营销套路下的同业恶性竞争，这在多个淘宝村已经表现出来。特别是当整个淘宝卖家日益增多、竞争日趋激烈的时候，如果没有实力去天猫平台，则只能在淘宝平台上低水平竞争，其结局是不言而喻的。这一问题的破解，只能通过内部分化来解决，个别网店率先成为品牌企业，把其他农户变成品牌代理店或者干脆变成辅助的电商服务者，或者产品的供应者，从而实现电商生态的重组与优化，但这个过程一点也不比当初的电商创业容易。

再次，是难以容纳更大发展的狭窄空间

淘宝村的形成基于村庄的低廉创业成本，这对于个体创业无疑是非常适宜的。但“成也萧何败也萧何”，当产业发展起来后，村庄的劣势也就暴露出来，如仓储越来越成为问题，家家都人货不分，很容易形成安全隐患；配套产业也摆布不开，物流需要一个集散中心却很难在村庄找到地方，生产、加工、包装也逐渐专业化，同样需要地方，但村庄一般是提供不了的。于是，淘宝村的生产要素只能向镇域转移并集聚，还有的干脆搬到了条件更好的县城。这也就是各个淘宝村发展到一定程度，必须产生一个突破村域限制的电商产业园区的内在动力，这种现实要求给了当地政府顺势而为的空间。最为激进的，像河北省

高碑店市的白沟镇，以箱包电子商务为中心的上下游产业链加速聚集，催生了旅游和购物新业态，有了城镇化的产业基础，所以，当地政府提出建设新城的计划，探索“专业市场＋电子商务＋新型城镇化”的新路子。江苏沙集的东风村已经突破为一个镇的产业，形成了产业园区；再如山东博兴等地，也正积极实施产业园区的建设。

最后，是日益显现的电商生态脆弱

电商发展的一般规律是，随着电商发展会吸引大量机构和企业参与到电子商务产业中，如物流快递企业、软件公司、金融机构、美工、数据分析、市场营销等，原来需要各个电商经营主体自主完成的若干运营环节，逐渐呈现专业化趋势，发展成为一个庞大的电商服务体系，包括电子商务平台 / 网店 / 网上商城的开发 / 注册、电子商务技术、电子商务数据中心等各项基础信息服务，市场推广、运营、品牌宣传、客户管理、数据处理、供应链管理、第三方支付、人力资源等各项电商服务，以及客户研究、数据挖掘、电子商务咨询等。整个电商的发展进入电商服务商成熟的时代，每个电商经营者不再需要像用计算机就必须从 Basic 语言和 DOS 系统开始学起那样，而是直接使用 Windows 操作系统即可。但这些在村庄条件下是很难形成的，当淘宝村的网店经营已经大量聚集、客观上需要成熟电商服务商支撑的时候，这些现实条件却没有，于是淘宝村的网商会普遍感到生意越来越难、人手越来越紧、需要改进的地方越来越多、经营的压力越来越大，都是电商服务商不发达造成的。所以，现在好多地方在推动淘宝村的发展，大张旗鼓地搞电商园区，这当然也是需要的，但更需要的是电商生态的打造，为淘宝村的转型升级提供系统的电商服务解决方案。

细说淘宝村之四：正在发生的改变

观察各个淘宝村的发展历程，一般会出现三个发展阶段，一是创业尝试期，由个别带头人物，敢为人先，率先试水，并取得良好的经营业绩，带动亲戚朋友与周边农户开始加入；二是全面爆发期，在良好效益的引导下，村庄农户普遍加入网店经营行列，网店数量、经营规模大幅攀升，形成淘宝村雏形；三是稳固调整期，能开网店的农户差不多已经开了，需要的电商相关服务开始介入，经营规模相对稳定，经济效益提升因为同质竞争加剧而面临困难，一些网店走向专业化的公司运营，另外一些网店可能退出，或从事电商服务业，淘宝村发展开始转型提升。目前已经确认的淘宝村，大体上已经进入或即将进入稳固调整期，开始呈现不同于前期发展的一些特征。

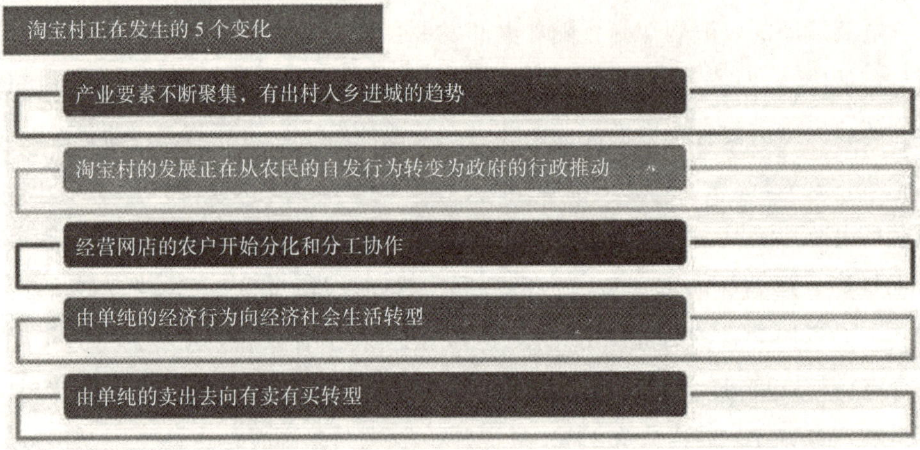

第一，产业要素不断聚集，有出村入乡进城的趋势

产业发展大了，村庄就显得小了，客观上需要更大的空间来布局。于是出现如下三种情况。第一种是在村庄周边形成产业集中地，如商品交易市场、物流中心、配套产业园区等，像江苏沙集的东风村，围绕网上的家具销售，开始形成相关产业集中区；同样在江苏的从事花木电商的颜集镇，各个淘宝村其实就围靠在花木交易市场周边。第二种是在乡镇进行聚集，形成淘宝镇现象，把配套产业大部分集中于镇域范围，各个农户在家中经营网店，配套服务在乡镇完成，像河北清河的羊毛产品销售，已经形成淘宝镇现象，在镇上形成了为网店供货的网批中心和相关包装物流产业中心；山东曹县的草柳编产业，在几个淘宝村成型之后，也在所在镇开始建设电商产业园区。第三种情况是直接向县域转移或聚集，特别是一些已经做大了的网店经营户，进驻县城，以利业务开展，

村庄更像一个产业基地，像杭州临安的白牛村等淘宝村的山核桃产业，支撑临安市形成了山货产业走廊和电商园区。

第二，淘宝村的发展正在从农民的自发行为转变为政府的行政推动

农民的自发行为完成了淘宝村早期成长的星星点火，当网店经营到一定规模的时候，同质化竞争严重、配套服务不到位、产品质量参差不齐等问题开始暴露，威胁产业健康发展。但分散的农户并不能解决这些问题，客观上需要政府与协会组织的出现，集中解决面临的突出问题，主要包括政府牵头制定发展规划，建设产业园区，承载进一步的发展；推动行业协会成立，进行经营行为的自律，牵头制定相关标准;出台相关优惠政策，推动转型提升;加强人才培养，增强发展后劲等。广东揭阳的军埔村，在纳入官方视野半年后成功晋级淘宝村行列，固然与原有基础较好有关，但充分显示了行政推动在农村电商发展进程中的重要作用。

第三，经营网店的农户开始分化和分工协作

产业发展到一定程度，一定会促使相关产业聚集和产业链的形成。比如，在江苏沙集东风村的电商发展过程中，已经出现一些靠从事电商配套产业即可发家致富的事例，像大量务工人员聚集后的餐饮业肯定会做起来，包装、搬运、收件等快递服务业肯定会繁荣等。在公布的淘宝村中，网店经营户的分化与专业分工趋势已经明显，一些农户在网店竞争日趋激烈的情况下，退出了直接经营网店，而去从事电商的配套服务业，或者电商发展需要的相关产业。即使那些没有成为淘宝村的地方，也出现了电商配套产业形成的现象。在陕西宝鸡有一个村，因为一个带头人的带动，网上凉皮的销售十分火爆，但并不是其他农户全部跟进去开网店经营凉皮，而是做了这一个带头人的凉皮加工点，因为凉皮是一个劳动密集型产业，参与这种环节，有订单保证，省心还挣钱，农户是乐意的。所以，对于将来的淘宝村来说，可能直接开网店的农户比例并不高，但参与电商产业各环节与配套产业的农户比例却会很高，这是一个产业成熟的标志。

第四，由单纯的经济行为向经济社会生活转型

在县域经济的研究中，曾经有一个结论，对于大多数县域而言，依靠农业产业化推动农产品加工业，进而推动县域工业化和城镇化是一条可行的路径。这个研究结论套用在淘宝村的发展上同样适用，在以网店经营为先导、带动相关产业发展的情况下，村庄的经济社会形态也相应发生了变化，出现了农民非农职业化、村庄生活城镇化的趋势，具备了以产业为支撑的城镇化动力，农村新型社区与小城镇出现雏形。像江苏的沙集镇，俨然成为一个以家具业为基础产业的现代化城镇，而河北高碑店市的白沟镇因为箱包电商形成的产业集群，催生着“白沟新城”的诞生。

第五，由单纯的卖出去向有卖有买转型

目前所有的淘宝村还是着眼于卖的经济，以农村为基地，把产品通过网络卖出去；但随着农村电商的发展，通过电商这个渠道把农村居民需要的生产生活物资输送到农村同样是有市场空间的，根据相关统计，2016 年农村电商消费市场规模已经超过 6 000 亿元。同时，也应该注意到，既然在农村有条件将产品在网上卖出去，也就有条件把农村需要的东西从网上再买进来，其依托的是同一个农村信息化基础，也有已经成型的物流体系可以借用，技术上也不存在天然的障碍。在有的淘宝村也可以看到，一些农户确实是在卖的同时，也在用现有的渠道买进来。将来理想的状态是，网商让农村的产品卖出去，再把城里的商品买进来，将目前分别独立的两条农村电商路径打通，成为一个双向互通的高速路，这是一个让人期盼的愿景。

细说淘宝村之五：给农村电商带来的启示

淘宝村的发展无疑为农村电商的发展树立了一个标杆，预示着农村电商的发展有良好的前景，也有可资借鉴的样本。如何促进更多的农村出现淘宝村，或者推动许多有产业基础的专业村通过网络打开新的发展空间，是一个值得探讨的话题。观察各个淘宝村的发展经验，应该注意如下几点。

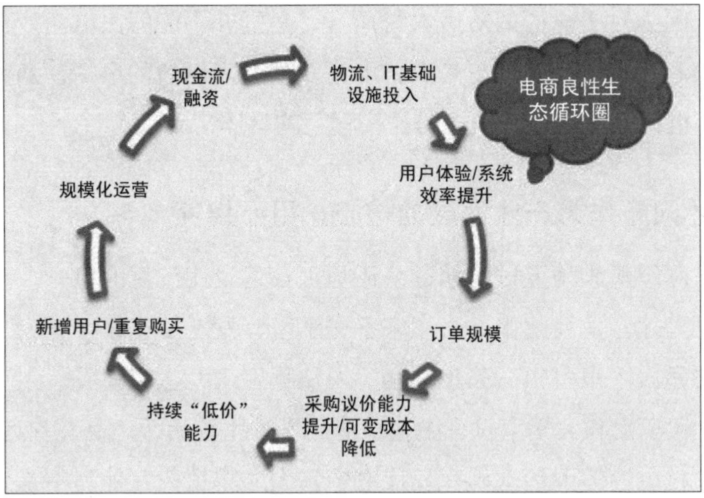

把握发展的阶段性，明确各个阶段的发展重点

淘宝村的成长历程，一般会经历初期的尝试、中期的农户普遍跟进和成熟期的调整转型。不同的发展阶段，其发展的重点也不一样。对于还没有网店经营基础的西部农村来讲，起步阶段核心要抓三件事：找人、找产品、找方法。找人，即找到几个愿意先行先试的创业者，只有他们成功了，才会有效带动其他农户跟着干。找产品，即找到适合网上销售的当地特色产品，最好具有独特性，以吃穿用方面的产品为好，如果要做农产品，那么最好能有标准，且是干货，生鲜不太好办。找方法，即在淘宝竞争日趋激烈的情况下，需要加强人员培训，迅速掌握网店技巧，打开销路。

把电商生态打造放在更重要的位置，行政措施要精准

整个网络零售市场发展到今天已经呈现增长的疲态，在卖家日益增多、竞争日益加剧的情况下，如果能拿出像样的特色产品，则其他的村庄要简单模仿淘宝村获得成功的难度会加大。在今天电商发展进入服务时代的背景下，要培养新的淘宝村出现，必须把重心放在电商生态的打造上，让农户的电商创业更容易、更轻松、更便捷，这样才可以取得所谓的后发优势，重点在发展环境营造、人才培养、配套服务跟进等方面。包括各地政府一贯善用的奖励手段，也不宜

盲目迷信，因为对于电商的落后农村而言，奖励并不能解决电商产业不配套的问题，而热心投资电商园区更是农村电商发展起来以后的事情，急不得，必须用心琢磨将电商经营主体“扶上马送一程”的具体措施。

把人才问题作为产业发展的核心，用心培养

无论是已经建成淘宝村的地方，还是正在建设淘宝村的地方，反映出来的最大瓶颈是人才。发展起步靠人才来率先示范，发展加速靠大量人才参与，提升转型更要靠人才来引领。起步之初，人从哪里来？从实践看，主要从返乡的务工青年、大学生和大学生村官中找，他们思维比较活跃，也喜欢运用互联网，具备从事农村电商的天然基础。发展之中，人才哪里找？外聘不是好办法，也聘不来，自己培养最可靠，可以大力推广“父子兵”“夫妻店”“兄弟连”“同学帮”等实践中管用的人才成长模式，先解决有人可用的问题，然后通过实践中学习、学习中再实践，在大量从业人员中培养出领军人物。当农村电商规模发展到一定程度，也一定会吸引外来的智力人才，参与产业发展，与本土人才共同推动提升转型。

把找出适合电商销售的产品作为重点来研究，并根据电商进行改进

淘宝村虽然地处农村，但主要经营产品却是成熟的工业消费品，这是一个值得反思的问题。也就是说，淘宝村经营什么产品，必须看是否适合网上销售，而且是否是网上销售的大众产品，只有做到这两点，才可能做出大商机。目前淘宝村主要经营的还是服装鞋帽，勉强算作农产品的就是干果山货，而大家熟知的水果、蔬菜、水产却很难见到踪影，说明还存在网上销售的现实困难。如生鲜产品，不是没有市场，而是网上零售十分困难，保鲜难、运费贵、没标准，除非像阳澄湖大闸蟹这样的高附加值产品能用得起全程冷链，其他的普通农产品很难玩得起。所以，淘宝村网上销售产品的选择要支持就近原则，像义乌青岩刘村式的“近水楼台先得月”最为理想，像杭州临安白牛村那样的“线下市场成熟，顺势转战线上”亦可，但要像江苏徐州沙集那样再无中生有，做出一个新电商产业则会十分困难。即使找到了适合网上销售的产品，依然要对产品的包装设计进行改进，以

更加适合网上消费习惯，特别是对细分市场要深入研究，以便在包装设计上精准定位。

把对电商的认识作为一个基本前提，最好一把手亲自研究

农村电商是什么？淘宝是其中之一，但绝不是全部；网上卖东西只是表象，背后的支撑因素更多。电商大体像冰山，能看得见的部分只有总体积的10%，90%躲藏在表象之下。如果不认真研究电商的基本理论，不深入学习电商的产业体系，没有产业链的支撑，没有服务商的配套，那么农村电商依然是很难起步的。由于农村电商需要将一、二、三产业打通，横向又关联电子信息、加工包装、仓储物流等若干产业，也不是某个政府部门可以撬动的事情，注定是一把手工程。这个提法,不仅仅适用于政府,也适用于那些准备做电商的传统企业，没有主要领导的清晰认识与定位，电商做起来真的很难；也不仅仅适用于传统意义上的县以上的政府，还适用于那些准备搞电商的乡村干部，需要对电商有一点本领恐慌的意识，从学习入手，多些了解，不要贸然上手，想清楚了再做。

细说淘宝村之六：未来的展望

今后几年的淘宝村会如何发展？《中国淘宝村》一书给出的回答是："在未来，'淘宝村'可能会成为一种经济常态，将给农村经济的升级转型插上信息化的翅膀。"但是,将来的淘宝村还会重复现有淘宝村的"草莽英雄"式的"野蛮生长"过程吗？是否会有新的变化？特别是在各地政府纷纷介入农村电商发展的时候。相对于现有的淘宝村，将来的淘宝村应当在如下方面实现提升，努力打造淘宝村成长的2.0版本。

未来的淘宝村出现在哪里？将来要让涉农产业多起来

目前的淘宝村，虽在农村，但出售的却多是工业品，还有一些手工艺品，真正的农产品很少，显然是把农村作为一个成本低廉的网商发生基地。这既是产业转移的正常规律，也从侧面反证农产品的电商还不成熟。不成熟的原因当然很多，有农产品自身的特点，如物流成本高、保鲜不容易、标准普遍缺失；

也有整个电商消费的特征原因，电商渗透率较高的行业还是在服饰鞋帽、电子产品等领域，农产品的电商整体还在起步阶段。但淘宝村的农产品电商并非没有亮点，阳澄湖的大闸蟹都可以在网上卖，为什么其他不可以？只要农产品的标准化大体有一个模样，物流的技术要求不至于太高，农产品电商还是可以做的，特别是在农产品电商加速爆发的新时期，完全可以再乐观一些。一些有着良好区域特色产品的一村一品示范村、特色产业示范村等，还是有电商的机会。这又体现出农产品电商相对于工业品的优势，就是地域特色，一方水土养一方人的原因是一方水土只出产特定的农产品。在信息化、市场化高度发达的时代，客观上会提供不同地域特色产品低成本跨区销售的条件。所以，后来做农村电商的地方，大多数还是把精力放在土特产品的开发上，这个功夫慢一些，但只要做好了，还是有潜力。

未来的淘宝村主力是谁？需要依靠大量的返乡青年

不管是目前的统计分析也好，还是案例报道也好，普遍证明一个事实，农村电商的从业主体是年轻人，消费主体也是年轻人，而从业主体的青年比例更高。从某种程度上讲，农村电商的希望在年轻人身上，如何吸引年轻人回乡从事电商方面的创业，是淘宝村发育的核心因素。但令人可喜的是，这两年回乡的年轻人多了起来，一个叫"新农人"的群体迅速崛起，并普遍介入电商领域，力图用新的思维改造农业生产模式，用电商的新渠道改变农产品的销售模式，并在农村形成一种新的农业生产形态——"老少结合"，即父辈继续用娴熟的农业技能从事农产品的生产，而从外面闯荡回来的年轻人用电商来创新营销，并反过去引导生产方向。那些报道年轻人回乡从事电商创业的成功案例已经屡见不鲜，进一步吸引更多的年轻人投入农村电商。从笔者的工作实践看，在能提供的青年培训项目中，电商是这一两年最受人关注的培训内容，甚至出现报名名额抢不上、不远千里来学习的火爆局面。现在经常说，农村电商缺人才，而从事农村电商的青年人又说普遍缺培训，其实这两个问题本质上是一个问题，青年就是农村电商最可依赖的人才，加强对青年的电商培训就是抓农村电商的人才培养。

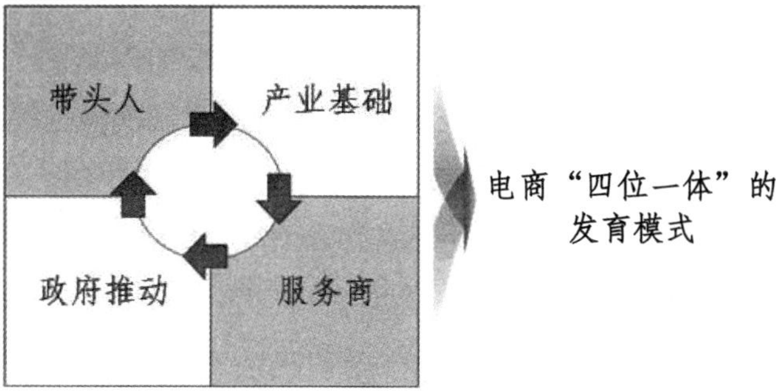

未来的淘宝村如何产生？需要更为清晰的发育模式与提升策略

从目前的发展情况看，“四位一体”的发育模式逐渐成为一种共识，即“带头人 + 产业基础 + 服务商 + 政府推动”。在淘宝村案例的总结中，我们已经可以强烈地感受到，一个好的带头人非常重要，其影响力远超其他因素。所以，要培育淘宝村，发现带头人是首要任务。至于产业基础因素，不排除“无中生有”的模式继续产生的可能，但有产业基础，显然要更容易，或者附近有产业依托也行，不一定是本村的。在服务商方面，重要性越来越突出，因为电商行业已经进入电商生态成熟的阶段，有没有电商服务商，对当地电商发展十分关键。而政府推动，始终是一个产业发展的重要因素，其影响包括出台政策、影响产业导向；拿出一定资金项目，加快产业主体培育；也包括改善基础环境、夯实产业发展基础。淘宝村越是发展，就越需要政府的正确推动，因为产业发展已经超出了一个村、一个乡的区域范围，也不是靠电商主体自己就能解决相关问题的，而是必须有政府的产业政策与公共服务跟得上。

政府在农村电商发展中应如何作为？需要更加重视电商服务

农村电商的成功案例让一大批地方的主官看到了三农工作的新亮点和县域经济增长的新空间，正不遗余力地推进。但从目前的动作来看，普遍还在简单套用传统的招商引资模式，力图通过引进一两个大的企业或几个领军人物，给一些政策项目或奖励，迅速让当地的农村电商发展起来，但实际的效果并不理想。究其原因，一是在电商行业普遍缺人才的情况下，引进好的人才并不容易；

二是一两个企业的回流，并不足以改变当地的电商生态基础，电商就像一棵树苗，不是移植一下就能茁壮成长的，甚至成活都有问题，培植出电商的土壤更重要。所以，地方政府要发展农村电商，必须更加重视电商的生态体系建设，这其中又以电商服务最为关键，不仅要改善硬件条件，更要强化软件建设，特别是在农村基础设施普遍改善的情况下，软件的影响更为关键。

比如，在农村做电商，首要面临的问题就是淘宝店铺的装修、专业摄影与美工、软文写作、淘宝客服、后台管理、包装设计、市场推广等环节。初创者亟须成熟的服务商提供服务。有了这个服务，就像计算机中有 Windows 系统可用一样，简单便捷；没有这个服务，就像从 BASIC 语言和 DOS 系统学起，费时费力。现在，有的地方动不动要建自己的电商平台，烧钱不说，在电商平台格局已定的情况下，成功概率几乎为零；与其如此，还不如好好建一个电商孵化中心，为电商创业的年轻人提供系统服务，迅速催生出一大批青年网商。

总之，对于农村电商的前景人们普遍给予了十分乐观的估计，更多的淘宝村的出现也是几乎可以肯定的事件，目前所要讨论的是，如何把握规律，找到“痛点”，让这一农村的新事物更好、更快地成长，在理论上至少还有许多需要填补的空间。

江苏睢宁东风村：草根的无中生有

在农村电商的浪潮中，恐怕再没有第二个村会像东风村这样引人注目，不仅《人民日报》等中央级的媒体频频关注报道，而且中国社科院、阿里巴巴的研究员频频现身，总结出以东风村为基础的农村电商“沙集模式”。仅 2014 年以来，《人民日报》报道东风村就多达 4 次，尤其以长篇文章——《一个被互联网改变的村庄》影响最大，东风村随即有了农村电商“小岗村”的外号。而中国社科院、阿里巴巴集团更是联合发布了“沙集模式”的研究报告，让东风村成为农村电商发展的膜拜对象，仅 2014 年各类参观访问考察团就达 300 多个。

仔细观察东风村的电商历程，完全可以用“草根的无中生有”来概括，这是一群外出务工返乡青年引领下的农村电商运动，硬是凭空创造出一个村庄原来没有的产业，足以体现电商在农村经济社会发展转型中的重要作用，为更多的农村发展电商提供了现实的样板；而东风村从无到有、从有到优的发展壮大及调整升级过程，也揭示了农村电商发展的一般规律，为更多的农村电商发展提供了借鉴。

纯属“意外事故”

东风村的电商起步基本属于一次“意外事故”。东风村的村民过去大多从事传统的种植、养殖和粉丝的生产加工，曾有一段时间，回收废旧塑料甚至成为村民赚钱的主要营生，但后来生意却越来越不好做，于是与众多的中国村庄一样，大量的青壮年劳动力外出务工。2006 年 3 月，当时 24 岁的孙寒在当过保安、卖过黄酒、应聘过移动公司客服经理后回到了东风村，尝试在淘宝网上开店创业，他把手头积攒的 30 张面值为 100 元的充值卡，以每张 95 元的价格挂在淘宝网上，“没想到一个晚上就卖光了”。此后孙寒又代理过小家电、创意家居，但生意不温不火。2007 年的一次上海之行让孙寒发现了“新大陆”。一些别致的简易、拼装木质家具吸引了他的目光，于是他买了几件样品回村，然后请木匠、改进设计、加工生产、上网销售，第一个月就销售了十多万元，有的产品利润率甚至超过50%。后试销简易拼装家具获得成功，引得乡亲纷纷仿效。正如《人民日报》报道指出的——草根的创业热情一旦被点燃，就像石头缝里钻出的小草，顽强坚韧、生生不息。沉寂的村庄一旦插上互联网的“翅膀”，犹如涅槃的凤凰，内生出分子裂变式的爆发力。

无中生有的逆袭

自从村里开起第一家网店，东风村迅猛“逆袭”，“无中生有”地出现了一个产业、一个完整的产业链条，一跃成为睢宁县名噪一时的“明星村”：1 180户，到目前超过六成触网，经营2 000多个网店，交易额突破10亿元。随着电子商务在本地的快速发展，不产木材的沙集镇居然形成了规模可观的家具加工制造业，品类齐全、各式各样的家具在这里几乎都制作。东风村见证了从过去的破烂王到今日的家具大王，从一个村的聚集到一个镇的繁荣。2012年6月，沙集镇淘宝网店达到3 040家，其中天猫商城有126家。据统计，2013年，东风村物流快递月出量就达到1 000余吨，近万件。一时间，小镇喧嚣、熙熙攘攘，俨然一个家具产业新区。

天花板下的转型

但随着产业的做大，成长的烦恼与日俱增。主要压力来自三个方面，一是简单模仿遭遇发展天花板。随着网上销量的快速增加，沙集家具惹来了专利官司，2011年的“专利风波”一度让东风村经历生死考验。引用孙寒的话：“在2009年和2010年，利润最高曾经达到100%，甚至200%、300%。到了2011年，板式家具能达到20%已经不错了。有些几乎没有利润，只能赚好评。”这意味着，这个靠仿制廉价的中低档家具闻名的淘宝村，度过了最初的风光岁月之后，随着淘宝政策的变化，赚钱更难了。随后大家终于认识到品牌与专利的重要性，开始痛苦转型。二是产品定位形成质量天花板。之前，东风村做家具的板材多来自山东临沂，这种板材曾有被检出甲醛超标的不良记录。2012年，淘宝商城将募集志愿者对家具抽检，如果甲醛一次不达标，则罚款2万元、扣2分，扣分达到 12 分店铺屏蔽 1 个月，扣 24 分终止服务协议。2012 年孙寒做出的第一个决定是，在协会网商间推广使用 E1 级的环保板材。E1 级板材每 100 克甲醛含量小于 9 毫克，是之前使用的 E2 级板材甲醛含量的 1/3。三是同业竞争带来产业模式天花板。由于沙集家具电商多为前店后厂的家庭经营模式，难免存在小富即安、低价竞争、创新不足的问题，从 2011 年开始同业竞争明显加剧，一批网店反映生意不好做，而松散的电商协会也难以发挥有效的行业服务作用，于是不可避免的转型只能开始，各个家庭网店开始分化，有的向企业化转型，有的联合成立更大的公司，还有的则可能被迫转让网店，去从事电商服务业或相关产业。

启示：东风村的实践一方面表明，农村电商可以无中生有，带给农村发展又一次重大机遇；另一方面表明，农村电商的发展也将遵循一般产业规律，在粗放增长之后，必须进行转型与提升，从单打独斗到集团作战，由个体为主向企业为主转型；从简单模仿到自主创新，逐渐开始自主品牌的建立；从单打独斗到产业链协同，带动配套产业发展；从村到镇再到园区，产业模式不断升级。

浙江义乌青岩刘村：近水楼台先得月

2014 年 11 月 19 日，随着李克强总理的到访，一个叫青岩刘村的淘宝村重回媒体的关注焦点位置——尽管这个淘宝村这几年没少上新闻，但总理的到访让这个淘宝村的名字有了如雷贯耳式的新知名度。这天傍晚，前往乌镇参加世

界互联网大会的李克强总理现身浙江义乌青岩刘村，村民闻讯冒雨赶来，把现场挤得水泄不通。李克强说，网店经营在你们村集中发展得最早，现在村里的网店数量已经是居民户数的十倍，网店在虚拟空间服务实体经济，开拓巨大的市场空间，你们不愧是“网店第一村”！总理说得没错，从数据看，青岩刘村确实是网店第一村，这个村本地人口有 800 多户，原本不到 2 000 人，如今注册网店有 2 800 多家，电商从业者有 1.5 万名，2014 年网上成交额超过 35 亿元，每天向世界各地售出超过 3 000 万件的各类商品。但现场点赞仅仅是总理肯定淘宝村的开始，2015 年 1 月 21 日，李克强总理在瑞士参加达沃斯年会时，发表了题为“中国经济转型的全球影响”的演讲，将青岩刘村的案例搬上了达沃斯；2015 年 3 月，李克强竟然一个月内两次为电商“站台”，再次提及青岩刘村调研的情况，要求“确定加快发展电子商务的措施，培育经济新动力”。青岩刘村到底有什么神奇之处呢？

青岩刘村的电商之路，是典型的传统经济转型之路

青岩刘村的电商发展并不如想象的那么美好，某种程度上是逼出来的。原来的青岩刘村是一个典型的城中村，背靠驰名中外的义乌日用百货批发市场，大多数村民主要依靠旧城改造时形成的空房出租来生活，是名副其实的房租经济。但 2008 年这个村子同时摊上两件大事，一件是全球金融危机来袭，批发经济受到巨大影响，房租收入也受影响；另一件是义乌日用百货批发市场另迁新址，对于依赖房租生活的青岩刘村更是雪上加霜，租金一路下滑，原本悠闲的村民开始焦急。当时任村支书的刘文高在调研中发现，村里一共有 124 家做淘宝网销生意的租客，在外贸批发受阻的背景下，这些以内需为目标的淘宝客没有受到丝毫影响，反倒生意越发兴隆。于是刘文高开始推动村上利用淘宝平台进行经济转型，通过发展电子商务带动村民的房子出租，同时给失地村民提供就业和创业机会。他一方面把当时的 100 多家淘宝网商集中起来培训提升，然后在村上普及开网店创业的知识和经验；另一方面，积极为网商营造更好的发展环境，实现 4 兆光纤入户，无线网络全覆盖；成立网商协会，降低物流成本等。一家家纸箱店、摄影公司、网页设计公司、广告公司、包装箱及胶带供应商如雨后

春笋丛生，淘宝创业者基本上不出村就能满足工作、生活的一切需求。经过几年的努力，青岩刘村逐渐吸引着来自全国各地的年轻人来到这里创业，也使得青岩刘村的房租租金日渐攀高，如 30 平方米的地下室，月租金就从 3 500 元跃升到 6 000 元。朝淘宝村的转型，给每个村民提高了 3 万元的年收入。

青岩刘村的电商之路，也体现着“互联网+传统产业”的创新之路

为什么青岩刘村的电商会这么火，如果仅有电商孵化基地则是不够的，其扎根于义乌小商品城这个庞大的实体经济旁边，才是成功的根本秘诀，正应了中国一句俗话，“近水楼台先得月”。只有在号称没有什么买不到的义乌，才让网商的经营变得这么轻松，成熟的产业配套、便捷的交通物流、先进的研发设计，让网上卖什么、怎么卖基本不成问题，只剩下网商想着办法去如何卖得更好。由于义乌是一个典型的外向经济，无论是小商品城，还是聚集在这里的网商，都是眼睛向外，瞄准着国际、国内的大市场，而且商品种类极其丰富。所以，在青岩刘村，同质竞争的问题也比一般的淘宝村要轻。目前，青岩刘村网商经营的行业开始百花齐放，突破了“日用百货”单一优势行业的局面，玩具、十字绣、假发、五金工具等都成为新的交易热品。但更重要的是，由于网商的大量产生，义乌的小商品生产配套体系开始随着电商而变革，一个叫作“网批”的新名词开始诞生，即专门为网商提供商品服务的网络批发商，一般的网商基本上不用考虑生产、仓储甚至物流的问题，卖多少，在网络批发商那里取多少，甚至也不用取，直接通过后台系统，让网络批发商代发货；而网络批发商则可以依据网商的需求，灵活调整生产系统，加快研发适销对路的产品，并实现了订单生产，小批量多批次，满足市场的个性消费，如汇齐思一家就涵盖了 1.3 万种商品、拥有 9.8 万个会员。一个小商品的产业体系因为电商而发生深刻变革，这正是“互联网 +”与一般传统产业融合的充分表现。

青岩刘村的电商之路，也展示了一条新经济背景下的全民创业之路

李克强总理多次举出青岩刘村的案例，一个重要的原因是淘宝村侧重的青年创业热潮，这恰恰是总理提倡的“全民创业、万众创新”的典型代表。今天

的青岩刘村，已经创造了“一台电脑外加租一间房子，就能来青岩村创业”的神话，物流、网络、包装、招工及第三产业都逐渐形成了集聚效应，大量的创业青年从全国各地来到青岩刘村，利用这里齐备的电商生态系统和完善的产业配套开启自己的创业之梦，等到发展到一定程度，再独立出去，到更大的平台上去发展。许多从青岩刘村起步的草根创业者，目前已成为义乌当地电子商务行业举足轻重的人物，他们成立了自己的实体公司，或者创建了自己的贸易网站，包括后来成为全球十佳网商的何洪伟和刘鹏飞。据调查，义乌 90% 以上的大网商都是从那里走出去的，如“福馨”、“紫薇”、“汇奇思”等。显然，电商正在成为青年可以充分依靠的创业新领域，还蕴藏着巨大的空间，特别是在电商生态较为完善的情况下。

既然青岩刘村已经成为一片网商创业的热土，那么今后的发展也必然向巩固和提升这片热土的含金量方向前进。2015 年 3 月 31 日，青岩刘村电商发展迎来又一个里程碑——“网店第一村”电商创业实验室正式启动。据了解，这是全国首个电商创业实验室。根据《义乌商报》报道，创业实验室由青岩刘村与义乌工商学院联手打造。青岩刘村为创业实验室免费提供位于黄金地段的房屋，义乌工商学院派出相应领域资深教师负责创业实验室的具体运作。根据功能定位，目前已开通淘宝、天猫、阿里巴巴、京东、速卖通、O2O、eBay、Wish、亚马逊、移动电商、跨境物流、影像展示、文案创意、电商产业、视觉设计 15 个电商创业实验室，每个实验室都由一名专业教师和数名在校大学生组成。创业实验室的投建，预示着青岩刘村的电商创业服务将进一步升级，更加专业、更加全面，也更加值得期待。

广东揭阳军埔村：能学来的与难学的——从淘宝村发育模式看农村电商的行政推动

阿里巴巴发布的首批中国“淘宝村”名单中，有广东省揭阳市揭东区锡场镇的军埔村,这也是广东省内第一个有据可证的“电商村”。根据相关资料介绍，军埔村本是一个“食品专业村”，近年来食品加工厂生存艰难，村人也多外出谋生。但村中一些在外做服装生意的青年开始回乡创办淘宝店，该村于 2013 年 6 月进入官方视线后，揭阳市提出要打造“电子商务第一村”。不到半年的时间，该村很快就发展成“淘宝村”——490 户、2 690 人的小村，近半人开办 1 350 家网店，在不到半年的时间里交易额翻了数番。2013 年“双十一”网购节过后，该村创造了超过 1 亿元的销售纪录。目前经营的商品主要依托揭阳金属不锈钢制品、服装、玉器等六大传统优势产业，全村网上交易额目前已达到每个月 4 500 多万元人民币。研读该村相关资料，可以发现这个淘宝村的崛起主要基于如下因素。

行政推动，市长亲自抓

让军埔村快速走上规范化、产业化道路的，是当地党委、政府对新业态的敏锐捕捉。市上领导调研后决定，把军埔村不仅作为一个淘宝村而且要作为“电子商务第一村”来打造，政府部门迅速采取了一系列扶持措施，主要包括：把从业主体培育起来，成立协会，强化培训，使之迅速成为市场主体；把产品供应保障起来，推动各大制造业与电商村合作供货；把基础服务提高起来，完善通信、交通、教育、文化等配套建设；把资金瓶颈破解开来，发放贴息贷款、建立诚信基金。一系列扶持政策的密集初台，完成了一般淘宝村需要几年才能走过的自发成长过程，在较短时间内取得明显成效。而市长陈东更是成为村里的熟客，晚上也会来到村里散步，到各个店了解情况，其用心不可谓不多。

人才当先，青年做主体

做电商是互联网技术与商务的结合，既不是传统商业行为，更不是传统商业思维可以从事的，大量的专业人才是电商的决定性因素，一批具有互联网思维的年轻人因此成为电商的主体。在军埔村的电商进程中，从广州“转移”回老家的“85后”是村里的淘宝大户，也是军埔村淘宝事业的先行者和生力军，等市上决定全力打造“电子商务第一村”后，又有一批青年人才返回村中从事电商创业，迅速呈现“众人拾柴火焰高”的集群创业热潮。

扶持启动，资金加培训

农村电商是一个新业态，需要良好的创业理念、清晰的创业思路和具体的实践技能，专业的培育指导不可或缺。同时，农村创业普遍面临资金瓶颈的制约，特别是缺少积累的年轻人创业，尤其如此。资金加培训，是淘宝村发展中最需要的两项扶持。2013年8月23日，揭阳市政府组织的首期电商人才精英培训军埔专场开班，为期两个月，为军埔村的淘宝店主带来从网店运营到淘宝直通车、从市场营销到网店设计、从融资到网商品牌战略等多方面的咨询讲解。此后，政府陆续组织电商业界和淘宝大学的专家前来为村里的淘宝店主学员指点迷津，村上的“淘宝教室”美名远扬。考虑到返乡创业青年多数经济薄弱，揭阳协调金融机构拿出了1 000万元的贷款，财政贴息50%。一批青年在快速贷款机制的支持下，赶上了“双十一”的销售高峰。

突出营销，代工搞生产

军埔村的运营模式中，品牌商、普通开网店村民和代工厂三个环节紧密结合，村民形同分销商，将品牌商信息发布在网上，接订单后再从品牌商那里拿货，包装邮寄给顾客，批发商承担了商品积压的风险，而村民几乎“零风险、零成本”。这也是电商创业最理想的状态，即有东西可卖、东西好卖且东西不压自己的手。当然，初期起步可以这样，最终要打通产销的链条，军埔村已经规划产业园区和品牌化提升问题了。

再回过头来看，军埔村的淘宝村的成长经历，还得益于一些独有的因素。一是有一定的发展基础，此前已经有电商创业，有人才，有一定规模；二是有党政领导的认识到位和行政的强力推动，从而迅速发展和提升；三是有成熟的商业环境支撑，地处珠三角，无论是人的思想与创业环境，还是商业体系与配套设施，都较为先进，像军埔村就拥有全粤东网速最快、成本最低的互联网络，青年人的回村创业能得到认可与支持；四是成熟的产业配套，本身当地就有强大的服装、制鞋、玩具、陶瓷等产品生产能力来支撑，更有服装、制鞋、金属等企业协会进驻村中。如果说本文前面总结的四条是可以复制的经验模式，则现在提到的这四条独特因素不太好学，可能很多中西部地区的农村本身很缺乏电商基础和人才，党政领导的认识与措施也难以达到；更重要的是，那种相对成熟的商业环境、产业配套和发达的物流体系一时半会儿是学不来的，但政府的推动力却显得更加重要。

淘宝村的过去崛起与未来突围

阅读淘宝村相关资料的时候，笔者总是不由自主地联想到乡镇企业。20世纪80年代，农村在实行家庭承包经营不久便兴起了乡村工业的浪潮，“泥腿子”上岸，就地搞起了第二产业，一时间“村村点火、户户冒烟”，到20世纪90年代初，乡镇企业竟然吸纳了1亿名农村劳动力，成为中国工业化的重要力量，农民“离土却不离乡”的工业化确实是又一次伟大的创造发明！关于乡镇企业蓬勃发展的这一段历史，常用的官方表述是“异军突起”。但好景不长，在国企改革加速、外资加快进入、私人企业兴起等因素的影响下，乡镇企业产权不明、体制不活、技术不高等弊端越来越严重，以春兰集团的衰退为标志，整个乡镇企业逐渐成为历史，让人唏嘘不已。随后，中国农民的命运被迫逆转，走上了“离土又离乡”的外出务工之路，期间的辛酸与造成的社会问题至今难以消解。

但星移斗转，30年后的中国乡村再次兴起了新的工商潮，这便是淘宝村。根据阿里研究院的报告，2015年中国淘宝村已达780个，覆盖活跃网店超过20万家，而且依然保持高速的增长态势，并日益向集群化方向发展。仔细观察淘宝村，会发现有一个很有意思的现象，就是淘宝村虽然在农村，但不姓“农”，主要还是做服装鞋帽等轻工业产品，而不是卖农产品。乡村何以具备了工业品的竞争优势？

为什么淘宝村会在网购时代成功杀出

笔者以前有一些思考，但读了《中国淘宝第一村》这本书后，又有了一些新的思考和梳理。

首先，笔者觉得是赶上了信息化时代的潮流。20世纪80年代乡镇企业兴起，赶上了短缺经济下的消费热潮，几乎造什么都能卖，一些乡镇企业起家就是几个桶、几把榔头。而到了今天，想在传统市场中杀出一片天地，对缺少资本和技术、更缺市场的农民而言难度极大。然而，互联网全面普及，全民网购兴起，农民坐在家里的电脑前就能闯市场，只要发挥好自己的比较优势，照样也能在电商时代打开空间。不过，信息化只是提供了一种可能；而淘宝村具有天然的成本竞争优势，最终让这一切成为现实。淘宝村的竞争优势大体有如下五点。

第一，人工成本低。吃住都在自己家里，起步之初也不用雇人，都是“父子兵”“夫妻店”“兄弟连”之类的组合，赚多赚少都是自己的；而且没有工作时间限制，再苦再累，心甘情愿。

第二，资金成本低。银行不给贷，农民自己借，基本上都是亲朋好友集资，有天然的信用基础在里面，一般也没有沉重的利息负担。

第三，土地成本低。刚开始是前店后厂，屋前院后，几十到几百平方米，简单搭建，照样生产出精美的各类“宝贝”；再要扩大的时候，村上会划出一片地来，根本不存在征地拆迁、高价赔偿之类的问题，产业扩张成本低。

第四，技术成本低。做网商虽然技术含量不高，但入门关就不好过，而农村的熟人社会恰恰弥补了这一缺陷。从《中国淘宝第一村》一书中可以看到，尽管孙寒等“三剑客”感觉开网店的人越来越多，会影响自己的生意，订立了“攻守联盟”，不再向外人传授开店技巧，但亲戚朋友的关系很快让“攻守联盟”土崩瓦解，乡亲纷纷入行，这在城市的生人社会是不可想象的。

第五，信息成本低。信息不对称下的博弈最终往往使农民受伤，以往的订单农业最为典型。但铺天盖地的互联网极大地弥补了农民的信息短板，更重要的是，还有带头人的信息探路，他们已经把路子趟出来了，大家只要跟着走就行，“羊群效应”在淘宝村表现得淋漓尽致。

由于上述原因，淘宝村在网上的竞争优势就显现出来，即便宜实惠，恰恰符合“实惠淘宝”的定位。

“两头在外”的淘宝村还能走多远

上述从市场的角度探讨了淘宝村的竞争优势，现在再换到产业的角度。淘宝村从事的产业，还有典型的“两头在外”特征，即原料在外、市场在外，村子只是一个加工包装分散的基地，这一点又颇有东南沿海一般加工外贸产业的特征。按理说，今天的工业已经到了向智能化、信息化过渡的新阶段，淘宝村的产业似乎又传统了些，然而它们却实实在在地生存在乡村的土壤上，这是值得深思的。

“两头在外”的一般加工贸易模式是中国经济腾飞的重要支撑，借助于低廉的劳动力成本和较低的行业门槛，东南沿海自20世纪90年代以来兴起的服装纺织、玩具制造、电子产品等产业，基本上原材料从世界采购，然后再走外贸渠道，卖到世界各地，中国制造由此铺天盖地。但所谓的比较优势总是处在变化之中的，经过20年的时间推移，中国一般加工贸易的优势正在逐步丧失，核心是劳动力成本的上升，于是这些产业出现向东南亚转移的趋势，很多此类企业积重难返。在此情况下，淘宝村的“两头在外”模式却茁壮成长，难道不令人感到惊奇吗?

归根结底，还是具有竞争优势，符合市场经济规律。上述总结的五个优势，使淘宝村的产品具有竞争力。同时，淘宝村的主要产品不是卖到国外，而是卖到网上，其面临的竞争对手目前不是世界，而是网上的同类产品，上述优势已经够了。更重要的是，在基础设施大大健全的今天，乡村工业化的基础条件已经改变，一般工业理论上的乡村劣势正在转变为优势。这也是这些年一些纺织电子工业开始向县域甚至乡下转移的一个重要原因。如果顺着淘宝村的发展趋势再向前推测，那么在互联网的新经济基础和传统基础设施改善的双重作用下，中国的乡村是否又会兴起一次轰轰烈烈的乡村工商业复兴?一如众多专家对“沙集模式”点评的那样，开创以信息化带动工业化的新路子。这也在启示我们，一般加工贸易并非只有向第三世界更贫穷国家转移一条路，还可以将目光对准中国的广阔乡村。如果是那样，则真的又应了“三十年河东、三十年河西”的老话，而农民也可以再次回到改革开放初“离土不离乡”的理想状态，中国的城镇化格局又将为之一变!

但是，这一切也不会轻易实现。因为淘宝村今天从事的产业非常传统，竞争的优势并不能说是十分突出，也没有进入的门槛，一旦扩散开来，同质低价竞争几乎不可避免，而农民一般欠缺技术创新、管理提升和规模扩张的实力，如果不能及时转型升级，那么又将可能重蹈乡镇企业的覆辙，这无论如何都是我们不愿意看到的！

让淘宝村走得更远，政府、平台、企业、网商、学界等各方力量还需要做出更多的努力。

4

县域电商——县长的新课题

2014 年 7 月，由阿里巴巴集团主办的全国首届县域电商经济与电子商务峰会在杭州举行，来自全国各地的 176 个县长不约而同、共同探讨县域电商发展课题。为什么县域电商似乎一夜之间成为县长热议的话题？答案主要来自两个方面的原因。

一方面，是传统县域经济发展面临转型的压力。经济下行压力增大，财政支出压力增大；招商引资的土地、环境约束越来越严，产业转移承接困难；经济转型升级面临基础设施、金融环境、人才支撑等现实制约；经济要素流出格局没有扭转，工业化、城镇化、农业产业化、信息化难以同步。在此情况下，县域经济的发展确实需要新元素、新动力，而电商经济却在 2008 年世界金融危机之后逆市而涨，发展十分迅猛，并加快向县域渗透，恰好为县域经济发展转型提供了新动力。

另一方面，是已经实践的县域电商带来了成功经验，展示了县域电商的现实潜力。简而言之，电商带给县域经济五大积极影响，一是民生新福祉，让农村群众享受到了信息化的红利；二是消费新热点，让中央农村工作提出的开发农村消费市场有了实现的可能；三是创业新载体，让农村青年返乡创业有了好的载体；四是增收新渠道，以电商促进农产品销售增加农民收入；五是转型新动力，以电商为切入点推动经济发展转型升级。

也正是在这样的背景下，县域电商风生水起，一时成为县域经济发展的竞争新亮点，一大批县长挽起了袖子、甩开了膀子，准备大干。

2014 年 9 月，阿里研究院推出《阿里商业评论（第二期）》，做了一个县域电商的专辑，初步梳理出 9 种县域电商模式，加上后来总结的陕西武功，共 10 个模式，各有特点。还有作为县域电商领头羊的浙江义乌，虽然与一般的以农村电商为主要内容的县域电商明显不同，而且发展方向也与一般的县域电商明显不同，但依然对县域电商发展有着可资借鉴的意义。受淘宝大学的邀请，笔者对这 11 种模式进行了初步的对比研究，提要概括，以供参考。

总体而言，浙江遂昌是农村电商的全面探索者，以政府的背书推动农产品电商，以电商生态的构建推动县域电商，以赶街项目开创了农村电商的先行试验；浙江义乌是网上的再造，起得早、动作快，让小商品城在网上实现了又一次超越，今天又向跨境电商高地迈进；浙江临安是线上线下齐飞，将线下成熟的山核桃产业推到了网上，实现电商与实体产业良性发展；浙江丽水的电商服务模式值得称道，“梧桐”工程收到了良好效果；浙江桐庐犹如大树底下好乘凉，以完善的基础、优越的地理区位和对农村电商的深刻认识，赢得了阿里巴巴农村电商第一个试点的落地；河北清河在传统贸易模式日渐式微的情况下，通过农民的首创、政府的积极推动，在网上实现了羊绒产业的二次繁荣；山东博兴的淘宝村双子星座的生动实践，演绎了县域电商的新农村包围城市，给人启示良多；浙江海宁的皮革电商历程，更让人清晰地认识了电商绝对不是产业的末端销售这么简单，而是对整个产业体系有着深刻的影响甚至是根本改造；甘肃成县则在县委书记的带领下，以微博作为载体，集中精力在一个核桃单品上下功夫，找到了贫困落后地区电商的一个有效切入点；吉林通榆在电商氛围、人才等条件匮乏的情况下，以系统的委托这种方式实现了农产品原产地直销模式的电商起步；陕西武功则充分利用了区位优势，突破了县域的限制，以“买西北、卖全国”的响亮口号实现了从县域电商到电商经济的跨越。每一个县域电商的实践都在启示着一个共同的问题，在千差万别的情况下，县域电商必须从实际情况出发，找到自己的真正优势，提出对应的有效措施，不可盲目照搬别人的模式，也不可简单地进行攀比。

电商带给县域经济转型升级新机遇

新常态下的县域经济面临发展新问题，也迎来了转型提升的新机遇，电商就是一个重要突破口。从理论与实践看，大力发展电商对于县域经济意义重大，应该加快推进。

一、当前县域经济发展面临的现实困难

自世界金融危机以来，全球经济增速下滑，传统的以外贸为导向的产业结构受到挑战，国际经济又与国内经济问题交织，从而引发“三期叠加”的转型期和新常态。从普遍层面看，当前县域经济有如下四个困难。

一是经济下行压力增大，财政支出压力增大。由此导致的现实情况是，经济增长乏力，财政收入增速放缓，靠土地生财的经营城市套路也因房地产不景气受到限制，但民生、社会建设的刚性支出却相应不断扩大，一些县域财政运转困难。

二是招商引资的土地、环境约束越来越严，产业转移承接困难。在前些年，一些中西部地区的县靠优惠的招商引资政策，承接了一部分东部的产业转移，实现了工业化的快速发展。但随着国家土地政策、生态要求的日益趋紧，目前的县域招商引资面临政策红线的约束。

三是经济转型升级面临基础设施、金融环境、人才支撑等现实制约。虽然经过国家一系列政策的调整，但县域经济处于整个经济发展低端的现实并没有改变，经济要素依然高度集中于大城市和中心城市，成为县域经济最大的现实瓶颈。

四是经济要素流出格局没有扭转，工业化、城镇化、农业产业化、信息化难以同步。由于县域经济面临的种种困难，虽然政府发出了鼓励人才回流的信号，但实际的情况远不够乐观，“四化”同步面临诸多现实制约。

二、电商对县域经济转型升级有五大意义

2015 年 5 月，国务院下发《关于大力发展电子商务加快培育经济新动力的意见》，进一步明确电商的战略性定位，要求“电子商务与其他产业深度融合，

成为促进创业、稳定就业、改善民生服务的重要平台，对工业化、信息化、城镇化、农业现代化同步发展起到关键性作用”。就县域而言，电商有如下几方面的积极意义。

一是民生的新福祉。县域电商特别是农村电商的发展首先满足了农村群众的民生便利，让他们真正享受到信息化带来的红利。以最简单的交话费为例，城里人用支付宝、用微信、到社区服务站，有多种便捷的选择，而农村人却只能出村到乡甚至要进城，时间成本、人力成本很高，十分不便。有了到村的电商服务站点，农民交电话费，买火车票、飞机票、去医院挂号等就可以在家门口办。再以商品的价格为例，越是边远地方，价格越高，电商却实现了更便宜，还能服务上门。再像每年“3·15”前后集中公布的农村市场假冒伪劣产品，确实触目惊心，康帅傅、娃洽洽、喜大郎之类的产品充斥农村，有了电商便可让农民自由地选择想要的好产品，更好地满足其消费需求。

二是创业的新载体。要让年轻人回到县以下，必须满足两个基本条件，即职业要体面、收入要可观。其中，职业要体面是前提。我们喊了很多年，年轻人回来吧，明天谁来种地，但回来的并不多。但互联网时代的到来，特别是电商的兴起，让一批年轻人愿意回来了，因为职业体面了，虽然收入目前还不高，但年轻人喜欢。而且，电商创业一般只要一台电脑、一根网线，注册一个淘宝账户就能开张，启动资金只需几千元，产品由农民生产，发货由物流公司代理，自己只需用好网络即可。一些青年只要有好产品、方法得当，在网上几个月就能致富，满足了年轻人的要体面、收入好、挺时尚的创业心理。吴堡县郭家沟镇返乡大学生郭荣亮，在淘宝开店销售红枣、小米等当地土特产，在团省委的帮扶下，通过义卖家乡滞销红枣、供销《舌尖上的中国 2》中的老张家手工挂面等，店铺销售蒸蒸日上，年销售近百万元，带动了当地一批年轻人从事电商创业。年轻人的回流，成为县域经济最活跃的转型升级因素。

三是增收的新渠道。电商把生产、销售便捷地联系在一起，不费功夫，不需要大的投资，收益十分明显。目前，农村电商从业群体一般人均月收入为 2 000～5 000 元，而未上网农民人均月收入则一般为 1 500～2 000 元，前者已通过电商迅速成了“村里的白领”。特别是一些地方特色农产品，长期经受多重中间商的盘剥，使农民收益并不高，有了电商平台后，这些农产品可以直接与消费者见面，不仅大大减少了中间环节，而且使农民明显增收。有“中国芒果之乡”之称的广西田东，网络营销非常红火，一般当天摘果，当天发货，3～4天就送到消费者手中，赢利空间更大，网店比实体店成本低，而且芒果附加值比实体店高。2015 年 7 月，已经有 3 500 多家网店销售田东香芒，县物流企业达 50 多家。一旦遇到了滞销，电商还能发挥促进产销对接的作用，缓解滞销现象。

四是消费的新热点。随着农民收入水平的增长，农民消费水平提升，但农村消费环境还不尽如人意，电商为县以下消费品市场提供了便捷通道。研究表明，消费者通过网络零售消费的 100 元中，约 61 元是替代性消费，也即从线下消费转移到了线上；但另外的 39 元，则是因网络购物的刺激而产生的消费增量；而三四线县域地区的网络零售对于扩大消费、拉动内需的作用则更加突出，新增消费占 57 元。浙江遂昌的调研表明，电商提升县域人均消费约 1 000 元。淘宝网农村订单金额比例由 2013 年第一季度的 8.65% 上升到 2015 年第一季度的 9.64%。2015 年，仅县以下的农村电商交易规模就达到 3 530 亿元，增长 96%。

五是转型的新动力。2014 年中央农村工作会议提出要加强一、二、三产业融合，“第六产业”呼之欲出。电商恰恰是推动县域三产融合的有力抓手。电商在农村的发展不仅渗透到传统产业之中，更是深刻的影响与再造，甚至催生农村新的产业，这是农村传统产业模式不可想象的。比如，目前的农产品上网，普遍面临标准化程度低的问题，电商运用现代信息技术和科技手段进行了系统性的产业链改造，这对农业生产方式的影响是深远的。电商带动了配套的生产、加工、储藏、物流和电商服务业的发展，增加了就业，为县域经济注入了新活力。可以说，电商将为县域经济转型的提升带来持久动力。

三、推动县域电商发展的五条关键举措

在电商日新月异、加速发展，农村电商已经整体爆发的今天，县域电商要从提高认识入手，采取有力措施，实施追赶超越计划，努力在互联网时代实现县域经济的“拐弯超车”。

一是要把提高认识作为基本前提。电商对于县域而言，还是新事物。当前县域电商发展所表现出的种种病灶，梳理出来的最重要一条原因就是认识不清楚，没有完全认识什么是县域电商，更没有想明白县域电商要抓什么，总想着发个文件、出个规划、拿些资金就会有用，但实际上往往推不动。所以，首要任务是，系统地学习电商、深刻地研究电商，搞清是什么、干什么、怎么干这些基础问题，特别是地方党政的主要负责同志，尤其要注意学习。所以，要进一步在领导干部中普及电商知识，提高对县域电商的认识，把好发展县域电商的入口关。

二是要把因地制宜作为基本策略。县域之间的情况千差万别，发展县域电商决不能人云亦云、简单模仿、千篇一律。一定要深入剖析本县的电商优势、劣势，从而提出切合实际的发展目标，再提出对应的政策措施，列举出需要支持的重点领域和环节，务实推进。尤其是借鉴别的县电商发展模式时，不仅要看共性的特点，如领导重视、措施有力、资金给力等，更要注意难以复制的地理区位、产业基础、配套服务等因素，后者更能决定一个县能搞什么电商、不能搞什么电商。像陕西武功按照“买西北、卖全国”的思路迅速实现电商超常规增长后，一些参观学习者仅仅将其概括为招商引资模式是不客观的，忽略了其作为电商洼地的独特优势，一旦要照抄，成功的可能性几乎为零。

三是要把人才培养作为关键要素。电商是互联网产业与传统产业的融合，需要一大批熟悉互联网知识与技术的现代人才，目前全国县域电商人才缺口为200万人，农村电商人才基础更是异常薄弱。发展县域电商，要坚决把专业人才培育放在重要位置，通过优惠的政策吸引一批，通过创办培训基地和电商孵化基地培养一批，通过配套创业贷款等政策扶持壮大一批，以人才引领农村电商发展。人才的培养要注重细分理念，人手、人才、人物并举；树立质量意识，找靠谱的培训机构，找优质的讲师。更重要的是，要从培训向培养转变，培训是入手，后续服务与扶持要跟进。

四是要把打造生态作为重要基础。各地的实践反复证明，县域电商是庞大的系统工程，单个环节突破较难，就像种庄稼，有苗无土活不成，缺水少肥长不大，必须动用政府各方面资源，共同打造一个适合幼苗生长的土、水、肥、光、温、气的良好生态出来，让幼苗茁壮成长。政府要用好供给侧思维，在降成本、补短板上尤其用力，让网快起来、收费降下来；让物流也快起来、收费降下来；要对配套的仓储物流、电商服务等实现一条龙式的服务，真正实现全方位支持的良好电商环境。

五是要把有效的行政推动作为抓手。从已经公布的县域电商模式看，共同的特点是政府推动，特别是在西部欠发达地区，政府的作用更为重要。考虑到电商的综合性、复杂性，各地的共同经验表明，电商是一把手工程，即没有县委、县政府一把手的重视与直接推动，是很难取得明显成效的。而且，有一把手书记或县长抓还是不够的，必须让相关部局的一把手、各乡镇的一把手都相应地动起来才能奏效。同时，作为县域电商的居中协调和办事机构，一个县的商务局长或电商办主任就显得十分重要，如果选人不当、业务不熟，则同样可能将书记、县长的宏伟设想实施不下去，这又是各地现实推动中总结出来的深刻教训之一。这让人不得不回想起毛泽东主席的话，正确的政治路线确定之后，干部就是决定的因素。

总之，县域电商到底抓什么的问题，可以一言以蔽之，就是电商需要什么服务，政府就提供什么服务；电商需要政府如何改革，政府就应该如何改革。

浙江遂昌：农村电商的全面探索者

在所有县域电商的案例中，笔者最看重遂昌的案例，因为其在基础条件较差的情况下，靠自己一步一步的探索，为广大的山区县和中西部电商后发地区趟出了一条由农产品电商到县域电商之路。2012 年遂昌县实现电商交易额 1.5 亿元，2013 年 1 月淘宝网遂昌馆上线，2014 年赶街项目启动，全面激活农村电商。目前，这个仅 7 万人口的小县城已有 6 000 多人从事农村电子商务产业，开有 1 500 多家淘宝店，2014 年实现网上销售额为 5.3 亿元，同比增长 76%。其中，农产品销售额为 4.1 亿元，同比增长 70.8%，初步形成以农特产品为特色、多品类协同发展、城乡互动的县域电子商务“遂昌现象”。由于遂昌在电商方面的探索，不仅路径独特，而且内容宽广，所以从如下三个层面进行分析。

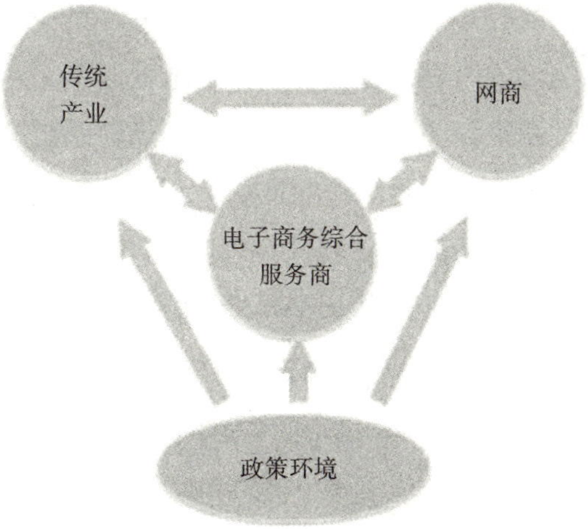

制图：阿里研究中心 Copyright©Aliresearch

遂昌模式示意图

遂昌农产品电商：政府的背书

遂昌的电商是从农产品起步的，并且带有明显的政府推动痕迹，但与一般行政推动不同的是，遂昌较好地分清了政府与市场的边界，以有形的手为无形的手服务，充分发挥协会组织的作用，让市场主体全面发育，取得了良好效果。

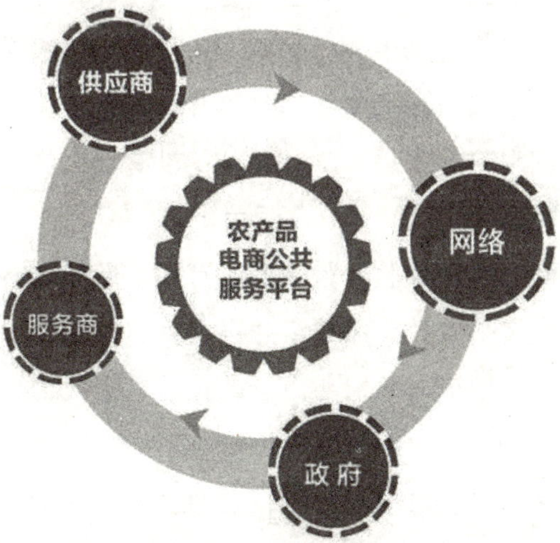

众所周知，农产品电商面临的一个重大困难是标准化程度差、食品安全难

以让人放心。但这一情况并非一两个企业可以改变，是一个非常庞大的系统工程，非由政府主导不可。所以，遂昌的农产品电商起步之初，政府必须发挥应有的行政推动作用，在整合产业链上下功夫，不仅要系统开发全县的农产品资源，还要科学包装营销，更需要统一标准、保证质量。但政府又不能直接成为市场主体，必须以一定的形式来实现这一作用，于是网店协会起到关键作用。遂昌电子商务协会的性质是农村电子商务公共服务平台，自负盈亏。后来又进一步发展到协会＋公司，强化服务。遂昌县网店协会成立于2010年3月，主要承担平台公共服务项目；浙江遂网电子商务有限公司成立于2011年3月，主要承担协会旗下增值服务项目。

2012年，遂昌网店协会会员有1 470多家，其中网商有1 268家，供应商有164家，服务商有41家，提供近5 000个就业岗位。县政府出台“全民创业支持计划”及配套政策，每年不低于200万元财政补助，建设3 000平方米的配送中心和遂昌农产品检测中心，建立“政府＋农户＋合作社＋网店协会＋淘宝网”多方负责的品控机制。农民只负责养殖或者种植，产品由当地合作社收购，再由网店协会统一收购、统一仓储、统一配送、统一推广，农民负责电商的前半段，网店协会负责电商的后半段。这样，在表面的协会组织后面，是政府强大的支持，这就像政府以自己的信誉为遂昌上线的农产品做了背书，却并不显山露水。

还必须注意的一点是，上述所有这些完善的设计，最终是靠一个优秀的团队来执行的，特别是一个优秀的领军人物，这个人就是潘东明——一个在外创业返回家乡发展的遂昌汉子，人瘦小但眼界开阔，思想先进，一路带领遂昌电商跨过一个又一个门槛。很多地方学遂昌，却没有那么成功，缺少一个优秀的领军人物无疑是重要原因。

遂昌农产品电商的成功经验值得借鉴的有如下四条：一是系统开发，多产品协同上线，形成了遂昌农特产品的组团出击，容易形成市场的冲击力；二是以协会打通产业环节，解决了政府与市场的关系，把握了行政推动与市场主体发展的边界；三是政策扶持到位，出台的政策较为系统，也触及了发展的瓶颈；四是由政府出面，与阿里巴巴战略合作，上网之初得到了平台的推广，迅速形成了市场影响。

遂昌县域电商：电商生态的重构

在初期的“遂昌现象”之后，遂昌探索的步伐并未停止，逐渐提升为“遂昌模式”，即以本地化电子商务综合服务商作为驱动，带动县域电子商务生态发展，促进地方传统产业特别是农产品加工业的发展，“电子商务综合服务商 + 网商 + 传统产业”相互作用，形成信息时代的县域经济发展道路，初步形成“电子商务发展—电商服务业兴起—电商生态完善—传统产业升级—居民网络消费提高”的正向循环。

电商从来不是一个孤立的产业，既没有改变商业的基本逻辑，更不可能成为脱离实体经济的空中楼阁。一个强大的电商体系必须有强大的产业基础来支撑，有强大的产业生态来配套。从一般的实践看，当自发的农村电商主体发展到一定程度的时候，一定会出现对电商生态系统的强烈要求，因为随着电商规模的日益壮大，电商的各个环节开始相对独立成为一个独立的产业形态，逐渐会出现一个电商涉及产业的纵向一体化趋势和横向关联产业的协同发展趋势，客观上会要求越来越细的分工、越来越完备的产业协作。遂昌在农产品电商规模上亿元后，客观上已经出现对电商生态建设的强烈要求，必须顺势而为。由此，一个庞大的电商服务商系统开始形成。

2013 年，中国电子商务交易总额超过 10 万亿元大关，而同年中国电商服务商经营规模也突破 1 万亿元大关，越是电商发达的地区，电商服务商越发达。道理很简单，小打小闹可以“小而美”，一两个人可以干多个角色，让一个网店运行得不错；一旦生意做大了，就必须不断分工，这就意味着人才需求大增和成本相应上升。所以，当大规模的网店上线后，往往会出现不会运营的情况，各个网店要进行全功能的运营也非常困难，客观上需要一个服务平台去规划、营销、推广，让农民回归种植、养殖，让开网店的人回归到店铺运营，网商自己只需担任客服，其他都可以交给协会平台按需要整合和分配资源，比如四五个人的电商团队就需要一个设计师，完全可以由平台共同聘用一个设计师服务，对于专业摄影与美工，可能全县几个也就够了，这样才能节省成本。

遂昌在农产品电商演化为一个县域经济形态时的一系列做法，带来的最大启示是：一个成熟的电商必须依靠成熟的电商服务来实现，就是要依靠服务商与平台、网商、传统产业、政府的有效互动，构建新型的电子商务生态，由此才可以助力县域电商腾飞。

遂昌赶街：农村电商的先锋

目前的县域电商，整体还把目光聚焦于如何把本地的东西卖出去，无论是农产品也好，还是当地的消费型工业品也好，上网卖是一个主要追求。但随着农村的发展，让农村人也能在网上买东西成为一个现实的需求，中间同样蕴藏很大的商机。根据预测，2016 年中国农村电商消费总额将达 4 600 亿元，这无疑是一个让人心动的电商新市场。而遂昌的可贵之处在于，创新与务实结合，探索的步伐从未停止，又率先探索农村电商的落地问题，连马云也是在参观遂昌赶街项目之后才启动农村电商战略的。

遂昌赶街的功能定位是：建立“赶街——新农村电子商务服务站”，以定点定人的方式，在农村实现电子商务代购、生活、农产品售卖，基层品质监督执行等功能，让信息化在农村更深入地对接与运用。

2013 年 6 月，在浙江遂昌建立了第一家赶街村级电商服务站；2014 年 11 月，已经在浙江省 10 余个县建立了 800 个以上的村网点，计划两年达到 10 000 个网点。

电商下乡，面临的直接困难不少。第一个问题是很多村民家里没有宽带，没有电脑，上不了网。第二个问题是农村老人和儿童居多，会上网买东西的人少。第三个问题是物流，没有物流公司送货。遂昌赶街依托当地已有的小超市、小门店等建立村级电商服务站，赶街为每一个村网点提供一台可以上网的电脑，由便利店的老板为村民代发、代收包裹，也提供代买和代卖网上商品的服务。而在县级层面成立运营中心，综合调度信息流、资金流和物流，降低成本。

赶街项目的推出，拉开了农村电商的破局序幕，也直接启迪了阿里巴巴的战略布局，将农村电商提升为三大战略之一。赶街的意义在于：打通信息化在农村的最后一公里，让农村人享受和城市一样的网购便利与品质生活，让城市人吃上农村放心的农产品，实现城乡一体。赶街运营的关键点是，一个综合的运营公司、一批设立在村上的服务站、一个强大的服务链条、一个便捷的物流体系、一个高效的管理团队。显然，农村电商又是一个复杂的系统工程，无论是先期投入 100 亿元启动“千县万村”计划的阿里巴巴，还是雄心勃勃快速启动农村战略的京东,还有在 O2O 痛苦转型中力图通过农村市场赢得转机的苏宁，都不可以轻视这个系统工程的复杂性。

遂昌电商的发展带来的启示是多方面的：在农产品电商启动阶段，政府的积极作为十分必要，要有为本地农产品背书的决心和配套举措，并按照市场机制推动；在发展中期，必须适应电商生态形成的现实需求，大力推动电商服务业发展，推动转型升级；在农产品电商成熟之后，则应该从城乡一体化的高度进一步开拓县域电商的广度和深度，推动电商下乡，城乡互通，最终形成县域电商的繁荣。

浙江义乌：网上的再造

走进义乌，打造国际电子商务之都、打造跨境电子商务高地的宣传标语格外醒目，当大量的县域还在考虑如何启动电商的发展时，领跑县域电商的义乌人已经将目光转移到了世界，这让前来参观学习的外埠之人情何以堪？义乌人何以有如此底气，敢于喊出世界级的口号？因为网上已经再造了一个义乌，跨境电商可能还会再造一个义乌。

截至 2013 年 6 月 30 日，注册地在义乌的淘宝卖家（含天猫）账户达到 10 万个，超过义乌国际商贸城的商户数量（7 万家左右）。2013 年，义乌电商业交易规模达到 856 亿元，同比增长 64%，交易额超过实体市场。这样的数字意味着，当世人惊羡义乌国际小商品城的实体经济规模时，一个体量更为庞大的网上义乌已经形成。所以，在“电商百佳县”的排名中，义乌牢牢占据第一的位置。

县域电商第一的底气

义乌电商占据第一，有一些特殊原因：一是超前的意识，早在 2005 年就启动了电商战略，当时淘宝刚刚结束与易趣网争夺市场的战斗，整个网络零售市场才刚刚起步，但敏锐的义乌人已经抢先抓住了这一历史机遇，遂有今日之势。二是完整的产业配套。有规模宏大的义乌小商品城做支撑，向网上的转移显然要容易得多，而且成熟的产业体系完全可以支撑网上的零售与网络批发业务。义乌网商从义乌市场和本地厂家采购的量估计达 70%，而初创业的这个比例更是达 90% 以上。三是人才优先战略。电商与传统商业的载体、路径不一样，需要专门的电商人才，义乌市把人才培养放在重要位置，当别的地方几百、几千人搞培训的时候，义乌人提出了培训 30 万人的惊人数字。四是政策扶持到位，十多年的持续扶持，从奖励到基础完善到支持服务商发展，义乌形成了支持电商发展的一系列政策体系。

义乌只有一个

既然义乌电商已经发展到了这种程度，对于一般的县域而言，应该从义乌学习哪些方面？显然义乌的模式是独一无二的，但义乌推动电商发展的做法可以借鉴。主要表现在：一是对新兴业态的敏感，如果说义乌把握了电商 1.0 时代的先机，则今天的移动互联时代又为电商带来新的机遇，还有刚刚拉开大幕的农村电商，如何在新一轮县域电商竞争中跟上时代步伐，需要每个县域考虑清楚，并及时采取有效措施。二是在完善产业体系上下功夫，义乌电商已经进入电商服务商时代，网络批发商开始成熟，专门为网商做供应商；电商产品的设计研发开始可以外包，大量的电商环节发展成为独立的产业形态，支持更多的网商轻装上阵，今天的县域电商必须思考，本地的电商成长，其发育的土壤——以电商服务体系为基础的电商生态何在？三是把人才培养作为重要任务，产业再好，没有人做也起不来，义乌在电商人才的培养上可谓不遗余力，一批青年网商典型在义乌破土而出，并特别加大一般传统企业的网上转移力度，一般的县域电商在起步之初，又将依靠什么力量，他们在哪里？

作为电商规模第一的义乌，对于一般县域而言，确实是一个不可追赶的高度，但作为一个电商成功实践的案例，则义乌电商发展不仅是一个让人羡慕的标杆，更重要的是，义乌的经验可以充分借鉴，这就是义乌电商的现实意义。

浙江临安：线上线下齐飞

2014年，浙江省临安市通过网上卖出去的农产品超过18亿元，网商达1 100多家，农产品电商规模企业有38家，带动农民增收两亿元以上，农产品电商网销量在全国县域中排名第一，每10颗山核桃，有5颗半从网上卖出去，成功跻身于中国电子商务发展百佳县、省级电子商务示范市，白牛、新都、玉屏、马啸4个村成为全国百强“淘宝村”，清凉峰镇成为全省首批6个淘宝镇之一。汪洋副总理视察过的昌化镇白牛村，村里现在有56户网店经营户，占农户数的1/10，2014年农产品网销额为2亿多元。观察临安电商，其最大的特点是立足自己的优势产品——坚果炒货，发挥背靠杭州的区位优势，大力推进县域电商的发展。

强大的山核桃产业基础

在浙西北“九山半水半分田”的临安市，特色农产品山核桃一直是当地农民致富的“摇钱树”。临安山核桃又称为小核桃、小胡桃，因其核大、壳薄、质好、香脆可口而闻名遐迩，有“天下美果”之称，是临安“老三宝”之一，名冠江南，誉满神州。2003年，“临安山核桃”获得国家原产地标志使用权，2009年成功注册“临安山核桃证明商标”，24家企业获准使用；同年，临安市被授予“中国山核桃之都”，临安山核桃品牌价值超过10亿元。目前，临安山核桃年产值占全国60%以上，有大小山核桃加工企业200多家，年加工能力突破3万吨。

坚定地走线上线下结合道路

临安的电子商务起步较早，从2005年开始以一种草根式自主发展的模式产生。2012年，临安市开始按照线上线下联动推进的思路，积极搭建电商发展平台。用市委书记张振丰的话说，这是市场倒逼、政府推动和大众创业。在线下，临安大力推进产业基地建设，形成了电子商务科技园、中国坚果炒货食品城和电子商务专业村分工协作、配套发展的格局。在线上，临安形成了“一带一馆”的网销模式。2013年5月，建立阿里巴巴临安产业带，入驻企业达100家，成为全国坚果炒货网上批发第一平台。2013年9月，“淘宝特色中国·临安馆”开馆，农产品月销售额突破1 000万元。积极开展城乡村企联动，其中农产品电商示范村有 7 个，销售额为 500 万元以上的电商企业有 38 家，销售总额达到 5.65 亿元；形成“两园多点”的发展格局——临安市电子商务产业园、龙岗坚果炒货食品园（城）、多个农产品基地（村）。电商对山核桃产业的拉动作用十分明显，2014 年 9 月中旬，新货山核桃的收购价每斤约 25 元，到“双十一”的时候，收购价格涨到每斤 32 元左右，价格同比提高 25% 左右。这样一来，至少让当地农户增收 1 亿元。

不遗余力的行政推动

行政推动在三个方面着力：一是政策十分给力，先后制定下发《关于进一步加快电子商务发展的实施意见》《关于进一步加快电子商务发展的若干政策意见》（试行）《关于进一步扶持临安坚果炒货食品城发展的若干政策意见》等政策，2014 年已安排财政专项扶持资金 1 500 万元，重点扶持电子商务主体培育、平台建设、公共服务、培训交流等工作，2015 年还将增加到 2 000 万元。二是狠抓人才培养，与浙江农林大学、杭州电子科技大学、江南大学等院校共建电商人才培养机制，在浙江农林大学信息工程学院、杭州赢动教育培训有限公司、临安中职技校共建电子商务人才实训基地。同时，整合省农民素质提升工程、杭州农村实用人才培训、临安市职业农民培训等资源，充分发挥部门、高校、社会团体及镇村等力量，对大学生村官、返乡大学生、网店经营户、家庭农场主、合作社和龙头企业负责人等实行“菜单式”、分层式培训。三是注重宣传推广，按照“政府搭台，企业唱戏”的思路，通过论坛、媒体、评比等各种平台，向外推荐临安电子商务产业，组织开展了多个专题网上宣传促销活动，搭建集生产商、销售商、原材料供应商和电子商务服务机构于一体的合作共享平台。2012 年 10 月，临安市召开“2012 中国坚果炒货食品分销高峰论坛”，由来自全国各地的数百位坚果炒货巨商大贾汇集青山湖畔，畅谈坚果炒货分销，奠定了临安山核桃在坚果炒货行业中的重要地位。

农产品电商只是一个开始

上网销售只是临安农产品电商的一个开始，他们更远的目标是以农产品电商为切入点，加快发展农村电商，进一步延伸到旅游电商和其他行业。一方面，农产品电商不断创新，2013 年 9 月中旬，为期一周的山核桃天猫预售活动使农民在家中早早地收到了全国各地汇来的 10 万公斤预付款，也让“吃家”在“国庆节”前品尝到了最新鲜、地道的临安山核桃。2014 年 3 月，政企联合策划的“春雷笋记”——淘宝聚划算活动，7.5 万公斤鲜笋远销全国各地。认购核桃树等新的电商形式也开始试水。另一方面，加快电商覆盖三次产业。2014 年，临安电商村级服务站点已建起 15 个，到 2015 年年底，临安全市有望建成 200 个农村电子商务服务站点，通过整合村一级便民服务中心功能，为农村居民提供网上代购、代缴水电费、代购车票、手机充值等综合服务。集旅游、传媒、娱乐、生活、服务于一体的具有临安本土情怀的微信平台——微临安开始上线，全方位推进临安电商发展。

临安电商的启示：临安的实践再次证明了一个电商的真理，农村电商的发展，有可靠的基础产业支撑至关重要。在一个有成熟产业基础的地域，线上线下相互配合齐头并进，将会大大提高电商发展的成功概率，也会进一步全面提升产业发展水平，最终会在县域形成一个电商发展的空前广度与深度。

浙江丽水：梧桐工程有奇效

2014 年，丽水市电子商务销售额达 76.7 亿元，同比增长 53.6%。其中，农特产品网上销售总额达 16.5 亿元，同比增长 108.8%，增长势头迅猛。

2015 年前两个月，全市农产品网上销售额为 3.09 亿元，同比增长 73.6%。

在电商产业数据表现抢眼的同时，电商背后的数据同样让人振奋，2015 年 2 月底，丽水市电商创业者已有 10 813 名，九成以上是农村青年；全市有网店 8 654 家，吸纳从业者 22 198 人，同比均增长六成以上。缙云农民吕振鸿从一台电脑起步，硬是在网上打响了户外用品“北山狼”的品牌，带动家乡北山村成为第一批中国淘宝村。目前，该村有 400 多名村民开办网店，一年交易额过亿元。年交易额超过千万元的淘宝村，丽水已有 5 个；遂昌、龙泉等 7 个县（市、区）已跻身“全国电商百佳县”。

栽下梧桐树，引来凤凰还

观察丽水农村电商的发展，给人一种强烈的感受，即电商正在县域形成“大众创业、万众创新”的格局，一批年轻的草根，犹如千帆竞发一般，奔向电商的蓝海，掀起了农村电商的革命。然而，对于一个山区来讲，如何让外出的年轻人回来，从事农村电商创业，这是一个十分现实的问题，丽水市通过“政府投入、企业运营、公益为主、市场为辅”的机制，把政府服务与市场效率有效结合，成功打造了电商创业的“梧桐树”，从而吸引了无数的“凤凰”——大量人才和电商主体回流，这是丽水农村电商发展的最大秘诀。

机制有创新，巧栽梧桐树

“栽下梧桐树”，说起来简单，做起来并不一定简单。按照一般的做法，要发展电商，肯定要成立电商办公室、电商服务中心、电商协会等机构与组织。但往往形成的结果是，单一的行政推动，形成了一批官僚机构，却难以迅速发挥有效的作用。如何使机制活起来，是需要一点创新的。到丽水市看电子商务服务中心这个机构，第一印象有点儿“四不像”，说是官方机构，却由企业在运行；说是企业，却要承担政府职能；说是市场运作，明明干部也在里面，有公益服务任务；说是公益机构，却还在从事一些盈利的业务。但正是这样一个“四不像”的机构，恰好将政府的行政推动与市场机制的活力有效结合了起来。根据设定，电子商务服务中心具备四大功能：主体（政府部门、企业、个人）培育、孵化支撑、平台建设、营销推广，承担了“政府、网商、供应商、平台”等参与各方的资源及需求转化，政府每年根据电商发展需要，下达工作目标和配套经费，由服务中心完成；服务中心在完成政府下达的任务之后，可以向外开展有偿服务，包括走出去这样一种机制，让服务中心有了活力，有效地促进区域电商生态健康发展。

梧桐要成林，凤凰要成群

丽水青年电商创业俨然成为时兴的潮流，为助推这一创业浪潮，丽水出台了农村电子商务发展的实施意见，启动了青年网上创业行动，成立了青年网商创业联盟，并推出了青年网上创业信贷项目。目前，全市已累计出台农村电商专项扶持政策 17 个，扶持资金 5 000 多万元。刚完成整体装修的丽水市网商创业园，吸引了 30 多名农村网上创业青年入驻，在这里创业者将享受智能仓储等一系列支持，园区于 2015 年 4 月开始运营。

丽水的启示：县域电商在某种程度上就是一个栽梧桐的过程，有梧桐才能有凤凰，丽水的梧桐工程就是全力打造区域电商服务中心，帮助创业青年、电商企业做好配套服务，让创业青年和电商企业顺利孵化成长壮大，这是丽水农村电商的重要经验。

浙江桐庐：大树底下好乘凉

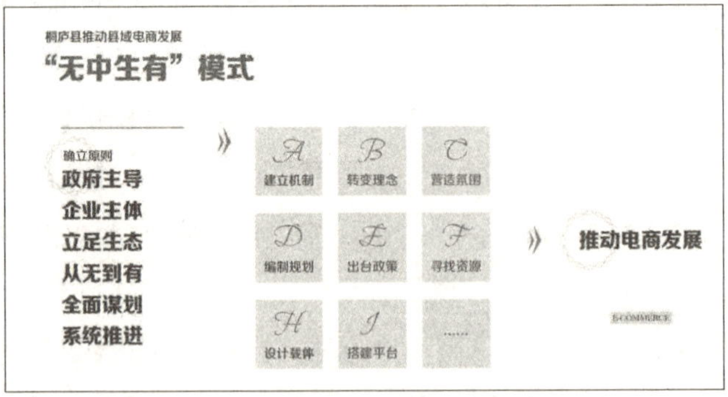

2014 年 10 月 13 日，浙江省商务厅和阿里巴巴集团在首届浙江县域电子商务峰会上签订了农村发展战略落地合作协议，桐庐被确定为首个试点县。阿里

巴巴持续与桐庐合作，而且将农村电商试点第一棒交给桐庐县，绝非偶然，仔细观察桐庐的电子商务发展情况，可谓“万电齐备，只欠农村”！

县域电商全面繁荣

2014 年，桐庐县已基本完成全年电子商务发展的“1234”工程，即一项规划（电商产业发展规划 2014—2020 年）、两个中心（县电商公共服务中心、电商仓储物流配送中心）、三大园区（汇丰大厦、海陆世贸、农产品电商产业园）、四大平台（一马平川文具电商、桐庐产业带、淘宝特色中国桐庐馆、桐庐购）。从分水制笔到横村针织，从传统产业到农特产品、休闲旅游，从少数企业到全面铺开，桐庐电子商务已经实现一、二、三产业全覆盖和文创产业等多层次、多领域的电子商务发展格局，同时实现 B2B、B2C、C2C、O2O、TP、微信、电视购物等传统电商模式和新媒体电商模式全覆盖。桐庐已有 5 000 多家企业利用电子商务平台进行企业宣传，在阿里巴巴注册的企业约 4 000 户。

地域优势十分明显

桐庐是杭州辖下的一个县，距离杭州市区只有 80 公里，是浙西地区经济实力第一强县，中国著名的物流之乡、制笔之乡，号称中国第三美县城，中国历史名画《富春山居图》的诞生地，可谓好山好水好风光。经济实力强，地理上属杭州后花园，阿里巴巴总部近在咫尺，在其他产业电商发展的基础上，确实需要农村电商的跟进。特别是近年来，随着消费者对农村空气、鲜食、青山绿水的需求增加，农家乐、乡村游、现代民宿、养老养生、运动休闲等新型业态将快速发展，而电商化带来的信息沟通和资金结算便利，将促进新型业态电商化趋势增强，让农产品基地、园区等成为城市居民的“私家菜园”，让美丽乡村、秀美山水成为城市居民的“私家花园”，让居民餐桌成为优质农产品的直供市场，从而使农村电子商务从原来的农产品电商向农村电商全面化演进。站在阿里巴巴的角度看，就近选一块合适的农村电商试验田，杭州旁边的桐庐具有天然的优势。

电商政策坚强有力

桐庐科学完善的机制体制、良好的发展氛围及进一步发展电子商务的愿景与阿里巴巴大力发展农村电商的步伐不谋而合。2014 年，桐政 2 号文件即为“桐庐县人民政府关于进一步加快电子商务产业发展的若干意见”，规定财政每年安排 1 500 万元用于电子商务发展资金，用于电商平台建设、专业人才培训、集聚发展及中介机构引育。阿里巴巴农村工作组考察桐庐后认为，桐庐电商企业发展迅猛，体制政策科学完善，农村资源布局良好，全县发展电商氛围浓厚，各级领导发展农村电商的态度坚决，各种要素都非常符合其试点要求，加之与桐庐产业带项目合作成功，更是对桐庐作为农村电商试点充满信心。一位亲自经历桐庐电子商务发展整个过程的工作人员说，财政预算要调整，倾向扶持电子商务，最主要的反对意见是，电商企业不缴税，不能支持。然而，桐庐县长方毅说，农村电商是民生问题。

三个关键问题的破题

那么，面对农村电商的一片空白，桐庐的农村电商体系怎么建？在参照遂昌赶街模式的基础上，采取了县有中心、乡有站、村有点的三级模式。

最让人关心的村级终端找谁建？很明确，利用现有商业点来建。一般村级淘宝服务站用村小卖部的店面，属于资源的整合利用，并不需要太多额外的投入，而且淘宝承诺承担全部先期资金，并指派技术人员支持。对村民而言，在正常的小卖部购物同时还能够在服务站进行网上购物和网上销售；对服务站而言，既能够开展网购业务，又能为店面带来人流，而且几乎不需要投资，非常具有吸引力。

村级服务站可以做什么？设计了五项内容。目前村级服务站提供网上代买、网上代卖、网上缴费、创业培育、本地生活五大服务项目。具体的运作流程是，村民不需要购买计算机，甚至也不需要会计算机，网购商品、淘宝开店、网上发布宝贝，支付收款全部由村级服务站代为完成。

农村距离城市遥远，快递怎么送？桐庐做到物流到村。阿里巴巴和当地邮政部门签订了一份协议，所有送到服务点的快递，先送到县城的农村淘宝服务中心，再由桐庐邮政统一配送至各个村。同时，申通、圆通、中通和韵达快递与桐庐县政府签订了“快递企业支持桐庐电商发展合作协议”，为淘宝的村级服务站计划提供物流支持。

桐庐农村电商的启示：发展农村电商要有良好的环境基础，桐庐具有良好的产业基础、电商发展态势，特别是物流方面，有村级单位物流全通的先天优势；也有良好的社会环境及政府部门的政策支持，从而成为农村电商试验田的首选。

河北清河：电商带来第二春

在县域电商的发展中，河北清河的情况与浙江义乌有些类似，都是在原有传统市场的基础上，实现了网上市场的繁荣。但不同的是，义乌提早着手，用电商引领产业发展转型；而清河则是在金融危机面前，依靠农民的实践换来“柳暗花明又一村”的盛况，再由政府抢抓机遇，全力推动网上市场发展，最终让羊绒产业迎来了第二春。如今，“电商”成为清河县最具特色的商业群体，清河也成为全国最大的羊绒制品网络销售基地。全县淘宝天猫店铺超过 2 万家，年销售为 15 亿元，羊绒纱线销售占淘宝 7 成以上，成为名副其实的淘宝县。

柳暗花明又一村

清河的羊绒产业一直在国内小有名气，发端于 20 世纪 70～80 年代，当时是中国最大的羊绒纺纱基地，羊绒原料占全国 50%，纱线占 60%，被誉为“羊绒之都”“羊绒纺织名城”。但由于销售渠道不畅和缺乏品牌运营经验，2000 年以后，羊绒制品的生产销售陷入低谷。2007年，东高庄村村民刘玉国开始尝试淘宝销售，用借来的数码相机，将自己生产的羊绒衫拍成照片传到网上，结果一发不可收拾，成为了全县有名的“淘宝大王”。在刘玉国的带动下，本村的刘玉肖、宋富强等人也加入淘宝的经营之中，并且获得了良好的收益，之后整个东高庄村掀起了在网上卖羊绒纱线的热潮。2010年前后，东高庄村成为全国首批淘宝村。东高庄村的成功在清河产生了巨大的示范效应，以东高庄村为核心，淘宝商户迅速向全县蔓延，黄金庄、许二庄、东张古等村相继“沦陷”。2014年年底，清河县形成淘宝村8个、淘宝镇1个，在全国县级行政区域中位居第三。

东风劲吹好借力

面对来势汹涌的农村电商浪潮，县委、县政府顺势而为，推动羊绒产业上网，升级转型。一是全网出击，在继续推动各类经营主体开设网店的基础上，建成新百丰羊绒（电子）交易中心，吸引国内近200家企业进行羊绒电子交易；建立B2C模式的“清河羊绒网”、O2O模式的“百绒汇网”，100多家商户在上面设立了网上店铺。二是园区承载，在基础设施建设方面加大力度，先后开建电子商务产业园、物流产业聚集区及仓储中心等一大批电子商务产业聚集服务平台。三是加工升级，对引进先进羊绒纺纱设备的，财政给予两年贷款贴息的优惠；对购买计算机横机的，每台则给予2 000～4 000元的补贴。羊绒纺纱生产线从6年前的40条增加到2014年的140条，计算机横机由过去的不足百台，增加到3 000多台。全县羊绒加工量虽与过去持平，但所创产值却由初加工占主导地位时的70亿元增加到2014年的160亿元，翻了一番还多。2008年前，清河县羊绒深加工产品只占整个产业的百分之十几，2014年已达到65%以上。四是实施品牌战略，12个品牌获中国服装成长型品牌，8个品牌获得河北省著名商标，24家羊绒企业跻身“中国羊绒行业百强”。如今，清河羊绒产业，不但形成了从分梳到制条、纺纱、织布、制衣、织衫、后整理销售等完整的产业链，而且原绒市场、毛渣市场、制品市场、梳绒机、横机配件市场、人才劳动市场以及物流等配套体系也建立了起来，羊绒产业全面迈进羊绒经济时代。

为有源头活水来

坚持网商需要什么服务，县政府就提供什么服务，先后成立三大中心。一是孵化中心，农民经营网店，需对网店进行设计，而网商不懂也不会，县里就请来了网店设计、摄影、美工等专业机构，服务于全县网商，在县职教中心设立常年培训班，免费对农民进行“淘宝网入门”“网店提升”等技能培训；二是研发中心，县里聘请清华美院等地的羊绒服饰设计人才，成立了羊绒制品工艺设计研发中心，免费为各网店提供设计服务，已累计推出了 1 200 多款的潮流款式；三是检测中心，积极与国家羊绒产品质量监督检测中心联系协商，在清河设立了羊绒制品质量监督检验中心分支机构，使淘宝网商户足不出县，便能拿到公正权威的第三方检测报告。

清河电商的启示：政府要善于在电商的发展中顺势而为，以完善的服务维护正常市场秩序促进电商企业发展，以有力的政策积极引导产业转型升级。

山东博兴：新农村包围城市

当 2013 年全国只有 20 个淘宝村的时候，山东博兴一县就有两个淘宝村，一个是博兴县锦秋街道湾头村，另一个是博兴经济开发区的顾家村，2013 年两个村的电商交易额为 4.17 亿元，一个做草编，一个做土布。也正是捕捉到农村电商的重大历史机遇，博兴县将传统艺术与实体经营和电子商务销售平台对接，

让草柳编、老粗布等特色富民产业插上互联网的翅膀，实现了农民淘宝网上二次创业。2014 年年底，全县拥有 1 个淘宝镇、6 个淘宝村，农村淘宝商户达到 8 374 户，直接从业人员达到 2.7 万人，全年线上交易额达到 6.9 亿元。2015 年 1 月 25 日，阿里巴巴“千县万村”计划山东农村淘宝试点又在博兴县正式启动。

湾头村的法宝

作为全国草柳编工艺品出口基地，博兴湾头村的淘宝村的形成可谓自然长成，不仅货源充足，而且质量和口碑一直不错，电商门槛和成本都不高，更是易学和模仿。在博兴湾头村，1982 年出生的胡伟，于 2005 年开设了村里第一家淘宝网店铺，售卖村里的草柳编手工艺品。2008 年，胡伟店铺的年销售额达到了 70 万元，但此时因金融危机当地草柳编行业的海外订单开始下降。看到胡伟赚了钱，很多村民前来取经。同样是在 2008 年，在东营市开网店卖书的贾培晓，决定回家乡湾头村从事草柳编工艺品的网络销售。自 2010 年以来，他家的营业额连续翻番。如今在湾头村 500 多户从事电子商务的店铺中，年销售额在 100 万元以上的有 20 ～ 30 家，订单 1 000 笔 / 月以上的也有三四家。

顾家村的突破

在博兴经济开发区的顾家村，2013 年淘宝网电商交易额为 3 亿元。在顾家村老粗布市场，有 200 多户老粗布经营户，涉及电商营销的有 100 多户，经营者多为 80 后年轻人。为了满足网上市场的需求，传统的老粗布产品已经突破粗布、床单、枕巾等低端家居用品，升级为中式服装、演出服、家居饰品等，2014 年央视春晚主持人和嘉宾戴的红色粗布围巾就是从顾家村的一个网店上买的。类似的高端订单还有清华国学总裁班的唐装学员服和佛教协会的中式粗布服装，显示了顾家村老粗布的产品质量及电商交易实力。

县政府的“野心”

淘宝村的成功，进一步推动了本县传统企业的网上转型，目前全县拥有 3 000 多家电商，从业人员超过 2 万人，80% 的工业企业开展了网上贸易。博兴县也积极作为，努力将传统艺术与实体经营和电子商务销售平台对接，坚持“政府引导，企业主体，市场运作，多措并举”的基本原则，按照“初级阶段放水养鱼、发展阶段政府扶持、壮大阶段行业规范”的工作定位，将电子商务产业定位为战略新兴产业，创新体制机制，加强人才培养，叫响特色品牌。第一，开办各类培训班，广泛培训电商人才，提高经营水平。第二，与山东工艺美院达成合作协议，在山东工艺美院设立手工织布设计研究所，在博兴县设立粗布设计研发工作室。第三，加大市场推广力度，先后参加“山东省文化产业博览会”、“中国非物质文化遗产博览会”和“韩国艺术双年展”三个展，依托商务部全国农商网，建立草柳编、老粗布等系列产品博兴专页。第四，抓产业配套，在顾家村，除了已经营业的老粗布市场，一座包含老粗布仓储物流区、生产车间及展览馆等的新家纺城也在紧张筹建中。

博兴电商的启示：一是要推动传统外贸的及时转型；二是要发挥人才的关键作用；三是注重产业园区与线上的结合；四是政府应及时引导与提升产业发展。

浙江海宁：电商倒推产业转型

提起海宁，可谓大名鼎鼎，是全国有名的皮草城，是皮革服装、裘皮服装、皮毛、皮革的集散中心。在一个电商来袭的时代，海宁也一直追随网络的步伐推动电商发展，2012 年年底，海宁网商（B2C/C2C）已经超过 10 000 家，新增就业岗位 40 000 余个，网络年销量破百亿元大关；成功创建“浙江省首批电子商务示范市”

和“浙江省电子商务创新样本”，列“2013年中国电子商务发展百佳县”榜单第3位；2014年，全市从事电子商务的相关企业共有1 500余家，网商达2万家以上，天猫经营企业达870家，占嘉兴地区总量四成，实现网络零售额突破200亿元。与前面提到的义乌在网上实现再造、清河通过电商实现传统产业的第二春相比，海宁的历程让人见识了电商对一个产业的深刻影响与改造。

早起也有问题

说起海宁的电商历程，起步也相当早，淘宝网甫一成立，海宁就有中小商家和青年创业者跟上了脚步，特别是2008年外贸出口受金融危机影响后，纯电商企业网上销售的日益火爆，令一些长期从事实体销售的传统企业也按捺不住了，海宁皮革行业越来越多的企业运营者开始转换思路，积极投入到电子商务的发展浪潮中，努力走出一条以实体销售为支撑，以网上销售为助力的“双管齐下”的营销模式。但似乎顺利的电商历程在2010年后逐渐出现了危机，网上同业竞争日趋激烈，按照传统思维进行的网上卖货行为遇到了新问题。主要表现在：生产体系不适应，原来的单款走大单模式遇到了个性化消费的市场新要求，不得不转入小量多批的新生产模式；经营方式不适应，在同业恶性竞争面前缺少应对办法，最终陷入“低价营销—以次充好—质次价廉”的恶性循环；产品结构不适应，皮革服装消费具有明显的季节性，如果不能正季销售，则严重的库存积压会让企业吃不消。2013年最高峰时，海宁皮革城的商品积压总值达到30亿元。

探索多条腿走路

在痛苦的现实面前，海宁电商开始多条腿走路：一是和阿里巴巴集团签约，合作打造“阿里巴巴海宁产业带”，形成一个海宁产品的网上大型批发、零售市场。2014年实现入驻企业441家，产业带实现交易额2.4亿元，产业带平台带动网上诚信通业务发展，诚信通海宁企业2014年实现交易额6.8亿元，比2013年增加5.7亿元。二是推动海宁皮革城转型，开始建设网上商城，由“海宁·中国皮革城”联手工商银行浙江分行共同开发的第三方网上交易平台——“海皮城”全面启动，开辟了电子商务交易线上线下联动的新模式。三是积极推动跨境电商发展，95% 以上的外贸企业纷纷通过阿里巴巴、环球资源、网上广交会、环球市场等载体发布信息，获取订单；部分企业开始主动入驻跨境电商平台。

最终被电商改造

更为根本的是，必须顺应电商发展趋势，推动产业根本转型。一是转变思维，切实加大专门的电商人才培养力度。电商发展已经让传统的网上卖货思维跟不上形势，市场上引导各类培训机构与电子商务企业合作，依托职业技术学校、大专院校共建电商人才培育基地，培育具有实际操作能力的电商综合人才，提升电商经营水平。二是加大市场监管，推进品牌战略。加大对假冒伪劣产品的查处力度，对加大网络销售的企业进行奖励，推动传统的中小企业和家庭作坊向“品牌运营 + 网络营销 + 标准化生产基地”的精细化管理模式转型。三是强化电商服务，制定出台了《关于加快电子商务发展的实施意见》和相关扶持办法，对于培育电商企业、发展电商平台、建设电子商务园区、开展电商配套服务等方面，给予资金、人才、税收等方面的支持;先后投建电子商务园区（楼宇）6 个（其中电商园区 4 个，电商楼宇 2 个）；顺丰、申通、韵达等物流服务企业遍布全市，依托产业集聚优势引进大量第三方服务平台和服务商，电子商务服务体系得到进一步完善。

海宁电商的启示：传统产业必须抓住电商机遇来实现转型升级，但必须依照电商的规律来改造传统产业模式，改进产品研发、生产、销售模式，并对企业经营理念、经营模式进行根本转型。

甘肃成县：一个核桃的逆袭

如果不是县委书记李祥（新浪微博 @ 成县李祥）的一手推动，则很难想象成县能否像今天这样因为电商而声名斐然。而这一切看起来倒也简单，就是在县委书记的带领下，全县干部群众一起上手，共同吆喝同一款产品——核桃。

县委书记卖核桃

翻开县委书记李祥的新浪微博“@成县李祥”的记录可以发现，在全部6 200多条微博中，仅带“核桃”关键词的微博就达802条，这还不算转发的带核桃内容的相关微博，真正是名副其实的核桃书记。对于核桃的痴迷程度表现在，对于核桃生长的每个环节都要通过照片和文字夸上一番，哪里有展销会、有销售窗口、哪个媒体做了报道都要炫耀一下，青核桃好吃、干核桃好吃、加工的核桃更好吃，如此这般，怎能不让人留下深刻印象，一个县因为“核桃书记”而迅速提升了知名度，县委书记李祥也因为卖核桃一夜成名，不仅微博粉丝飞涨，而且成为各类论坛、讲座和媒体采访的常客，不断扩大着成县核桃的影响力。

全县上手推核桃

在中国的县域政治中，县委书记亲自带头的工作，其示范推动力度是相当大的，由“核桃书记”发动的核桃宣传攻势轰轰烈烈开展起来。党政干部、县直各部门、乡镇村组、大学生村官、致富带头人等，全县上下全面开通微博，几乎异口同声地在集中宣传一个东西，还是核桃。在这样一种强大的合唱声中，媒体和社会各界被感染，也纷纷加入宣传成县核桃的队伍，一时间成县核桃满天飞。仅笔者个人的微博就免费为成县核桃做了数次宣传，还在成县大学生村官开的淘宝店下了单。2013年成县通过微博、微信、网络等新媒体，在上海、兰州等地销售青皮鲜核桃达到120多吨。

全线出击做核桃

宣传的目的还是为了卖东西、做产业。抓住成县核桃满天飞的宣传效果，成县核桃的形象展示店、营销窗口、展销厅也紧锣密鼓地开设起来，迅速铺货；一批网上销售窗口也迅速开通，淘宝店与微博链接，微营销有声有色，淘宝上的“成县核桃”相关产品已经达到292种；核桃系列产品生产线也在紧张上马之中，形成青核桃、干核桃、核桃仁到核桃食品的系列化；围绕核桃开展的核桃树认领、核桃文化研讨等活动也相继举行，推动核桃营销；核桃标准化示范园也在加紧建设，产业规模不断扩大。

功夫更在核桃外

仅仅一个核桃，终究县域产业规模有限，市场容量也有限，核桃只是成县电商的探路者，最终形成电商扶贫的县域经济之路才是目的。果然，在核桃站住脚跟之后，成县系列土特产品相继推出，成县樱桃、成县土蜂蜜、成县土鸡蛋、成县金银花、成县香菇、成县土猪肉等，甚至成县奇石也卖到了网上，目前仅带“成县”字样的淘宝店铺达到159家，经营产品1 058种。为推动电商事业发展，县上成立了电商协会，县委书记当顾问，持续推动；频繁请来全国电商“大佬”，做培训、搞研讨、提建议、全面促进；四处奔走、走出去、请进来、吸引一批企业和人才加入成县电商队伍；启动筹建电商产业园和农产品交易中心，解决产品供应、配送、培训等问题，电商产业链全线运转起来。

回顾成县一年多的电商实践，最重要的启示是，选择一个优势品种，集中推、整体推，在一点率先突破，带动电商全面发展和全民电商创业，值得总结和推广；同时也可以看出，电商要作为一把手工程，才能主导电商开局；而在基础条件差的地方，更是需要集中全县人力物力，全力突破。

吉林通榆：系统的委托

吉林省通榆县是典型的农业大县，广袤的黑土地上农产品丰富，但其电商发展受限于人才、物流等种种因素，如何起步县域电商之旅，需要思维上的突破。如果按照一般的农村电商路径，从最基础的电商创业做起，则在没有电商基因的情况下，不仅进度可能缓慢，而且旷日持久，实际效果难料。不知是否受到过历史上刘邦拜将典故的启示，通榆县政府根据自身情况积极“引进外援”，与杭州常春藤实业有限公司开展系统性合作，为通榆农产品量身打造“三千禾”品牌，并推向各个电商平台。这一做法，充分分析了自身的实际情况，请能干的人来干，与刘邦拜将的故事几多相似。

宏大的设想

通榆县电子商务发展的设想是，由杭州常春藤实业有限公司建设，总投资为 10 亿元。建设内容包括成立吉林云飞鹤舞农牧业科技有限公司、电子商务平台、全国 100 家农畜产品线下实体销售体验店、通榆县绿色生态食品城等子项目。2015 年，完成电子商务平台建设，实现年网上销售农畜产品 1 万吨；建成 10 平方公里的绿色生态食品城，实现入园企业 30 家，带动规模优势农产品年种植面积 300 万亩；在全国主要地区开设 100 家“三千禾”、“大有年”、“云飞鹤舞”产品专卖店；将吉林云飞鹤舞农牧业科技有限公司打造成国家级农业产业化龙头企业。其中，三千禾旗舰店于 2013 年 10 月 14 日正式上线，主营产品包括通榆县的绿豆、小米、燕麦、葵花等农产品，仅上线当天成功交易 13 000 单业务，交易金额达 40 多万元。2013 年 12 月，“1 号店”与吉林省通榆县在北京举行原产地直销战略合作签约仪式，标志着通榆电商的全面推进。根据协议，通榆县优选农产品基地产品通过“1 号店”等优质电商渠道销售到全国各地。而据了解，由县级政府牵头并与国内领先的电子商务企业直接形成战略联盟，当时在国内尚属首次。

县长的底气

以这么大的气力来做农产品电商，不管运营手法如何创新，农产品的品质始终是关键和根本。在这一方面，通榆县显然很有自信。根据宣传资料显示，通榆位于科尔沁草原东陲，拥有优质的天然弱碱沃土，是杂粮的黄金产区之一。通榆县县长杨晓峰表示，通榆耕地面积大、杂粮杂豆产量很大，而且质量很好，境内还有一个世界A级湿地，国家确认整个通榆县境内是生态县，没有大的工业企业,所以在环境和生态上保证了品质。而“三千禾”正是主打“天然弱碱粮仓”的品牌形象。

值得一提的是，为解决消费者对农产品的疑虑，通榆县委书记和县长联名写了一封面向全国消费者的信——“致淘宝网民的一封公开信”，挂在淘宝聚划算的首页，这一诚恳亲民的做法赢得了网友的一致称赞，很大程度上提升了消费者对通榆农产品的信任感。

关键的三招

为了切实推进电商发展，通榆从三个方面重点推进：一是成立机构，出台政策，先后成立通榆县电子商务领导小组，组建了通榆县电子商务发展中心，委托“三千禾旗舰店”作为指定网店，实行“统一品牌、统一包装、统一标准、统一质量”策略，同时将开通“禾协会”微信公众平台，随时发布通榆农产品的各项信息；出台了《关于促进电子商务发展的若干政策》，成立了通榆县电子商务协会、三千禾合作社联合社，设立了通榆县电子商务专项发展基金。二是加强产业配套，建立电商直销基地，精选10个品种、建立1万亩的种植基地，按照电商要求来生产；建立农畜产品检测体系和质量指导中心，落实了大雁、肉羊、肉驴、草原红牛等畜禽产品养殖基地。三是加强合作研发。与白城市农科院合作，开展技术指导服务，提升生产水平；与中国农业大学、吉林大学等对接，加强人才、技术支撑。

启示：政府整合当地农产品资源，系统性委托给具有实力的大企业进行包装、营销和线上运营，地方政府、农户、电商企业、消费者及平台共同创造并分享价值，既满足了各方的价值需求，同时也带动了县域经济的发展。

陕西武功：从县域电商到电商经济的跨越

从2013年12月1日正式起步到现在，一年多的时间里武功电商的发展虽然不能用翻天覆地来形容，至少可以用长足进步来表述。电商园区的建设，电商产业四大服务平台的配套，168家电商企业的入驻，1 200多个淘宝店铺的上线，“买西北、卖全国”口号的提出，“中华农都、电商新城”的县域经济定位，充分显示了武功电商正疾步走在大路上，而日均5万单的发货量和40多家物流公司的先后入驻，充分见证了武功电商开始繁荣。笔者想从掌握的资料对武功电商模式进行初步的梳理，既为武功电商的下一步发展提供借鉴，也为进一步丰富县域电商发展案例提供参考。

模式总结的内涵与意义

什么是模式？先看一下这个词的来源，最早出现在《魏书·源子恭传》中：“故尚书令、任城王臣澄按故司空臣冲所造明堂样，并连表诏答、两京模式，奏求营起。”当时指一种成熟的建筑样式，后来渐渐指对某一类事物的高度概括与凝练。若用一句话来表述，则可以说模式是从实践中提炼出来的核心知识体系，属于哲学上的科学方法论。

模式这个词现在很热，如人们司空见惯的手机正常模式、户外模式、飞行模式、静音模式等，再像经常讨论的发展模式、商业模式、思维模式等，以及当前热点话题——中国模式、产业模式等。

模式有什么特点？至少具有理论上的概括性、实践上的可复制性。概括性，也就是理论上高度抽象，去伪存真、去芜存精、简洁明了、一看就懂。可复制性，既然来自实践的抽象，则肯定能适用所抽象的普遍实践，是可学的，也是可以再应用于类似情况的。

为什么要总结模式？其原因如下，首先，是进一步推进实践本身的需要，只有总结出模式，才算明确了实践的方法与路径。比如，武功搞电商，走到今天这一步，是需要一些理论上的总结与抽象的，要梳理清武功电商是何种模式，既是内明方向，也是对外说明白。其次，是丰富某类事物认识理论的需要。电商是一个新事物，农业电商、县域电商更是新事物，到底该怎么认识，实践特征是什么，急需模式上的总结来做理论上的提炼。

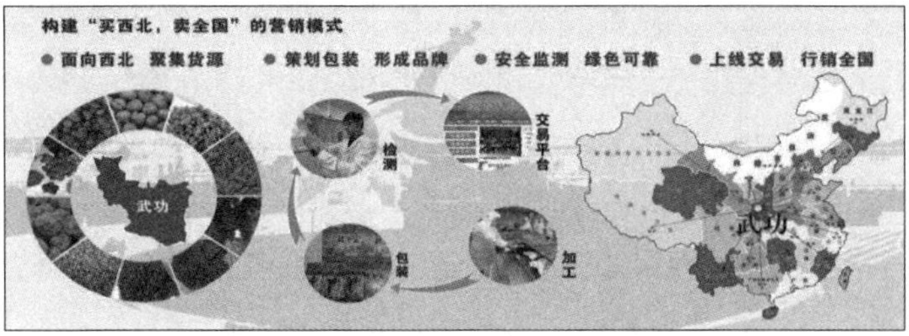

武功电商实践的四大特点

从阿里发布的几个县域电商模式来看，可谓各有特点。浙江义乌可谓“网上的再造”，利用优越的产业基础直接嫁接电商基因，顺利结出新果；浙江遂昌则相当于在荒漠上开拓，以政府的背书来整合资源推动发展、配套建协会、定标准、给政策、抱团出征；浙江丽水是典型的“农村包围城市”，以淘宝村这种产业聚焦方式实现星火燎原；甘肃成县则是“一个核桃的逆袭”，在县委书记李祥的带领下，集中做一个单品先声夺人，带动县域电商全面起步；吉林通榆可以算作系统性的委托，由政府与企业合作，进行农产品的系统性包装、研发和推广。那么，武功有什么特点？与上述县域电商又不一样。

首先是思维更开放。一般的县域电商主要立足点是“卖”，即怎么把本地的好产品卖出去；但武功同时提出了“买”。卖是经济，买同样是经济。如果只局限于将武功不足400平方公里县域土地上的农产品卖出去，那么电商规模注定是有限的。一买一卖才更像完整的经济，也都有更大的发展空间，这是一种思维上的突破。

其次是视野更开阔。一般的县域电商主要立足点是县域，但武功县突破了县域的狭小概念，把目光放得更宽，提出了“立足武功，联动陕西，辐射西北，面向丝绸之路经济带”的目标。这个目标的提出，充分考虑了毗邻大西安和地处丝绸之路交通线的区位优势和目前较好的基础设施优势，武功距西安只有50公里，到西安咸阳国际机场只需40分钟，高铁、高速、国道穿境而过，有关中最大的冷库集群，已有十多家物流企业入驻且运价低廉，还有紧邻的杨凌农科城提供强大的技术支撑，正在建设省级农产品加工物流园区。

再次是目标更深远。电商如果作为一种销售路径来应用，则意义受到限制，基本属于第三产业范畴。但把电商问题发展到电商经济问题，则对县域经济的意义更突出，可以把涉及生产、储藏、加工、销售各个环节打通，实现对一、二、三产业的凝聚，更利于做大县域经济规模。这是武功电商模式最突出的特点，超越了一般县域电商从促进农产品销售开始的初步模式和催生乡村经济新增长点的中级模式，直接跨越到县域经济的较高层次。

最后是口号更响亮。口号是什么？是对做事目的最简单的概括。比如，刘邦用了约法三章稳定了秦末的人心；闯王起义时“闯王来了不纳粮”一句话就吸引了大量农民参加起义。而武功县提出了“买西北、卖全国”的口号，提出要将武功打造成陕西电子商务人才培训地、聚集地和电子商务物流集散地，有一种发展的豪气与自信，便于宣传和吸引电商产业集聚。事实上，这种定位和宣传已经起到了明显的效果，一批周边的电商企业包括西安从事农产品电商的企业纷纷开始考察，有的已经开始入驻，像赶集网西北总部、陕西树德、后稷商贸等。包括在淘宝食品类销售靠前的西域美农公司已经入驻成功，日发单量达到 1.2 万单左右。

武功电商模式的五个内核

前面说过，武功目前所做的事情，无论是建电商园区，还是建孵化基地、建人才培养基地，均在为大力招商引资、引进一批农产品电商企业入驻奠定基础，形成电商经济，进而推动县域经济壮大和转型。那么，武功模式应该如何定义？笔者觉得可定义为以电商园区为依托的县域电商经济模式。

第一，以园区来承载。既然要做电商经济，而不是仅仅做电商，那么一定是要高度的产业集群，要在一定的空间进行产业链的集聚，园区是有效的载体。武功的电商园区已经有了一定的规模，但要达到“买西北、卖全国”的目标，还需要扩大建设，县上已经认识到这一点，正在加速建设进度。目前武功已经聚焦了西北五省 30 多类 300 多种特色农产品在园区，今后还要进一步加大对农产品生产、加工、仓储、物流和销售企业的吸引，向园区聚集。

第二，以龙头为引领。西部电商起步，人才少，经验缺，引进成熟的企业是最快的办法，也能起到示范带动作用。武功至今已经引进了35家电子商务企业，这是很不容易的，特别是西域美农的引进，具有标杆式意义，必将产生较强的辐射带动作用。今后还需要加大电商企业招商引资力度，并加大本土企业的扶持，形成大小结合、内外相济的竞争发展格局。

第三，以人才为支撑。事业靠人干。电商是新事物，人才是第一瓶颈，短期内也没有更好的办法，只能一边引进，一边培养。武功建立电商孵化中心和人才培训中心，争取淘宝大学落户武功，持续举办电商沙龙研究发展问题，加强人才引进和持续开展人才培训，是非常重要的。

第四，以政策为导向。既然是政府一手推动的，就要扶上马、送一程。目前各地的电商政策已经到了相当优厚的地步，随着县域电商的迅速升温，各地对电商企业和人才的争夺将会升温，必须要有优惠的政策、制度化的政策和良好的政府服务来吸引。武功已经提出设立500万元电商产业奖励基金，正在制定具体的鼓励和支持电子商务发展扶持办法，这些对于中小电商企业发展非常重要。

第五，以配套为保障。产业集群不是理论，而是实践。为什么大量的电子企业要向东南聚焦，是因为那里实现了产业集群，一个产品的所有配套可能在方圆五十公里解决了问题，而西部则可能要数个省来配套。三星来西安后，像武侠小说中的吸星大法一样，以强大的内功吸引了上千个配套企业。同样，武功的电商园区在电商企业入驻的同时，要有相关配套产业的跟进和聚集，目前武功已经可以实现非常低廉的物流成本，下面还需要建设最快的网络覆盖、最全的产品质量检测体系、成熟的冷链体系，壮大人才培训中心，吸引一批电商服务企业，强化农产品电商营销和研发，开发出一批战略新品，制定一批产品标准，形成较为健全的电商产业集群。同时，启动西北电商大厦建设，加快农村电商——智慧乡村项目、县域电商——3D城市赶街项目的建设，实现电商新城的全面繁荣。

县域电商发展的七个认识问题

县域电商走到今天，已经不是能不能做的问题，而是如何做的问题。如果说2013年有县长抓电商还是勇敢吃螃蟹，则2014年有县长抓电商已经只能算拥抱新经济，2015年再有县长抓电商就成了贯彻落实国务院电商决定精神，进入2016年如果县长再不抓电商就成了落后于时代。正是在这样的形势下，目前几乎没有县政府的工作报告还没有部署电商的了，也没有县长说不准备做电商的了。然而，一个现实的问题马上扑面而来，到底什么是电商？什么是县域电商？又为什么要抓电商？如何破解县域电商面临的这些认识问题，已经成为首要课题。遗憾的是，一些地方对县域电商的认识还停留在“乃不知有汉，无论魏晋”的状态，认识不清导致的不会干、干不好的情况是现实存在的。笔者结合这一年多电商讲习的情况，下面对常见的县域电商认识问题作一些梳理。

是不是年轻人开淘宝店就是县域电商？这样的认识明显把电商这个事情看小了，基本只关注了网上零售这一小块，缺乏对大电商的整体认识，忽视了B2B、O2O、C2B等形态，以及由此衍生的互联网金融、农业众筹等新业态，更没有看到电商对经济社会发展的深远影响。笔者个人倾向于认为，县域电商就是县域内所有涉及电商的经济形态的总和，至少包括三个层面：一是网上交易体系，如网商、电商平台等；二是电商服务体系，如电商服务业、快递物流、金融支付、电商园区等；三是产业支撑体系，如产业基地、龙头企业、家庭农场等。可以说，电商是涵盖十几个相关产业的新兴经济群。

是不是做电商就搞垮了实体经济？很多县上的领导认为，一做电商可能把街头的实体店都挤垮了。但实际的情况是，不是电商太可怕，而是实体店太糟糕，消费者已经用脚抽了票，“羡慕妒忌恨”并不解决问题，而是要实实在在地解决实体店门店租金贵、中间环节多、人员成本高、税费较重的问题。至于一个县不做电商“独善其身”的想法也不现实,因为电商的渗透叫作“网无界”，你不做也挡不住，还不如主动拥抱新经济、赢得主动。关于这个认识问题，还是李克强总理高瞻远瞩，他说：“一定要看到，线上线下的互动，可能开创出新的空间。如果一味害怕竞争，最终会在竞争中退场。”

是不是做电商就是不收税的徒劳？这个问题要做了电商的县长回答，只怕他们是偷着乐！笔者曾经到税务部门就此问题认真咨询过，所谓的电商不收税恐怕只是谣传，目前大量的网商不缴税，只是因为其符合月营业额 3 万元以下小微企业免征税的规定，而规模以上电商企业都是缴税的，比如三只松鼠 2015 年就缴税 1 亿多元。更不要说阿里巴巴、京东都是缴了上百亿元的税。而且笔者与电商企业交流时了解到，实际上电商产品在上线前已经缴纳 85% 左右的流转税，只差电子发票这最后一哆嗦了。而前面说了这么多，仅仅是关注存量，更重要的是，因为电商会催生出大量的新兴关联产业，如电商服务业、仓储物流、加工包装、推广营销等，这是可以形成新税源的，这是更大的增量！

是不是做电商就是搞虚拟经济？笔者想说的是，难道电商卖的东西都是孙悟空变出来的吗？所有的电商产品都是实体经济生产出来的。网络是虚拟的，可是网络交易的商品却是实实在在的。在这个问题上，李克强总理也有明确的判断，“别以为电子商务只是‘虚拟经济’，事实上，它在很大程度上直接带动了‘实体经济’。”而且从一些地方的实践看，电商还有可能催生出本地以前没有的新实体经济。像业界总结的“沙集模式”，硬是在一个收破烂的穷村变化出一个 50 亿元的家具大产业来。而原来实体经济有基础的地方，借助电商让实体经济更强。比如，浙江的临安，山核桃产业因为上了网，更加红火了。

是不是做电商就容易导致失业？不能因为倒了几个实体店并出现了一些失业而惊慌失措。电商在摧毁一个旧世界的同时，也建设着一个新世界。从实践来看，电商可谓典型的劳动密集型行业，特别是吸纳青年人就业多。李克强总理在调研电商时曾意味深长地说：“去年（注：2014 年）在经济增速放缓的情况下，就业不减反增，这里面有简政放权、商事制度改革的功劳。而从业态角度讲，电子商务起到了极大的推动作用。”而麦肯锡全球研究院曾对 4 800 家中小企业的调研显示，随着中小企业互联网技术的普及，每失去 1 个岗位，就会创造出 2.6 个新的工作机会。

是不是做电商就是要另起炉灶？可以简单地说，电商从来不是一个凭空产生的新产业，只是现有产业转型升级的载体、动力，电商与现有产业融合是方向，而不是重新搞一套；即使那些因为电商催生的新兴产业，也绝对不是无源之水，一定有现实的基础支撑。从国务院《关于大力发展电子商务加快培育经济新动力的意见》部署来看，首要还是“电子商务与其他产业深度融合”，进而“成为促进创业、稳定就业、改善民生服务的重要平台”，最终“对工业化、信息化、城镇化、农业现代化同步发展起到关键性作用”。所以，搞电商一定要深入研究当地产业优势，借电商加速发展而不是没有现实基础支撑的别出心裁。

是不是做电商就能拐弯超车？只能这样说，电商确实给县域经济发展提供了一次追赶超越的机遇，但机遇并不等于必然的结果，还需要县域电商有效推进。从现实看，县域电商是一个非常庞大的系统工程，从要素流动方向观察，大体有工业品下乡、农产品进城和电商要素县域内聚集三个层次；从交易内容观察，又可以分为农产品电商、农资电商、电商扶贫、旅游电商甚至跨境电商等形态；而且一般也按四个阶段推进，即青年电商创业者出现、农产品电商兴起、电商要素在乡村聚集、以县域为单元的电商新经济形成。虽然电商可以跨越发展，但基本的阶段不可逾越，想着“抱粗腿”“吃大户”，与一两个平台合作、招一两个电商大企业就让县域电商大踏步地追上前去，一般来说是不大现实的，还得老老实实地从基本功练起。当然，只要路数对，电商发展起来会很快，两三年就能看到大成效。

在参与县域电商发展推动工作的过程中，笔者对这些认识方面的问题感受尤深。可以说，现在切实需要来一场比较深入的电商理念普及运动，尤其是对县乡干部，需要降低电商理念宣讲的格次，从常识的科普入手，把基本的东西讲清楚，然后才能想得明白、干得自如。

县域电商发展中应关注的五个问题

可以预见，随着“首届县域经济与电商峰会”的落幕，县域电商的迅速爆发指日可待。电商对县域经济的推动力有多大？县域电商如何起步？发展的关键问题有哪些？都值得讨论。下面浅谈五个问题。

客观看待电商人才问题

电商人才紧缺，是行业的共识。城里的电商尚且缺人，县域电商就更不用问了。

首先，人才和钱一样，始终是缺的，这是每个行业具有的共同规律。目前的情况，要人头确实很多，但要人才确实不多，电商人才缺也大体符合这一规律。实际上，目前更多的是缺一线电商从业者，就像用工荒一样。这个问题并不难，短期的培训加实战，可以迅速补上缺口，关键是年轻人是否愿意。

其次，为什么缺人才，有一些深层原因要思考。这个行业的许多从业者目前还不能感受到应有的职业尊严，也没有获取体面的收入。事实上许多大学开设了电商专业，但招不来人，就业情况也不好。表面是信息不对称，实际上是人才根本与产业需求不匹配。

最后，人才是有层次的。对于一般的操作型人才而言，培养周期很短，只要收入与工作环境不错，可以迅速补上来；而管理型、技术型人才就要复杂一些，这要看企业的文化、团队的凝聚力和人才对企业发展愿景的判断等因素，这些电商人才到底留还是不留，符合一般企业管理人才的流动规律。不能简单地说电商没人才，实际上很多电商就是在烧钱，人才看不到好的明天，为什么要留？

要有清晰的发展模式

县域差别很大，电商涉及环节众多，到底怎么搞，需要因地制宜，趟出一些路子来，这就是模式。目前行业内经常谈起的三个县域电商典型可谓各有特点，路数不同。

先说甘肃的成县，笔者将其概括为“一个核桃的逆袭”（详见《一个核桃的逆袭——成县电商模式浅析》）。也就是说，在县委书记李祥的带领下，从四大班子领导到乡村干部，全县以新媒体为载体，以淘宝店铺为终端，开展了一场轰轰烈烈的成县核桃宣传与推销，县委书记李祥由此被称为“核桃书记”，以一记单品迅速传播了成县电商，从而带动其他农特产品销售，也带动县域电商全面起步。

浙江的遂昌，在县域电商方面具有开拓性意义。其最大的亮点是，在农产品标准化程度低、市场信任难的情况下，以政府的背书来整合推动，由县政府倡导成立的电商协会，完成了内部的自律、信息的对接、对外的宣传和标准的制定等工作，加上政府的优惠政策和基础建设支持，让遂昌农产品抱团出征，赢得市场。

吉林的通榆，可以算作系统性的委托。作为一个传统农业县，在人才、信息、技术等条件不发达的情况下，县政府请来1号店进行系统性包装、研发和推广，注册了营销公司和“三千禾”品牌，依靠1号店这棵大树来发展，而县上主要负责生产基地建设。这种模式就像刘邦请来了韩信做大将，也是一种有效的举措。下面就看请来的“大将”如何打仗。

武功是陕西县域电商第一县，从2013年12月起步，半年多时间做到一天8 000单的出货量，成绩有目共睹。与其他几个县一心卖自家农产品不同，武功县提出要“买西北，卖全国”，这是一种很有挑战性的提法，这是要做电商的产业链和电商经济，超出了一般县域电商的概念。目前所做的事情，无论是建电商园区，还是建孵化基地、建人才培养基地，均像是“栽梧桐树”，要引来金凤凰，为大力招商引资、引进一批农产品电商企业入驻奠定基础。武功模式的核心内涵是什么？如何定义？需要再梳理和提炼。

需要处理好三个关系

县域电商要成为经济，肯定有进有出，不可能光卖自家东西，企业、人才、资金、产品大流通，内外一齐发力，才好发展。起步之初应该注意如下三个关系。

一是本地企业与外地企业的关系。目前西部县域电商扛大梁的是招商引资来的外地企业，这个可以理解，因为西部县域电商企业本来就少，实力也弱，人才也缺。但应该注意，县域电商经济的发展，肯定要以一批本地企业的催生和成长为标志，这是一个慢功夫，可以循序渐进。

二是本地产品和外地产品的关系。县域搞电商，最大的基础是可卖的农特产品不少，但要上网销售，还存在包装与标准的问题，也有一个过程。所以，现在的电商园区，主打的产品依然是买进来再卖出去，产业的规模上去了，也带动了就业，但本地产品的开发推广还要加力，这是县域电商的标志与符号。

三是本地人才与外地人才的关系。人才是一个大问题，电商行业普遍缺，县域更缺。产业起步的最直接办法是引进人才，而且应该成批量引进，迅速带动产业发展；但引进人才还应注意发挥示范作用，带动本地人才的成长，共同推动产业发展。

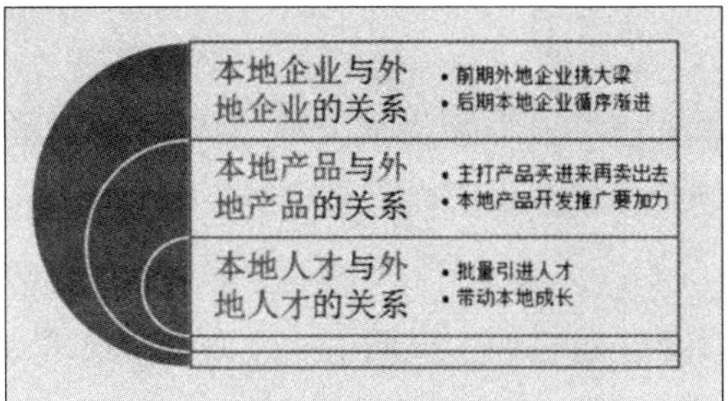

县域电商发展要处理好三个关系

把握好政府角色定位

前面简要总结了几个县域电商的模式，其共同的特点是政府推动，特别是在西部欠发达地区，政府的作用更为重要。可以想象得到，如果不是这些地方的县委、县政府用了很大的决心和气力来抓这件事，则县域电商是走不到今天这个地步的。但市场的主体毕竟是企业，政府推动产业发展，应该把握好角色定位，划清与市场的界限，让产业可持续地良性发展。

首先，政府是风向标，引领产业发展。县域经济到底抓什么，政府的决策非常重要，政府决策之后才能有产业发展的一系列措施，也才能吸引企业和人才、技术与资金的落户。县域电商要向什么方向发展，做到什么程度，政府要把明晰的战略提出来。

其次，政府是催化剂，加速产业发展。催化剂，虽然参与化学反应，加速反应过程，但不影响反应结果。政府出台的政策、投入的资金、建设的基础设施、营造的外围环境，最终是让企业更好地发展，实现扶上马、送一程的目的。到底出台什么政策和措施，要从产业的现状和企业的现实需求出发、有的放矢。

再次，政府是定心丸，保护产业发展。政策会不会变，这是许多企业在与政府打交道时最容易产生疑虑的问题，要有明确的回答。如果产业出现风险，那么政府能否在关键时候出手，企业也非常关心，这个应该有预案。如果企业经营出现困难，那么政府能否协调相关部门与金融机构来扶持，对企业而言更是十分关键，政府要有充分的考虑。

需要做好三项基本工作

像武功这样的西部县，在县域电商方面虽然起步晚，但是认识比较到位，方向比较明确，措施也很给力，所以迈出了坚实的步子。下一步要重点考虑三个问题。

一是持续打牢基础。包括两个方面：一方面是产业平台建设，电商园区的问题，配套的通信、物流、包装加工等产业链建设问题，政策扶持问题等；另一方面是人才问题，把培训实践型人才作为一件大事，常态化开展，同时继续引进企业和人才。

二是做好大小兼顾。大的战略问题要研究，小的战术问题也要考虑，长远目标是什么，当前的阶段特征是什么，配套的措施是什么，应该明晰。大的企业要引进，小的创业网店也要扶持，各有侧重，共同发展。宏观层面的思考要有，微观层面的分析也要有，不同企业、不同产品面临的问题不同，应该有细分的理念，因企而异、因产品而异。

三是突出创新发展。农产品在电商行业被称为“非标产品”，不好卖。浙江遂昌电商协会做的一项重要工作是制定标准和改进包装物流，如葡萄这样的生鲜品，在有好包装的情况下，从几层楼上掉下来都不会摔坏；关于什么是新鲜葡萄，可以列出几条数字化的指标来衡量。更多的农产品要上网，应该做一些调查研究，从消费者的角度出发，改进产品的规格、包装，形成适合电商的标准，这是一个非常重要的基础性工作，也是公益性的，县上要主导来做。同时，也应该从县域资源出发，再研发一些适销对路的新产品，这个企业可以来做，县上会给予些奖励。

总之，县域电商已经走出了不短的距离，在即将到来的县域电商风潮中，希望先行者始终走在发展的最前列，发挥好引领和示范作用。

县域电商顶层设计之我见

对于县域电商发展，顶层设计非常关键。县级党委、政府对电商的认识高度、定位精度、推进力度将在很大程度上决定一个县域一段时期内的电商发展走向。由此，做好县域电商的顶层设计，是县域电商发展中必须着力做好的前置性问题之一。

顶层设计的前提是知己知彼

先从桐庐说起。第二届县域电商峰会在浙江桐庐县举办，桐庐作为东道主发布了桐庐电商的一些做法，将最近几年在电商上的发展归结为“从无到有”，意思是工业也好、农业也好、三产也好，这几年都先后嫁接上了电商思维，电商从无到有蓬勃发展。必须注意的是，桐庐的电商是“从无到有”，但并不代表着桐庐的电商是“一无所有”。翻开桐庐的地方名片，不乏高大上的光环，最具幸福感城市第一名、中国第二美县域、世界级制笔基地、中国快递之乡、针织之乡、中国百强县、浙西第一经济强县，还是杭州的后花园，距离杭州市区只有 80 公里，电商巨头阿里巴巴近在咫尺，等等。显然，桐庐电商是经济社会发展到一定水平的厚积薄发、顺势而为。没有这种底气，桐庐是不敢大胆进行“电商换市”的，也不会有这么快的电商发展速度。由此可以看出，县域电商的顶层设计，首要的问题是认识电商、认识县情、知己知彼，如此方能把握好定位、精准用力。

顶层设计必须考虑政府与市场的关系

其次，处理好政府与市场的关系问题。一些人反对政府主导县域电商发展，担心政绩工程，担心走偏了，这些担心都是有道理的，但也必须看到，一些县域的电商发展，不是政府越位的问题，而是严重缺位，导致发展迟滞，电商主体难以有效发育。在电商的发展中，政府与市场就像两个巴掌，合拍才能掌声雷动，精彩纷呈；否则可能孤掌难鸣，了无生气。所以，政府的手不能不出，否则就是行政不作为；但也不能乱搭手，否则就是行政乱作为，特别是一些地方的一知半解、长官意志，必须警惕。

那么，政府的手放在什么位置比较合适？应该有如下三个基本标准。第一个叫作风向标，基于县域实际，提出切合实际的发展目标、工作重点和配套措施，这是必需的，要让搞电商的知道你挑的是什么旗，要走什么路，才好与政府合拍。第二个叫作催化剂。催化剂参加化学反应，加速化学反应，但不影响化学反应结果，这是政府调节市场的最理想效果。实际上我们也经常讲扶上马、送一程，大体是一个道理，但什么时候扶上马，什么时候丢开手，却很有讲究。孩子才七八岁，你非得让他自己骑马，很可能的结果是跌下来、摔骨折，这种情况是政府政策扶持不到位；而孩子已经二十多岁了，你还牵着马不撒手，或者孩子已经让你宠得不敢让你撒手，这是政府一味扶持的恶果，导致企业丧失了竞争力。第三个叫作定心丸。政府要做的绝对不是锦上添花，而是雪中送炭。企业发展好的时候，政府要少插手；企业发展有问题的时候，政府才要大显身手。比如，电商企业要在“双十一”备货，这个流动资金怎么解决，临时的仓储也有问题，政府能不能协调解决呢？笔者认为，政府对于电商经营主体应该有一种胸怀，就像歌曲《朋友》中所唱的：“如果你正承受不幸，请你告诉我；如果你正享受幸福，请你忘记我。”

顶层设计的指导思想要清晰

顶层设计要干什么？它不是在显示县长有多么英明、政府有多么伟大，而是落脚在让市场主体充分发育、茁壮成长、形成百舸争流的生动局面，最终实现县域电商的全面繁荣。然而，我们的现实是，很多县在电商的问题上，与第二届县域电商峰会的主题——“小县域、大生态”的提法相距甚远，可以归结为“看小了、没生态”。所谓看小了，一是把电商这个事情看小了，认为就是几个年轻人网上卖一点货，没有看到电商对经济社会发展的深远影响；二是把电商的内容看小了，基本上只关注网上零售，缺乏对大电商的整体认识，对

B2B、O2O，以及由此衍生的互联网金融、农业众筹等新业态知之甚少；三是把电商的困难看小了，以为搞点培训、补贴一点资金就可以，结果半天起不来。所谓没生态，一是没有电商服务，让创业者单打独斗搞不了；二是没有人才，懂电商的少，既懂电商又懂农村的更少，有想法没办法；三是没有产业配套，根本拿不出适合上网的产品来，产业链的问题更多，搞起来到处跑风漏雨。

所以，顶层设计提宏伟目标是可以的，讲发展模式也是可以的，但必须有实实在在的配套措施来跟进，如何以规划引领工程，以工程布局项目，破解县域电商的现实困境。所有的顶层设计与配套措施，所要达到的效果就像种庄稼，不能说有了种子就好了，更重要的是培肥土壤、勤浇水、多施肥、积极防治病虫害，但绝对不能拔苗助长。用一句话归纳，就是电商需要什么服务，政府就提供什么服务；电商需要政府如何改革，政府就应该如何改革；以改革创新的精神，打造出一个精良的电商基础设施和电商公共服务。对电商如此，对新常态下的经济社会同样如此。

顶层设计要注意四个问题

第一，关于模式，不要迷恋模式，那可能只是传说，走自己的路。模式是什么？是对某一类事物的高度概括与凝练，至少具有理论上的概括性、实践上的可复制性。如果说在县域电商发展初期，需要对几个典型的实践案例进行总结和提炼，成为可供参考的模式，则在县域电商全面推进阶段，模式已经有过多、过滥之嫌。然而，在一个标签流行的年代，大家往往想对一个县的发展进行提炼，总结为一种模式，也让很多县长为此感到纠结。特别是一些地方，实践还很骨感，理论的总结已经开始丰满。由此，笔者想说的是，模式是干出来的，不是预设的；已有的模式本质上可能是唯一的，因为这个世界上根本没有两片一模一样的树叶，一个县的电商发展注定是特立独行的。套用互联网流行的一句话，即模式将“永远在追赶，从未被超越”，“学我者生，像我者死”，还是老老实实地探索自己的道路更好。更何况，目前县域电商的发展程度，差不多都是“摸着石头过河”的程度，无法抄袭、模仿别人。

第二，关于行政推动，一把手工程是对的，但一把手抓还不够，还得抓住下面的一把手，整体动起来。县委书记、县长再能干，底下的人不理解、不支持、不动手，县域电商还是起不来。所以，四大班子都要动，各个部局也要动，各个乡村也要动，而且都要是一把手在动。过去说阶级斗争要天天讲，如果县域电商要起步，那么这个电商就得天天讲，一把手讲，讲给一把手听，想作为一个常项工作来抓好，注定遥遥无期。笔者给一些县出主意，电商启动之初，就抓“四个一”：一个县级领导包抓一个电商经营主体，近距离接触电商是什么，怎么帮一把；一个部门围绕电商发展办一件实事，解决现实困难与问题；一个乡镇找出一个能上网销售的特色产品，以备开发；一个村找出一个愿意干或者已经干的年轻人，培训上路。

第三，关于培育人才，培训只是一个切入口，更重要的是培训以后怎么办。很多地方的培训做得好，像打鸡血一样有效果，但之后大家还是找不着北，为什么？干起来以后，发现要什么没什么。所以，培训只是点第一把火，火起来后必须要有后续的燃料供给。电商在县域的起步，就像在荒漠里种树，有苗没水活不成，电商服务就是水。目前，电商服务业是县域电商特别是中西部电商的最大短板，必须在这方面努力跟上。今天的电商创业，再不能让大家白手起家了，就像第一代的电脑玩家，从 BASIC 语言和 DOS 学起，今天就必须给大家一个 Windows 系统了。而且，现在的电商培训也要改进，召开一次千人大会可以，但整天这样搞运动，也是有问题的。面上的培训之后就是分层分级，领导与创业者要分开讲，初入门者与已上路的人要分开讲，个体创业与电商企业要分开讲，更要把传统的走出去、引进来，洋专家与土专家结合等有效办法用起来。

第四，关于优惠政策的问题，钱不多不要紧，关键用在刀刃上。目前的政策导向大体有如下三大误区。第一个是盲目搞平台，烧钱很多，没有效果。马云早就讲了，平台格局已定。一个县，搞什么电商平台？等你做大了再说。当然，搞一个孵化平台是可以的，这个最需要。第二个是盲目建园区。这个投资也非常大，但在县域电商初期用处不大，因为没有成熟的电商主体来入驻，初期创业者大体在家里的电脑上、甚至手机上完成订单。更重要的是，这些园区的思维太陈旧，不是搞商业地产，就是搞物业收费的，空有基础设施，没有电商生态圈，谁愿意来？要建电商园区，县域电商发展到一定程度，水到渠成。不要在牛顿的绝对论还没有出现之前，先搞爱因斯坦的相对论。第三个是一味地招大商、引大资，把有效的资源全部补贴给个别企业，结果电商发展独木难成林。

正确的思路是，“大象起舞”与“蚂蚁雄兵”同在，可以招电商企业回来，但更应扶持草根电商创业，别看他们现在是青青小苗，几年后一定会长出成片森林来，而且比招来的“女婿”更可靠。

总之，对于县域电商的顶层设计，一定要有一点大视野，识大势而动，想清楚了再干；要有一点大胸怀，坚持打基础，管长远，在县域电商生态上多下功夫，前期可能慢一些，后期走得会很好。笔者也相信，那些在县域电商上的经典案例和人物，也一定会在县域经济发展的历史上留下深深的足迹。

县域电商园区：更需要的是襁褓而不是时装

发展县域电商，电商园区是一个躲不开的话题。就像一个成熟的经济体需要园区来承载一样，县域电商也需要园区承载。问题是，目前的县域电商普遍处于起步阶段，电商要素分散且缺乏规模，那么还需要建电商园区吗？这个话题曾经在 2015 年的县域电商峰会上引起专家的激烈争辩，赞成与反对的声音都有，说得也都有道理。笔者的观点倾向于居中，即县域电商不是不能建电商园区，而是要看什么时候建、怎么建，一切要以电商的发展作为出发点和落脚点。

县域电商发展初期的电商园区定位

一般的县域电商在启动之初往往表现为草根化、小微化，青年个人开一个网店，或者两三个人注册一个创业公司，一台笔记本可能就是主要资产，市场依托平台来找，产品就地从市场或农民手中采购，网店各个工种往往实行一人多岗，工作地点经常在家里的也不在少数，很多订单甚至在手机上完成。这种情况下的县域电商园区建设，就必须从实际出发，定位在创业集聚与初期孵化上，而不是产业承载，因为小的电商根本不具备自己建厂上生产线的能力，也没有必要；而预设县域电商发展到什么程度，出现多少家大型电商，形成多大的配套产业规模，这些从目前的现实看，似乎不太靠谱，目前的县域电商一般到不了这个份上。

所以，电商园区初期并不一定为了高大上而叫作电商园区，叫作电商孵化中心或者基地会更加恰如其分，就像初生的婴儿最需要的是襁褓而不是时装，超前是没有用的。

县域电商园区的初期标准

既然县域电商园区初期更像一个孵化中心，就要按孵化中心的样子来建设，并充分体现电商的特点。由此，电商园区的建设标准也就与一般的工业园区大相径庭了。大体可以形象地归结为如下基本标准。

（1）身处闹市。就是要力争市中心，或至少是县城较繁华地带，因为电商主体是青年，偏僻的地方年轻人一般是不去的，除非有什么特别吸引人的地方，但一般的县域电商园区恰恰没有。如果在闹市建设电商园区，则成本肯定比较高，所以面积不必贪大求洋，有千把平方米就可以，甚至几百平方米也能运转起来。

（2）来去方便。就是交通便利尤其重要，让初创期的网商开私家车上下班是不现实的，而骑自行车对年轻人而言更像郊游而不是上下班，至于专门为园区开班车对于一般的县区来说也做不到。还有，一般的电商交易高峰在晚上9～11点，如果离城太远，则创业者回家都困难。

（3）能吃能住。就是能学习、能办公、能休息、食宿方便。如果孵化中心在城里，则生活配套不用考虑；如果园区建在城边甚至更远的地方，则必须考虑生活配套问题，连吃饭都没有地方，怎么能让创业者安心入驻？更重要的是，来到这里，要能满足年轻人来此的目的，培训好不好，服务优不优，感觉爽不爽。

（4）配套齐全。至少需要如下板块：培训与会议、办公卡位、小型仓储物流、店铺装修及美工摄影等电商服务、工商税务财会等企业服务、咖啡与书吧等休闲交流空间，没有这些，这个园区就像买了一台电脑却没有装软件根本用不成，也像买了房子不装修肯定住不成，那些提供的办公卡位，根本不能叫作孵化中心，只能说是闲置空间免费租用。可是，既然初创期的电商在家里甚至在路上用手机都能做的事情，为什么要入驻这样的地方？根本不符合经济学与社会学逻辑！于是一些地方出现的情况是，上级检查的时候，就想方设法把年轻人找来，在园区装样子，等上级一走，重回门可罗雀的状态。而且装修的风格也要与年轻人的特点和电商的风格相一致，比如培训教室也可以与创业咖啡、书吧等结合，不必过于拘束，楼道与墙壁更是展现创业与电商文化的地方，连马云、马化腾语录都没有的地方，连打鸡血的创业口号都看不见，绝对不是一个电商园区。

（5）经常折腾。要成为孵化中心，必须要靠活动吸引人，一些地方提出的一周一讲座、一月一沙龙、一季一路演这样的活动频次要求，总体还是合适的，当然对于路演的问题县域暂时可以不考虑。除此之外，定期组织专家见面会、大咖分享会之类的活动，同样是必要的。要给大家形成一个印象，到了这个地方，总是有主题活动可能参加的。

（6）乐此不疲。到底一个孵化中心行不行，就要看年轻人主动来不来。必须通过前面讲的一系列服务，让年轻人感觉能来，再到还想来，最后到爱来，变成自觉聚集。为了实现这个目标，只有硬件与服务还是不够的，还得有组织者，完全可以让冒尖的年轻人牵头，给空间、给资源甚至少量经费，完全变成自组织活动。只要到了这个份上，政府与园区运营商的其他工作就好开展了。可惜的是，大多数的园区始终在清冷中煎熬！

当前电商园区的误区与改进建议

根据最新的数据，2016 年 3 月，全国的电商园区已经超过 1 100 个，县域电商园区已经超过 300 个，还有大量的县域电商园区正在火急火燎建设的路上。能不能以正确的姿势走好园区之路，对电商的发展相当重要。观察当前县域电商园区的问题，最大的误区在于工业园区思维，还想搞地产、做物业、收点费，基本上都不现实，最后只能是空的。一些地方的探索表明，电商园区的运营，初期要靠政府的补贴，中期要靠电商服务产生的利润，而不是传统的物业；而最终可能要靠对创业者的投资来获得回报，这有赖于电商发展的成熟程度。

由于思维方式上的偏差，导致县域电商园区出现一些普遍性的问题：有园区，但没有配套，往往离城远还不通公交，不能吃也不能住，培训次数少且质量差，物流不便宜而且仓储没地方，甚至连 Wi-Fi 也没有，所以电商创业者根本不愿意来；想招大电商，既招不来，更难以符合落地条件。

在问题背后表现出运营的体制与机制问题，有的就是原有半拉子工业园区的简单改造，管理机构还是原来的工业园区管理部门，下属的运营队伍缺乏互联网常识，更提供不了电商服务。

推动县域电商园区良性发展，要集中体现政府供给侧改革的内容，就是要培土壤、栽梧桐、优服务，淡化物理空间概念，多从电商的需求侧做文章，在补短板、降成本的方面多下力气。实践表明，园区初期聚人比聚财重要，聚人首先要有人气，人气旺不旺在气场，气场高不高在服务水平与环境质量。必须在如下方面下功夫。

硬件要过得去。园区的水、电、路、网、交通、生活要达到基本标准，培训、办公、会议、休闲等空间都有。

软件一定要过硬。网络必须是通的，最好达到 4G，24 小时免费 Wi-Fi 一定受欢迎；物流必须是便宜的，不管是园区集中谈判还是政府补贴，反正进了园区物流费用就得大幅下降;培训一定是靠谱的，能请来大咖，能解决实践问题，还能保持长期沟通；活动一定是经常的，天天通宵达旦不现实，隔三岔五还是要折腾。

运营还是要专业。不主张直接把政府的什么下属单位作为园区运营主体，一定要坚持政府搭台、企业唱戏、市场运作，找来靠谱的团队做专业的事，拿出适合电商发展的服务清单和项目，让能与电商对上话的人在园区做服务。

打好基础慢慢来。把年轻人硬往园区拽，是典型的行政化思维，出力还不讨好;以良好的服务吸引年轻人，自己愿意还点赞。但往往园区的“0 到 1”很难，这时就需要发挥行政主官的积极作用，不惜礼贤下士，拿出优惠政策，主动邀请几个电商带头人率先进来，他们感觉好了，就会迅速示范带动一大批电商创业者跟着进来。

不断完善改进。互联网时代，一个新的商业模式出来总会有这样那样的不完善之处，但可以通过互联网与客户的便捷沟通，实现迅速更新。县域电商园区今天依然可以概括为新事物，不必求全责备，有了基本功能就能运行，只需保持绝不停歇的脚步即可，那就是随时听取电商主体的心声，从他们的需要出发，像软件的 1.0、2.0、3.0 版本一样不断改进，这样的园区就有希望。

最好的县域电商模式要符合六条标准

轰轰烈烈的互联网运动逐渐向县以下渗透，古老的乡村大地终于迎来一个被互联网所改造的时代，县域电商近一两年迅速成为炙手可热的名词。

互联网+与新经济带给县域发展新机遇

读《共享经济》，让笔者对“互联网 +”、新经济有了更深刻的认识。互联网 + 不仅是万物互联，而且是人人互联、人物互联、实时互联，具体表现为物联网、大数据、云计算、工业 4.0、电商等形态。互联网 +，首要的前提是进入移动互联网时代，没有这个前提就没有“互联网 +”。新经济则是以互联网为动力，是基于现有经济的提升改造，不是另起炉灶，体现为对现有信息更加有效的撮合与对称，挖掘现有产能潜力、现有资源价值的一种经济形态，从而改变现有经济学的产权理论、交易成本理论、社会道德理论、公司治理结构理论等。比如，共享经济、免费经济、人人都是 CEO，是不增加新的物质消耗的，更生态、更高效，也更人性。

对于我们的城市而言，特别是我们的县域而言，“互联网 +”与新经济主要有五个方面的意义。第一个是创业的新载体，让年轻人找到了一个最低门槛的创业门路，也让更多年轻人因此可以回到县域。第二个是增收的新渠道，让县域以下的特色资源，对接到互联网大平台，更便捷地走出去。第三个是消费的新热点，一方面新型消费产生，另一方面县以下的消费市场因为互联网而得到了充分的开发。第四个是民生的新平台，就是前面嘉宾讲的精准扶贫等，都可以借助互联网来实现更精准、更有效，也让老百姓享受到实实在在的信息化红利。第五个就是经济转型的新动力，因为互联网的存在，让县域很多产业的结构、很多的产业水平得到了改进和提升，最终改变了县域的生产和生活。

如果有人问笔者，在全国看了各种各样的模式，也跑了很多地方，印象最深的是哪一个模式？那么笔者会首先说，这个“最”，确实不好回答。但发自内心地讲，笔者觉得目前县域电商还处于早春阶段，还没有到繁花似锦的时候，所以我提不出来这个“最”。但我理想中最好的县域电商模式有如下六个标准。

第一，政府积极作为，既不是贪功冒进，也不是徘徊不前，而是深入地研究电商、明白电商的要义，从实际出发提出了合理的电商发展目标，拿出了切实可行的措施，而且还积极地给予了落实。更重要的是，很好地把握了政府与市场的边界，政府推动，让市场主导，让企业和各类市场主体当主角。

第二，平台有效协作，既不是让一两个企业“三千宠爱集于一身”，也不是各自为战、以邻为壑，而是同在蓝天下、共享一片天，有差异化地开展业务，也有竞争地进行探索和发展。

第三，企业自愿转型。县域电商不仅要靠强力的外力来推动，更要变成县域内现有企业的自觉转型，如果县域企业不转型，则外来的企业也干不好；或者外来的企业干好了，把本地的企业搞垮了，这都不是好的状态，而是在电商的生态链里分别找到好的位置。

第四，草根踊跃创业。电商是大众创业、万众创新的风口，电商的发展要让成千上万的年轻创业者找到创业的新天地，既要大象起舞，也要蚂蚁雄兵，稳定就业、促进创业与改善民生并举。

第五，生态基本完善。县域电商就像一棵大树，没有根深，就没有叶茂，地下的庞大根系就是电商生态的形象比喻，从电商服务业到物流快递再到供应链改造直到产业链转型，都是电商生态的一部分，没有一棵只有主根的树会长大，也没有只有一两个电商企业就能繁荣的县域电商。

第六，群众得到实惠。发展电商不是目的，真正的目的是县域的老百姓需要电商，是经济社会发展电商，最后的成果体现一定是老百姓从电商中间得到了实惠，或者收入增加了，或者生活便利了，或者幸福指数提高了，其他任何的数字指标都不能替代这些基本标准。

按照这六个标准，笔者点一下印象比较深刻的几个县，如深耕生态的浙江遂昌，买西北、卖全国的陕西武功，探索电商扶贫的甘肃成县，由服务商推动的吉林通榆，传统企业积极转型所代表的安徽怀远。这些模式有自己的特点，当然也都有需要完善的地方，还不能说完美。

要达到最好的标准，政府最应该做和最不该做什么

县域电商政府最应该做什么，最不该做什么？笔者有一个不成熟的看法，即政府最应该做的事就是打基础、管长远、优服务，打造这样一种状态——让平台、企业、创业者都愿意在这个地方发展，而且有一种如沐春风的感觉，能如愿发展。要达到什么样的政府作为呢？硬件要够硬，软件要够软。网、路、物流等电商基础一定是很过硬的；软就是态度、服务、环境、氛围要好，让大家感觉良好。

政府最不应该做的，笔者觉得第一就是要十分警惕形象工程，这种形象工程往往没有尊重电商的规律，劳民伤财，效果寥寥。第二是不要越俎代庖，把握住边界，不能政府做了企业的事，手伸得过长；不缺位，也不能越位，最好是准确卡位；让政府做自己该做的，让企业也做其该做的。第三是心态问题，谨防急功近利，超越了现在的发展阶段，做出了一些目前还达不到这个程度的事情。这可能会影响县域电商的正常发展，导致将来会存在一些隐患。

5

农产品电商——土包子的新玩法

农产品电商自2009年以来呈现爆发状态，大量农产品开始由传统渠道走入电商行列。到今天为止，农产品电商规模已经超过1 000亿元，蔚为壮观。然而这一切似乎才是一个开始，因为全国每年消费的食品约为8万亿元，农产品约为4万亿元，生鲜产品约为2.5万亿元，目前电商的渗透率还极低。所以，农产品电商被誉为电商最后的蓝海，市场争夺之战愈演愈烈。

但由于模式的问题并没有很好地解决，整个竞争依然处于粗放的状态，农产品电商到目前为止呈现两极分化状态：一方面，不受保鲜问题影响的干货农产品呈现与一般电商商品类似的低价营销恶性竞争，以新疆大红枣为例，早先一斤还能卖到30多元，如今已经跌破20元，直逼成本线；另一方面，生鲜电商的路径依然在探索之中，先锋成先烈的投资悲剧一再上演，全国4 000家生鲜电商盈利的商家不到1%，但赔本赚吆喝的事件一再上演，资本依旧疯狂介入。

农产品电商将来要向何处去？首先，光明的前景不可否认，但曲折的道路依旧需要摸索。大体呈现出如下方向：在传统干货农产品电商领域，要么走品牌化路线，增加附加值；要么打通产业链，降低采购成本；要么加强管理，降低运营成本。在生鲜电商领域，基本上认同了本地化、社区化、O2O的思路，现在处于具体落地模式的探索状态。

当然，只要这个巨大的市场在，在市场的力量之下，农产品电商的进一步辉煌也有理由可以相信，正所谓“沉舟侧畔千帆过，病树前头万木春”！

农产品电商，看上去很美

几乎没有人怀疑农业电子商务的美好前景，马云团队对于农产品电商的预测更引起人们的良好憧憬。今天的农产品电商可谓风云际会，农产品进入市场交易的金额为2万多亿元，而2013年农产品电子交易仅200亿元，不到1%，可以想象其市场空间；农村通信基础设施的改善，支撑了农产品电子商务的快速发展；31 000家农业网站，推动农产品交易方式加速转变；物流、冷链体系既促进了农产品电子商务，又因为农产品电子商务而加速完备；国家政策积极鼓励，商务部出台文件促进线上线下相结合的鲜活农产品网上批发和网上零售；农业电商以现代的经营理念、运营方式让农业这个传统的产业焕发出勃勃生机。

然而，马云只有一个，在农业电商如雨后春笋般涌现的时候，也有一批农业电商像春天的落叶在人们的惋惜声中落去，正如刘禹锡的诗句，“沉舟侧畔千帆过，病树前头万木春”。笔者最近接连看了两个农业电商的“病相报告”，感觉有些问题值得深思，那种赶潮流、炒概念、重表面的农业电商经营模式尤其值得反思。

是否将农产品在网上卖就能降低其成本？恐怕不是这样的，与大型批发市场相比，在网上销售的农产品因其细碎、分散，物流成本并不低。既然这样，如何赚钱？只能高端化，然而高端化又面临信任危机。更何况农产品还有非常麻烦的保鲜问题，有限销售时间很短，折损率很高，储藏成本较大。这也是部分农产品网上销售总量有限的原因之一。

农产品电商能覆盖多少用户？至少面临农产品的严重多样性（有种植业、养殖业、土特加工产品等，仅蔬菜就有几百种，常见水果也有几十种）、客户需求的多样性（现在的家庭每天要消费多少种农产品）、供应商的严重有限性（单一的供应商所供应的品种有限）、电商整体供应的有限性（绝对不可能把农产品做齐全）。除淘宝这样的平台式电商外，一般的供应商绝无能力将各类农产品收集齐全。这样顾客又该如何选择？

农产品电商是沙地上的楼盘？农产品与工业品的不同在于，农产品是生物生产，集自然与经济规律于一体，绝对不会像工业品那样标准化、批量化、经常化、稳定化，产品时有时无，质量时好时坏，也属正常。以这样的基础，按工业品电子商务的套路来做，无论概论怎么美、路径如何优、宣传如何到位，都经不住考验。事实上，不幸倒下的农业电商差不多都面临产品源头难以控制的“阿喀硫斯之踵”，这是一种致命的硬伤。

究竟如何定位？电子商务有企业与消费者之间（B2C）、企业之间（B2B）、消费者之间（C2C）、企业与政府之间（B2G）等类型的交易，除淘宝等个别的大型电商具备“大型综合商场”功能之外，大部分的农业电商做的是企业与消费者之间的直接交易，有可能在“大型综合商场”租柜台销售，也可能建立自己的“专营店”（独立的网络营销体系），但支撑这一营销体系的根本均是产品。

误区在哪里？回想起互联网热潮叠起的年代，人们天真到只谈概念不谈盈利的程度，谁谈盈利似乎谁就目光短浅，大量烧过钱后，无数的概念网倒下；如今农业电商似乎也面临这样的趋势。可笔者还是“目光短浅”地说,盈利点在哪里？产品的源头你能否控制？客户的信任基础是什么？这些问题回答不了，难！

即使说了这么多，笔者对于农产品的电子商务还是充满了期待。在物流业已经非常发达的今天，传统的农产品终于可以借着现代的信息化手段加速现代化，而整个农产品营销的信息化将有助于减少流通环节，以及提高流通效率和优势农产品的市场开拓能力，那些成功的农业电商也将脱颖而出！

农产品电商能覆盖多少用户？

- 一个小区？一个街道？一个区？一个市？一个省？一片地区？全国？

农产品的严重多样性。

- 种植业、养殖业、土特产，仅蔬菜就有几百种，常见水果更有几十种。

客户需求的多样性。

- 现在一家人每天要消费多少种农产品？

供应商的严重有限性。

- 单一供应商供应不了几个品种

电商整体供应的有限性。

- 不可能将农产品做全。

做农产品电商要想清楚五个问题

这几年随着互联网技术的普及，一种叫作“电商”的商业形式发展迅猛，已经成为经济发展的亮点。特别是在农村，作为电商的一种形式，网上销售也发展很快，促进了农民增收，也带动了农村经济发展。要想做好农业电商，要在实践之前想清楚五个问题。

卖什么?	怎么卖?	在哪卖?	谁来卖?	准备卖到什么程度?
•干货:(1) 快捷交易 (2)易陷于低价营销的误区。 •生鲜:(1)物流成本高。(2) 损耗居高不下。(3) 标准控制很难。	•批发：主导地位，适用于大量大路货。 •零售：非主导地位，适用于新奇、有趣、少量。	•淘宝：层次最低。 •天猫：主要经营品牌的商品。 •阿里巴巴：中小企业专用平台。 •苏宁易购：平台开放，政策优惠。 •一号店：专门做生活类产品。	•自己卖，用着放心，从头开始比较慢。 •请人卖，营销得心应手，费用较高。	•全部做网销？ •部分做网销？

第一个问题，卖什么

农产品总体可以划分为干货和生鲜两大类型。干货，像红枣、杂粮、菌类、茶叶、核桃等，可以快捷地在网上交易，与一般淘宝店卖的产品并无明显差异，但缺陷是同类品种太多，容易陷入低价营销的误区，量上去，也不赚钱。生鲜，像水果、蔬菜、生肉、禽蛋等，上网交易有三大难点：一是物流成本高，一上网反而贵了；二是损耗居高不下，不比卖了多少，要看烂了多少；三是标准控制很难，每批的产品可能不一样，客户反映不好。所以，干货上网销售容易，生鲜不容易，传统渠道可能更好。

第二个问题，怎么卖

是做批发还是做零售？B2B 业务（企业对企业）目前依然是主力，即批发型主导，2013 年占电子商务 80% 的比例，主要平台有阿里巴巴，市场份额为 44.5%。其他大型平台有：我的钢铁网、环球资源、慧聪网、中国制造网、环球市场、网盛生意宝，分别占 10.6%、7.1%、3.6%、2.4%、1.7%、1.3% 的份额。B2C 业务（网络零售）增速虽然较快，但交易额只有 B2B 业务的 1/4 多，主要的平台有：天猫商城（占 50.1% 的份额）、京东（22.4%）、苏宁易购（4.9%）、腾讯电商（3.1%）、亚马逊中国（2.7%）、1 号店（2.6%）、唯品会（2.3%）、当当网（1.4%）、国美在线（0.4%）、凡客诚品（0.2%）等。所以，如果经营的是大路货，而且量还非常大，那么最好还是做网上批发。

第三个问题，在哪卖

也就是说，究竟上谁家的平台？或者形象地说，出门准备上哪条高速路？淘宝网层次最低，门槛也最低，但鱼龙混杂，以低价营销为主，竞争十分激烈；但淘宝开辟了淘宝生态馆，专门销售区域优质特色农产品，有一定的门槛和规定，提倡自产自销。天猫商城主要经营品牌的商品，门槛较高，要交押金，处罚也非常厉害，卖的东西较贵，但主要卖品牌，牌子不亮，上去了也不好卖，而最新的政策已经关闭了一般企业的申请入口，门槛更高了。阿里巴巴（1688.com）是中小企业专用平台，也加强了农产品营销，可以作为网上批发的渠道。

苏宁易购从原来的大型电器专场转型而来，逐渐涉及生活用品及农产品，目前平台开放，招商政策较为优惠，还配套在线下做展示。一号店曾由大名鼎鼎的外资沃尔玛集团控股，现在又被京东收购，专门做生活类产品，比较专业，平台也开放，但条件较为严格。总之，可量力而行，先开一两个窗口，再循序渐进。

第四个问题，谁来卖

即自己卖还是请人卖？目前全国缺电子商务人才，总缺口在150万人左右，不会做网上的买卖是一个大问题！一种办法是自己请人才，或者内部培养人才，专门负责营运，好处是自己人，用着放心，但从头开始，比较慢；另一种办法是直接请代运营公司，由专业团队全面负责，好处是网络营销得心应手，缺陷是费用较高，而且有可能水土不服。但不管怎么说，如果没有人才，则这个事情不好做。最近的人才在哪里，就是返乡创业的年轻人，其最熟悉，也愿意做，需要用心发现，以感情和待遇来留人。还有一种理想的状态，父子结合，儿子在网店做前端营销，父亲在后端做生产和发货。

第五个问题，准备卖到什么程度

是全部做网售，还是部分做网售？如果不是专门的农业电子商务企业，则肯定面临传统渠道与网销渠道的精力分配问题，一定要慎重，深入研究之后再做决策，若条件允许则最好网上网下并行。是把优势的产品拿到网上卖，还是将卖不掉的产品再拿到网上？服装企业过去都把尾货拿到网上卖，低价回笼资金，农产品能不能这样做？好像不行。包装不好、品质不好，网上卖很快就会砸锅。根本问题在于，商家对于电商这件事的认识、决心和投入力度。

初做农产品电商常见的三个问题

从理论上讲，电商与农产品的结合并不复杂，目前似乎也没有什么产品不能在网上卖，其前景很好，人们趋之若鹜，然而真正做起来却并不容易，激情满怀进入的多，顺顺当当走下去的少。初入农产品行业者，常见问题大体有三种。

第一种常见情况：想得简单

有人觉得做网商无非就是找一两个人、拉根网线、开个网店、找点产品就可以了。其实不然，完整的电商系统比较复杂，网上卖只是冰山一角，不仅有网页设计、产品美工、营销软文、推广运营等前端的内容，更有卖的产品由谁生产、准备卖的产品放在哪里、谁来包装运送、客户投诉怎么办等一系列问题。根据调查，绝大部分农民网店并没有到“钻”级，大部分在 1、2、3 星级，有 20.94% 的农民网商反映提高销售量困难，20% 的农民网商认为缺少开店知识，另有 13.92% 反映不会设计网店，11.7% 反映组织货源困难。当前最常见的情况就是，网店很快就做好了，开起来后商家却一脸茫然，不会经营。所以，要做农产品电商，应先学习电商相关专业知识，接受一些专业培训。

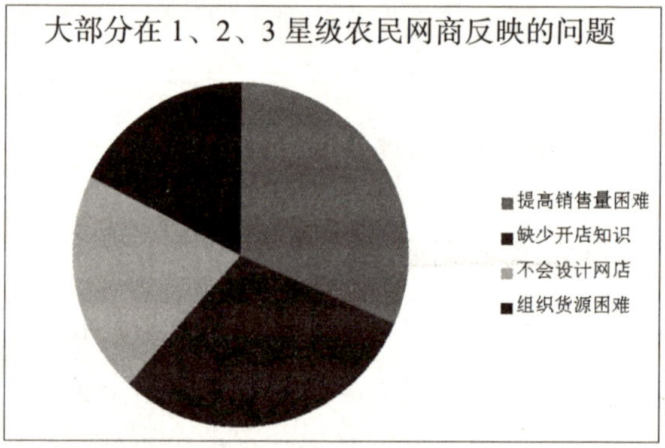

第二种常见情况：卖不出东西

店开了很久，可能只有几单生意，甚至长时间零交易，商家难免大失所望。这其实也很正常，网上开店的企业有 1 200 万家，淘宝网店有 1 100 万个，在网上搜索某一种产品就有几千款，如果没有好的营销，那么照样卖不出去。一个淘宝店主说半年没有交易，实际上，他既没有给周边的人说，也没有用微博、微信、QQ 进行宣传，更不知道什么是导流量、直通车、活动大促，在网上等着，何其难也！实体店要打广告，网店要导流量，其实是一个道理，核心是要有人光顾，不管是人进店，还是在网上点击页面，都得费功夫。据了解，网店导流一个客户的成本已经为 150 元左右。所以，必须想办法降低营销成本。实体店打广告可以动用报纸、广播、电视、网络等，网站同样需要动用上述手段，全渠道营销、见缝插针，利用好各种低成本的载体，尤其是微博、微信和QQ。

第三种常见情况：运营成本下不来

卖得不多，花销不少，有营业额却占用精力巨大，盈利无几，甚至亏损，像鸡肋一样。这种情况的原因如下。第一种是确实技能不足，运营效率太低。第二种是花了太多的钱来导流量、做推广，理论上赚的钱全部交给平台。第三种是产品设计不好，同质恶性竞争，赔本赚吆喝。对于技能不足，要坚信人才的成本绝对不能省，下力气提高运营水平；对于营销费用太高，要想办法使用节省费用的载体，像新媒体就是有效渠道，微博营销、微信营销的成功案例相当多；更重要的是，要综合看网售，其不光是卖东西，更是与顾客的互动过程，多用点心思留住老客户，比一味导流量拉新客户可能更靠谱；最根本的是产品问题，如果产品质量不好，市场定位错误，那么即使花再多的精力可能也是徒劳。

初入农产品电商行业，应注意如下四点：一是主打产品的确定，在众多的农产品中选出有代表性的特色产品，优先聚焦推出；二是要营造良好氛围，在宣传上下功夫，讲出好的故事，迅速传播出去；三是以切实有力的具体措施来落实，如电商人才的选拔培养、农产品电商产业链条的构建、对电商数据进行分析倒推生产转型等；四是要有长远和阶段性的目标，形成可执行的发展规划，指导实践发展。

从事农产品电商，不同层次，路径亦应有所不同。实力小，应该借船出海，先上大的电商平台，如淘宝、天猫、京东；实力中等，应该把鸡蛋放在多个篮子中，开展全网营销；实力强，还可以自建平台，做产业链，成为小而美的垂直电商，但要一步一步来。

总之，电商前景光明，但门道也很深，做农产品电商，就要认识电商，用好电商，才能取得理想的效果。

对农产品电商问题的几点反思

2013 年以来，笔者陆续结识了一些“新农人”，他们中相当多的人是做农产品电商的，我们共同学习交流，形成了一些心得体会，借此机会分享给大家。

避免两个误区

没有人怀疑电商的前途，但需要深化对电商的认识，主要是避免如下两个误区。

第一个误区，把电商看作一个独立的产业形态，为电商而发展电商，与实体产业结合不紧密，最终成为无源之水。在笔者看来，电商是现代产业和营销的桥和船，可以帮助我们到达彼岸，但其本身不是彼岸。最令人担心的是忙于造船而忘了过河。

第二个误区，把电商看作一般的营销手段，作为一个新的渠道来运作，忽视了与现有产业的融合，结果独木难支。在笔者看来，电商有渠道作用，但更多的是化学反应的催化剂，能加速和增强化学反应效果，但本身并不参与新的化学合成，贵在渗透融合。

笔者有这样一种认识，农产品电商不是单纯地卖产品，而是从根本上改善农产品产销模式，将传统的以产定销模式转向市场营销推动生产，让生产者、销售者、消费者三者结合更紧密，推动产品质量标准化、产销信息对接高效化、企业形象生动化、农产品消费个性化，加速现代农业产业体系的形成。

要战略，更要战术

农产品是电商最后的宝藏，商家既要在战略上高度重视，更要在战术上深入钻研。

农产品电子商务前景无限，但理想丰满而现实骨感。在当下，活着是农产品电商的第一要义。所以，在把农产品电商作为经营战略的前提下，运用好市场细分化理论，解决具体的战术问题。用一句话来形容，就是：猪鼻子朝前拱，鸡爪子向后刨，各有各的道，一定要放宽电商的视野。

必须清楚，不同产品，路径不同。目前农产品电商类型有十几种，渠道也多样，如干果与生鲜不一样，高附加值与低附加值不一样，要结合自身实际来决策。

也必须清楚，不同层次，路径亦不同。实力小，应该借船出海；实力中等，应该把鸡蛋放在多个篮子里；实力强，还可以自建平台，做产业链。

必须重视产业链

一味烧钱走不远，电商要走群众路线，产业链时代不可避免。

不能为了电商而电商。赔本嫌吆喝，注定走不远。别在上面玩设计，要到底层找出路。不管概念如何新，资本多充足，烧钱最终有尽头。

这是一个产业链的年代，没有可靠基地，没有物流的创新，电商的作用就难以发挥好。农场、门店、连锁超市、集市、CSA 宅配、配送物流、冷链，建立完整的农业产业链，形成长期稳定的渠道，这是生鲜电商的最终方向。

线上线下双向运动

摒弃对电商的傲慢与偏见，开展双向运动，合作共赢闯明天。

电商和实体店结合是农产品销售的最佳模式，一方面电商要向实体方向迈进，另一方面传统农业企业要主动借助电商改造现有体系，与电商主动融合。因而，农产品电商应该是线下与线上的相向正面运动，互相主动伸出手，携手并进；而不是并行运动，更不是背向运动。

目前农产品电商鱼龙混杂，最终的出路是品牌营销。可口可乐的成本构成与之差不多，原料成本也只占 10% 左右，剩下的都是营销费用。现代品牌营销已经颠覆了传统的产品销售“三三制”原则（生产成本、中间流通、终端销售各占价格的 1/3），对于那些想把产品做成品牌的企业来说，这是必须仔细钻研的一课。陕北苹果长期强势的区域品牌反而影响了企业品牌发育，现在需要战略眼光，下决心从苹果销售向苹果营销转型！

当然，农产品电商整体还在起步阶段，需要政府扶上马、送一程。笔者有四条建议：一是提升战略地位，明确相关政策，加大资金项目扶持；二是加强人才培训，提升发展活力；三是增强行业交流，强化资源整合；四是筹建行业平台，夯实基础支撑。

生鲜电商在泥潭中努力挣脱

农业不是工业，农产品电商也不同于工业品电商。尽管生鲜电商被誉为最后的电商蓝海，但基于对产业特殊规律的认知程度和实践上的空白，那些简单复制普通电商模式而勇做生鲜电商先锋的企业，最终难免“先锋变先烈”，遭遇让人扼腕叹息的悲情结局，尤其以2013年年初的北京“优菜网”寻求转让及上海“天鲜配”被转卖为标志。2013年年底，一篇《中国3 000家农产品电商几乎无一家盈利》的文章再次引发人们对生鲜电商的激烈讨论，虽然有资料证明并不是全军覆没，而是有盈利者，但总体的惨淡经营是令人无法否认的。

三大困境难解

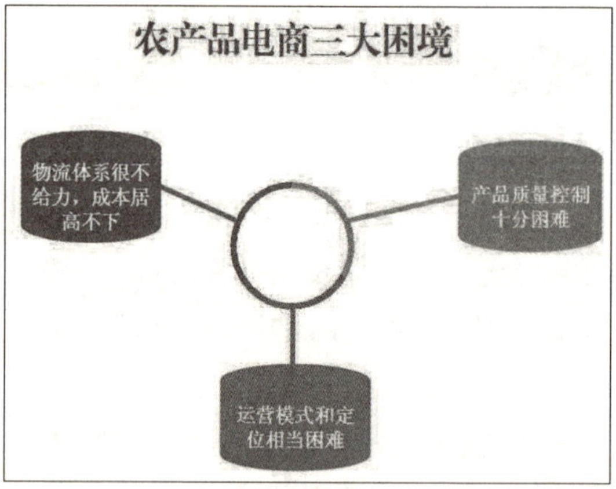

实际上，农产品电商特别是生鲜电商，更多的是看上去很美！几乎没有人怀疑农产品电商的美好前景，但却对其特殊的困难认识不足。生鲜电商有如下三大困境。

一是物流体系很不给力，成本居高不下。别的产品在网上卖可能会便宜，但农产品却贵，因为人们对于农产品得天天消费，其又难以久存，单次采购金额较小，物流配送成本问题就十分突出，一些生鲜电商最初天真地要与普通菜市场竞争，结果只能铩羽而归。

二是产品质量控制十分困难。农产品不是工业品，一个机床、一个模具就能生产出标准化产品，而是动植物的自然生产，势必造成标准化十分困难，更容易受到工业所没有的自然风险影响，产品持续供应也很成问题。更因为农产品地域特点突出，形成了面上品种极其丰富与实际可供应产品极其单调的矛盾。还有销售过程中的储藏保鲜，更让人头疼，其损耗率十分惊人。

三是运营模式和定位相当困难。做有机产品，源头控制成本很高；搞单纯的 B2C，仅物流成本就能将企业压垮；针对白领、富人群体，信任很难过关等。

同时，垂直生鲜电商的出现也有些生不逢时，电商已经过了平台的年代，现在的平台已经太多了，在那些烧钱的大电商纷纷进入生鲜领域的时候，中小电商根本打不起恶性竞争的持久战，只能中途退场。

事实表明，生鲜电商看起来像美丽的大草原，其实到处是沼泽，使人极易陷入，需要小心行走。

三大阶段探索

综观生鲜电商的历程，大体可分为三个阶段的探索历程，不断积累着生鲜电商的运营经验，为成熟的商业模式做铺垫。

第一阶段，与菜市场 PK。主要是基于简单的电商思维，以为用电商这一新的零售形式可以掀起卖菜的革命，结局很简单，一败涂地。表面是中国大妈没有网上买菜的习惯，根子上是网上买菜既不便宜，又不新鲜，还比较麻烦。毫不客气地说，目前还没有比“产地—批发市场—菜市场”更便捷、更节省、更高效的生鲜销售模式，大宗生鲜产品销售的主渠道肯定是菜市场，以后超市的作用可能会上升，但电商短期内还很难做主角。这一阶段从 2008 年起步，大体在 2010 年全面失败。

第二阶段，小而美。既然与菜市场无法比拼，那么只能模仿垂直电商，走高附加值的私人订制路线，以特色的产品、优良的品质、完善的服务来实现相对固定且较有规模的客户群、较高的客单价和较多的反复采购率。由此出现了以有机生态为品质标签，以特色蔬菜、水果、肉类为主要品类的专业生鲜电商。但缺陷在于：源头的质量控制不易；客户推广成本较高；客户的信任机制不容易建立，如沱沱工社 2014 年 1 月遭遇的质量信任危机；物流成本与损耗率依然居高不下。

第三阶段，发现新大陆。基于前两个阶段的探索，普遍的认识已经一致，即农产品与工业品真的不同，需要在成本控制、品质保障上狠下功夫，做产业链是不可避免的，而且要努力降低成本而不是单纯过高溢价以实现盈利。但需要警惕的是，又出现新的一窝蜂式的竞争，就是力图通过社区化的终端建设，来降低物流成本和生鲜损耗，竞相在社区便利店、配送站、保鲜箱等终端上投资，其投资成本与最终节本增效成果需要观察。

三大方向显现

前面跌倒的人多了，后来的人才会明白怎么走路。经过一系列前仆后继的探索，农产品电商模式逐渐从混沌走向日渐明晰，基本探索出如下三大出路。

一是品牌化。深度开发农产品内涵，提升品牌附加值，避免低价恶性竞争的误区。品牌对于农产品而言，目前还停留在地域品牌的初级阶段，如西湖龙井、洛川苹果、龙口粉丝等，但真正的市场品牌极少，像“褚橙柳桃”之类，将有很大的开拓空间。

二是社区化。把农产品的物流链缩短，降低物流成本，提高保鲜程度和降低损耗率。目前已经意识到最后一公里的重要，但终端的建设也需要成本和渠道融合，还有管理的问题，细节需要完善。

三是线上线下相融合。O2O+B2C，以微博、微信营销为辅助手段，运用大数据精准定位，大幅降低营销成本，逐渐找到盈利模式。这是一种做精做深的办法，具体的操作技术还需要提炼。

归根结底，生鲜电商是定位和路径问题，究竟是为了把农产品放在网上还是为了更好地通过网络来销售农产品需要深思，最终也还要与传统路径相融合。如果普通农产品能便捷地在社区实现网上交易和就地送配的无缝对接，那么也许生鲜电商的大问题就真的破解了，最终“飞入寻常百姓家”。

生鲜电商的四个新趋势

观察当前生鲜电商模式探索的新进展，概括起来有如下趋势。

第一，物流成本的控制有所突破。即不再迷信于传统的远距离运送电商模式，大多立足某一两个城市来深耕，更加本地化、社区化，最大限度地缩短运输距离，也十分注重与现有物流渠道的整合，如与社区便利店、报纸发行员、物业的合作等，这显然是降低物流成本的根本办法。

第二，产品保鲜的程度有所提升。主要表现在：对全程冷链技术的探索，分不同品种实施不同的温控措施，减少了损耗；大幅度提升物流的速度，由过去的次日达进一步提升到 8 小时以内送达，甚至是两三个小时的直达，以速度提升保鲜程度；解决最后一公里的问题，终端使用了保鲜箱、冷藏柜等载体。

第三，标准化的问题有所规范。基本上认识到，目前要靠分散的农业经营主体提供标准化的生鲜产品十分困难，对应的办法主要有：找靠谱的供应商，自寻基地，加强买手团队建设，重视二次分拣等，实现不同品种的不同层次的相对标准化。

第四，盈利模式的问题有所改进。如果说前期的生鲜电商都是本着跑马圈地的思路入场，则现在理性多了，因为风投对于电商的态度明显谨慎起来，对应的是生鲜电商的经营主体也开始考虑如何“居家过日子”，精打细算起来。目前探索出来的盈利模式：高举高打，做进口、有机食品，提高盈利空间；减少产业环节，加强产销直接对接，提高产品质量，提升盈利水平；改进推广运营，降低管理成本，以节本实现增效。

从目前生鲜电商的发展情况看，在方向基本明晰的情况下，再出现重大突破性创新的可能性在减小，但完善模式型的再创新和对现有模式整合的集成创新应该会加快出现。比如，既然生鲜云集在同城，则同城冷链物流整合起来，也是一个大产业，因为自建冷链物流其实对各个电商某种程度上是不得已的事情，京东似乎就有开放物流这个意向。再比如，生产基地环节，大量地自建基地，不仅不专业，而且资金沉淀非常厉害，这也是在不自觉地走向重资产模式的奴役之路，如果有靠谱的生产商出现，那么也是各大电商企业欢迎的。还有，线上与线下融合的趋势也日渐明显，电子菜箱、社区门店、小区物业等落地终端出现混合使用新模式，各个模式的独家秘籍开始共用等。

如果套用过去一句常讲的话，则生鲜电商依然是形势比人强。在几万亿元的市场面前，激烈的市场竞争一定会为目前看来不可克服的生鲜电商瓶颈探索出好的解决方案来，由此生鲜电商的前景也可以更为乐观一些。

在“双十一”中反思农产品电商

不出所料，2013 年的“双十一”继续上演着疯狂，一年一度的淘宝盛宴又结出了丰硕的果实，350 亿元、1.5 亿个包裹——这是让世界侧目的一个新纪录，这还不算非阿里平台上的其他电商，京东、苏宁、亚马逊、当当等。即使陕西这样的西部省份，“双十一”消费依旧达到 6.35 亿元，交易额列全国第 16 位，较上年的 4.4 亿元有大幅增长。而且，呈现各大电商集体狂欢的场景，苏宁易购陕西区销售同比增长 300%，配送量达到 2 万件次 / 天。然而，在“双十一”盛宴大幕拉下的时候，在各个电商兴奋地进行盘点的时候，笔者还是忍不住想起了更多。

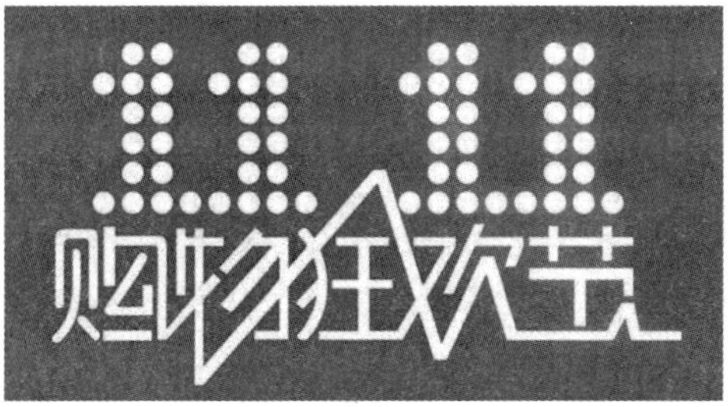

电商已经改变了人们的消费行为，人们又来怎样改变电商

从哲学角度看，人对自然界的每一次改造，也必然会导致自然界反作用于人。机器虽然是人类的伟大发明,但也让在机器生产线上的人们成为机器的“奴隶”。现在的电商也有类似的苗头，在给人们带来极大的便捷和实惠的同时，也让人们心甘情愿沦为电商的“奴隶”，试看那上千万的人像除夕守岁那样守在电商网页上，能不让人感到震惊吗？一些人也惊呼，网购狂离自己其实并不远，是什么让电商充满了如此强大的魔力？更重要的是，人们又该如何让电商改变？还有与电商狂欢形成鲜明对照的传统柜台，销量下降，如何拯救？能否这样预见，电商改变了人们的消费行为，也改变了生产商的营销方式，但电商最终会在整个经济社会的转型中，又逐渐与产业深度融合，化于无形，成为生活和生产的一种手段，并最终再次分散开来，形成更多的专业化平台？

农产品电商，依旧寂寞谁来解

在创造电商史上最牛销售奇迹的同日，与农民经济增长挂钩的“农产品”却出现了“普通农副无人买，活动区内无品牌，费心费力搞网销，成交量就上不来”的现象。仔细观察，人们在“双十一”抢购的东西大体都有如下共同的特征：一是等得起，一时半会儿不用也行，可以等待降价；二是放得住，买了又能用很长时间；三是差值大，市场价格、网上价格与活动期间的价格相差较多，值得抢购。最终，抢购的对象基本上以服饰衣帽类、耐用商品类为主。而农产品无法存放太久，单次抢购差价也不大，也就不用抢了。当然还有生鲜农产品上网本身少、物流瓶颈等因素，但不是主要的原因。

然而，最普遍的农产品却在网上销售中稀缺着并卖出远高于一般农产品的价格，这与“网购就便宜”的电商概述形成了反比，这一症结不破解，农产品电商终将难以普及。目前，生鲜的物流逐渐破题，但高昂的运输成本却是不争的事实，也不是长久之计。必须找出一种与普通农产品流通渠道相融合的、更适合社区家居生活的物流体系。笔者曾以“农产品电商，看上去很美”为题，写了一篇关于对农产品电商的感受的文章，提出了成本如何降、物流怎么送、多样性如何满足等现实问题。现在看来，最终是定位和路径问题。农产品销售最终要与传统路径融合，在社区的便利性上下功夫，目前的物流体系并不适合农产品，与传统的融合不可避免。

也有人问，农产品就应该低价吗？可事实上，普通农产品就是低价的，这是生活必需品的基本特征。农产品电商目前卖不了普通农产品，人们对于馒头、面条、萝卜、青菜的需求，如果能通过手机一点就能在家门口拿到来满足，则这才是最理想的状态。现在的网上农产品大多是个别消费。农产品电商的目的就是要达到楼下卖橘子那样便捷、实惠，回归普通生活必需品的本色！

当然，农产品电商的差距也是未来的发展空间，出路在何方？需要农产品品牌营销的深度推进，需要农产品物流体系的进一步改善，还需要电商与传统农产品销售体系的融合，当普通农产品能便捷地在社区实现网上交易和就地送配的无缝对接时，问题可能就真的破解了！农产品电商的高端化最终要向“飞入寻常百姓家”转型。不过，目前的农产品电商第一步却是要活着，从干果类的精细化做起，梯次推进生鲜农产品的电商化，特别是传统的大型农产品经销企业，确实有必要琢磨依托现有社区配送体系，以电商模式改造现有营销方式。

“双十一”又来了，生鲜电商怎么办

距离“双十一”还有近一个月时，相关的话题已经开始预热了。2014 年的特别之处在于，阿里巴巴上市了，作为上市后的第一个大活动，肯定是要精心组织的。有消息说，2014 年“双十一”的销售目标是 500 亿～ 700 亿元。值得关注的还有一点，既然阿里巴巴宣布农村电商作为今后的三大战略重点之一，那么“双十一”活动中，农产品电商会不会相应爆发？而众多的生鲜网商又该如何面对这一年一度的网上购物狂欢？

要有一点平常心

在 2013 年 350 亿元、1.5 亿个包裹的“双十一”盛宴中，农产品是寂寞的，出现了“普通农副无人买，活动区内无品牌，费心费力搞网销，成交量就上不来”的现象。2014 年就会好吗？可以肯定的是，2014 年的情况肯定要好于上年，这一年来，农产品电商的发展是有长足进步的，无论是在模式上，还是在品类、物流上，都有所改进，加之阿里巴巴又把涉农电商作为重点，肯定要用心推动。但是，对农产品电商的整体情况特别是生鲜品类预期不要过高，要有平常心，原因如下。

第一，产品特性所致。生鲜农产品价值低、难保存，家里买多了吃不了，没地方放。可以参考那些已经到了“剁手”级的买家的购物清单，为“双十一”准备的收藏商品中有几件农产品？

第二，消费特性所致。农产品特别是生鲜产品，是典型的快消品，几乎天天见，重复购买率高，没必要囤积，除非有了应急情况。像非典时那样有人囤积几年都吃不完的盐的傻事肯定不会经常出现。纵然螃蟹再好、再便宜，我也绝对不会一次买十筐。

第三，营销重点所致。目前的网购以跨省销售为主，这样的销售策略绝不应是生鲜电商的重点，实际上除个别品类外，也难以成为重点，生鲜电商的出路在本地化、社区化、O2O。更何况，在网购盛宴中出现的海量订单中，客户沉淀率很低。

三条可行的建议

然而，一年一度的网络购物盛宴，生鲜产品怎能袖手旁观？建议如下。

第一，顺势而为，应季而作。生鲜电商的“双十一”策略应该定位于品牌的推广，而不是单纯的销量，借助参加活动努力提升客户的认知度。同时，农产品的季节性强，在“双十一”时上市最好不过，或者稍晚上市，开展预售也可以。如螃蟹、橙子、苹果、特色肉食、禽蛋等。

第二，品质当先，慎重价格。农产品相对于工业品而言，附加值偏低，而生鲜产品还存在一个损耗奇高的问题，打价格战，不是好办法，重点在品质、在品位，可以适当优惠，突出用户体验，提高客户的黏度。

第三，完善服务，物流过硬。农产品包括生鲜产品在内，是非标的，这是农产品的自然特性，但非标不等于没有标准，需要外观相对一致，内在品质保持稳定。物流尤其要注意，这基本是生鲜电商的阿卡琉斯之踵，教训惨痛，加之“双十一”期间物流本来就不堪重负，一定要进行完备的包装，选定可靠的物流，及时处理客户反馈，避免负面评价。

农产品电商：是又一次淘品牌的狂欢吗

尽管农产品品牌已经进入了地域公用品牌的时代，但互联网上的农产品品牌化进程，并没有与之相配套起来，太缺乏有影响、有实力的农产品品牌企业了。于是，出现了一个与天猫商城起步之时有些相似的情形，即线上品牌的兴起，让人不禁回想起“淘品牌”风云一时的年代。

淘品牌的沉浮

为了说明这个问题，不妨简要回顾一下“淘品牌”的兴起过程。2008年淘宝商城（今天的天猫）上线时，原先设计的品牌化路线遭遇了传统品牌企业的冷遇，但品牌是天猫与淘宝的基本界限，于是天猫上线品牌的要求只能降低，但至少必须是品牌，从而诞生了“淘品牌”的奇迹。以韩都衣舍、小狗电器为代表的一批“淘品牌”飞速增长，创造了网络商业的造富神话。然而，时过境迁，等到传统品牌企业缓过神来并迅速向电商转型的时候，淘品牌受到了空前挤压，逐渐在竞争中败下阵来。2014年，以床上用品为典型，排名前列的基本是传统企业；而在电子用品类目中，除小米手机这个纯粹的互联网品牌外，排名前列的基本上是传统企业。是不是唯独中国如此？不是，美国的电商市场情况基本类似，即传统企业占据优势。为什么？很简单，电商并没有改变商业的基本逻辑，好产品是根本，这恰恰是“淘品牌”轻资产模式不具备的，一味的代工模式并不能支撑企业走得更远，于是“淘品牌”又不得不开始建立自己的生产线，再次走上重资产的老路。

农产品淘品牌的美好时代

农产品电商从2009年开始进入高速增长期，品牌的问题随之而来。但从现状看，传统农产品品牌与互联网品牌出现了明显的“代沟”，那些有一些影响力的农产品地域品牌，并不能很好地理解和运用电商这个有效工具，特别是目前的农产品企业，还普遍缺乏应有的电商敏感和有效的电商策略，显得漫不经心、漫无目的。但是，农产品的电商之路却提出了市场品牌的新要求，甚至比当年服饰、小家电行业的品牌诉求更为强烈。因为，农产品毕竟是人吃的东西，绝不可以随随便便在一个没有质量保障、也没有信任基础的销售窗口去购买，品牌就是这个质量保障的第一步。

于是，在传统农产品品牌大规模网络化之前，又出现了一个农产品淘品牌的美好时代。其表现就是以三只松鼠为代表的互联网食品品牌的兴起，他们基本上没有农业生产基地，主要从农民、合作社或供销企业手里收购农产品，或者建立可靠的买手团队到生产一线负责生产指导与后期收购，然后进行独特的包装设计、精选加工、创新营销，往往突破了传统农产品包装设计上的土气笨拙，也一改颜色上的大红大绿，精准地抓住了80后、90后的消费心理，借助于电商这一渠道，实现超常规增长。以“三只松鼠”为例，其以互联网技术为依托，利用B2C平台实行线上销售，迅速开创了一个以农产品的快速、新鲜的新型食品零售模式，大大缩短了商家与客户的距离。这种独特的销售模式使其上线后仅仅65天，销售额便在淘宝天猫坚果行业跃居第一名，2014年“双十一”更是创造了单日销售1.02亿元的天量，其发展速度之快创造了中国电子商务历史上的一个奇迹，更是传统农产品企业不可想象的神话。那么，顺着三只松鼠的背影再继续看过去，目前在天猫食品类销售领先的品牌中，做新疆干果的西域美农、卖茶叶的艺福堂，都属于线上品牌，成长速度明显快于传统企业。

由此，我们完全有理由推断，还会有大量的农产品细分行业，存在着农产品“淘品牌”成长的空间，在目前以干果、进口水果为主要类目的农产品“淘品牌”日益成熟后，将会逐渐带动其他类目的农产品网络品牌化进程，甚至目前电商难以有效征服的生鲜领域。这也意味着，农产品电商还会出现一批异军突起的新品牌，成就一批创业人士的新梦想，也会产生像当年“淘品牌”一样的造富神话。

农产品淘品牌终极路线

农产品电商品牌的终极路线会走向哪里？有三个方向值得关注。首先，纵向深度有限，横向宽度无限。即不会像一般消费品那样规模庞大，因为农产品的地域性、鲜活性、细分性，都决定了其不可能在单一类目实现太大的销售规模，但可以非常轻松地在类目上进行拓展，成为大的食品企业。其次，依然会和一般“淘品牌”一样，向生产领域回归，而且会比一般工业消费品回归得更迅速、更深入。因为，农产品目前根本上没有形成足以支撑纯网上品牌的生产基础和供应商，于是联想、恒大等非农企业不得不开始向农业进军。农产品电商企业肯定无法躲避这一最大的软肋，不得不沉下身子与农民打交道，甚至直接当起农夫。最后，线上线下品牌加速双向融合。这是目前一般消费品电商正在进行中的趋势，农产品电商也必然向这一方向演化，只是农产品市场太大了，细分市场太多了，生产的规模化、标准化基础太差了，无论是农产品电商企业还是传统企业，在推动这一融合的过程中都充满着变数和风险。

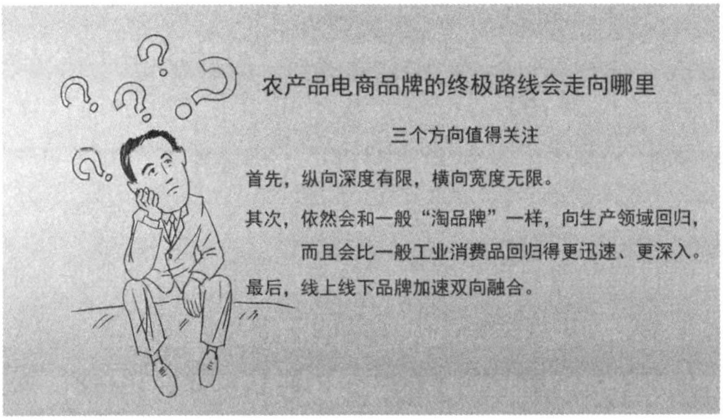

但必须注意的是，农产品电商毕竟与一般工业消费品电商不同，其最大的差别在于，工业品可以在世界范围内标准化，只要生产线一样、执行标准一样即可，而农产品却是“一方水土养一方人”，就像不是所有的牛奶都能叫作特仑苏一样，也不是所有的枸杞都可以像中宁那样卖得上价，更有无数的螃蟹因为在阳澄湖洗了个澡便身价倍增。所以，农产品电商的“淘品牌”注定成长于地域农产品品牌的土壤，不可能横空出世。而一个地域品牌的打造，不是一两个企业可以完成的任务，必须依靠政府的力量，动用各类资源，花费长时间的精力来推广。目前，在全国知名的苹果地域品牌中，烟台苹果、洛川苹果、静宁苹果等，是地方政府协调生产主体多少年用心经营的结果。但市场最终是需要企业品牌的，因为只有企业才是真正的市场主体，当一个地域品牌成长之后，也必然会产生“公地悲剧”式的品牌滥用情形，靠行政手段是管不住的，必须要靠一批领军企业的品牌完成地域品牌的2.0升级，这才是“淘品牌”真正用武之时。

农产品电商：是否把一切都从头来过

2015年，几个电商方面的信息交织在一起，促使笔者对农产品电商有了新的思考。

第一个信息，最近很多媒体都在转载美国的生鲜电商如何。其实美国电商强在供应链上，不仅成本低，而且效率高。国内的生鲜电商与之一比，顿时成了“糙哥”，也表明我们的生鲜电商其实都在表面下了太多的功夫，如同这个社会一样浮躁，显得急不可耐，亏损也是必然的，现在确实需要好好练练内功。

第二个信息，苏宁的生鲜超市开始逆袭，大有一扫前期O2O阴霾之势。据报道，借助于苏宁强大的供应链，苏宁超市超常规扩张，而且盈利状况不错。想想前两年苏宁的艰难转型，确实让人揪心，现在豁然开朗，也算是为线上线下的融合模式做出了探索。其启示在于，目前的传统企业电商过于强调向电商的靠拢，形成单向的电商思维，必然会导致线下传统业务受累；如果按照线下成熟模式反攻线上，则也许会有出其不意的效果。

第三个信息，阿里巴巴与苏宁联手了，而且双方互相持股，交易总额高达400亿元，一时让业界震惊。这一事件基本表明，电商与传统企业的竞争已经过了水火不容的阶段，开始深度融合，而且进入资本联合的阶段，小打小闹将面临更严峻的现实考验。合作之后，苏宁在阿里巴巴平台全面上线，在快消品方面把线下的成熟供应链搬到网上来，直接动了原有线上零售商的奶酪；而阿里巴巴也可以借助苏宁庞大的门店体系向线下渗透。

第四个信息，作家六六与京东的口水官司。因为网购山竹的变质破损，挟千万粉丝发难的作家六六，让准备在生鲜电商上大干一场的京东不得不应对一场尴尬的危机攻关，而刚与京东合作的天天果园则只有“躺枪”。从相关评论来看，有的人觉得女作家可能过分了，更有行内人士为那些没有被六六“问责”到的其他生鲜电商感到庆幸，因为大家都清楚，生鲜电商的供应链之痛不是一天两天。在京东的背后，还有大量的新农人在步入电商时饱受此痛，让发展互联网农业以回报桑梓的他们十分艰难。

第五个信息，关于一亩田交易数据是否造假的争论。用今天的电商统计口径来看，一亩田确实有数据不实的嫌疑，那些线下的交易撮合数据真的不好说。但是大家可以回忆一下历史，在以交易撮合为特征的早期电商时代，不就是双方成交后的填报数据累加吗？在电商总体进入新时代的时候，农业电商其实还在起步阶段，又在重走十几年前的电商老路，就像社会主义初级阶段一样，恐怕难以逾越。当然，一亩田确实有责任核实录入数据的准确性，因为没有与支付、物流等捆绑起来的电商交易，数据填报的随意性不可避免；更不要说现在的电商刷单依然为业内所诟病。最为根本的，一亩田是在向落后的小生产农业体系开战，要把千家万户的农户小生产信息与大市场完全对接起来，几千名员工是不够的，也许十万大军会有些成效，但这是互联网企业做的事吗？更像政府的公共服务！所以，笔者打心眼里不希望一亩田倒下，他们勇气可嘉，农业需要这样的 B2B 电商，政府也需要，但需要注意调整策略，从易到难开始，先从有规模的小 B、大 C 开始，从重点产业开始，一步步来，而不是顺着风投的思路狂奔，否则，农业只会黑着脸说，“臣妾办不到”！多少血淋淋的事实证明，唯快不破的互联网真经对农业不灵。

农产品电商的三大痛点

把上述这些信息进行综合，再与一直流传的“四千家农产品电商无一盈利”的报道结合起来，让笔者不由得思考：农产品电商是不是在陷入一个难以走出的误区？这就是在快速跟随一般商品电商的过程中迷失了自己。比如，农产品电商特别是生鲜电商行内大体认同四条出路：本地化、社区化、O2O 和品牌化，但具体的落地模式却相当困难，至今缺乏十分有力的成功案例，反倒是一批率先探索生鲜 O2O 的企业不幸成了“先烈”。

如果再进一步分析，则可以发现，农产品电商有如下三大痛点。

第一，农产品电商像半路杀出的程咬金一样突入电商，但电商基础却不牢靠。从内涵角度看中国电商的发展历程，其大体经历了以商品信息对接为主的交易撮合阶段、以支付和物流为支撑的商品直接交易阶段，目前正在进入金融全面渗透、产业链深度整合、线上线下加速融合的电商新经济阶段；从形式演化的角度看中国电商的发展历程，其大体经历了 B2B 率先兴起、C2C 异军突起、B2C 遍地开花几个阶段，到现在这三大形式已经开始融合，许多电商企业呈现混业经营状态，既有 B2B，也有 B2C；一些个体创业者也从 C2C 开始转向 B2C；现在更是出现向 C2B 演化的趋势。而农产品电商，基本上以 2009 年为爆发点，开始快速发展，是在整个电商发展进入成熟阶段后被动带入的，基本没有经历以商品信息对接为主的交易撮合阶段，直接进入以支付和物流为支撑的商品直接交易阶段；也没有经过一般工业品的 B2B 阶段，而是直接进入竞争激烈的网络零售市场，无论是 B2C 还是 C2C，均是简单模仿现有的一般商品电商。而从本质上来说，一般商品的电商与农产品的电商有巨大差异，目前的电商模式也不是为农产品而专门发明的，甚至有些地方不适用于农产品。农产品这种“半路杀入”的方式，也明显在思想观念、经营理念、人才储备、产业配套上准备不足，带来诸多的不清楚、不适应、不会干、不理会的问题。

第二，农产品电商像没有完成后期剪辑却为赶黄金时段上映的电影一样超前杀入电商市场，但生产基础却不牢靠。目前的一般商品电商，早已过了标准化生产的阶段，开始步入个性化订制、柔性化生产的阶段，小量多批、随时翻单已经成为电商的生产基础。然而，农产品具有完全不同于一般工业品的特殊性质，既不可能像工业化一样完全实现产品的标准化，更面临产业链分割、供应链不成熟的严峻现实，多少生鲜电商跌倒在这个软肋上！可以说，农产品电商出问题是正常的，不出问题反倒不正常。所以，套用一般电商的“轻资产”模式根本在农产品电商上无法施展，生产上的非标准化与质量追溯体系不健全往往导致一个结果，只要有大批量订单，一般也必然伴随大量的差评与退货。常规的物流仓储也不适用于农产品，特别是在生鲜电商方面，其在保温、保湿、包装、运输上的苛刻要求，已经不是一个简单的技术问题，还需要科技创新与流程再造，成为一个复杂的新系统工程，多少电商企业为此而倒在探索的征途上。

第三，农产品电商像没有名字也没有番号的士兵徒手上阵一样杀入电商战

场，根本无法辨认谁是谁，品牌化的基础很不牢靠。必须承认，农产品的品牌建设已经取得明显成绩，如产生了一批以地理标志产品为代表的地域公用品牌，消费者知道了吃螃蟹要吃阳澄湖的，吃苹果要吃陕西的，吃脐橙要吃赣南的，等等。但总体看，农产品品牌化的进度明显落后于一般工业品，当我们可以熟悉地道出诸如白色家电几大品牌、服饰品牌多少强等成熟市场品牌的时候，农产品品牌真的是相形见绌。我们能叫得上的，如乳品的伊利、蒙牛，冷冻食品的三全、思念，肉制品的双汇、雨润，等等，其实是食品工业的品牌；在真正的初级农产品领域，特别是在生鲜领域，地域品牌有，但企业主导的市场品牌短缺。比如，我们想吃陕西苹果，却不知道哪家企业供应的陕西苹果正宗，更不要说什么洗澡蟹、进修鸡之类的东西。在电商发展的中级阶段，为了适应品牌消费的需求，一大批"淘品牌"应运而生，典型的代表就是韩都衣舍；而农产品电商到了今天，既没有线下的大品牌，也缺乏线上的"淘品牌"，只剩下白牌产品的同质低价恶性竞争。农产品在线下培育大品牌可谓任重道远，而在线上发育"淘品牌"可谓万里征程刚起步。

农产品电商需要三大系统改造

基于这些现实,笔者不觉想起了韩磊唱过的电视剧《汉武大帝》的主题曲《等待》,"期待着把一切从头来过"！这句歌词对于农产品电商来说,可能有些极端,但确实需要重视起来。进一步推动农产品电商发展，应该从如下三大方面进行系统改造。

第一，放宽农产品电商的视界，农产品的电商历程应该从头来过。电商在中国的历程大体经历过三个阶段，已经由简单的网上卖货升级为新经济、新动力和新基础设施。在电商走过的历程中，也对多种形式的电商模式进行了有益探索，B2B、B2C、C2C、C2B、F2C、P2P 等全面活跃，O2O 高歌猛进，不仅世界电商有的中国都有了,而且世界还不成熟的中国也都大胆推动了,大有"超英赶美"之势。但是，自 2009 年兴起的农产品电商，却在 2012 年的全面爆发之后过早地陷入激烈竞争的红海，一个重要的原因是直接从电商历程的中期阶段开始，也大多数局限于不大适合一般农产品的 C 端市场，必须要有思维上的突破。一方面，要重走电商“初级阶段”，把初期的信息撮合历程补上，从最基础的内容开始；另一方面，放宽电商的视界，B2B、B2C、C2C、C2B、F2C、P2P 等都可以探索，不要限制在狭窄的 C 市场。一亩田、雨润果蔬、链农、大厨等着眼 B 端市场的电商出现，是一种必然；即使一亩田不幸倒下，也会有其他的“× × 田”涌现出来。同时，也不要人为地把线上线下对立起来，把电商与传统经纪人、批发市场对立起来，大家共同的任务是解决农业市场信息不对称的问题、中间环节过多的问题、城乡互信不足的问题，是在为从根本上破解农业小生产与大市场矛盾的问题而积极探索。农产品电商也不宜盲目自大，必须对传统农产品批发市场的主力军作用和较高的运行效率表示尊重，可以改造提升批发市场，却万万不到推倒重来的地步。

第二，从夯实基础做起，农业产业链应该从头来过。一些生鲜电商在痛苦的遭遇后，把重心挪到了国外农产品上；一些幻想着与传统农产品批发市场 PK 的电商在数次碰壁后悄然放下了理想的身段；一些想用互联网弥合农业各产业环节之间裂缝的先锋不觉间成为让人备感遗憾的先烈！于是一种沉痛反思在开始，是我们的商业模式错误了吗？是我们的消费层次还没有到这个程度吗？还是细节的错误导致了龙种变为跳蚤？当多少反思还在围绕电商这个中心转圈的时候，一些行业的先行者终于开始意识到，在一个小农经济特征依然明显的时代，让老式的锄头直接链接上互联网是困难的。这些年的诸多教训足以让我们渐渐明白，击倒农产品电商的不是电商本身，而是隐藏在电商背后的供应链，而供应链的背后还有更为根本的产业链。再说得严重一点，农业还在中世纪，而电商却在迈向新星球！千家万户的小生产既无法标准化，也无法进行科学高效的全程可追溯，更不会顺着电商的思维瞬间转变，仅仅强烈的传统惯性，也会导致这个转变过程变得极其漫长！所以，一些农产品电商在有了规模之后，无奈地走向了“重资产”的“奴役之路”！然而，仅靠这些电商就能从全局和根本上改变农业吗？答案是，这是十分困难的。现在需要互联网加速向农业渗透，更需要农业的适度规模化来支撑，还需要依赖大量新农人与职业农民来担当，这需要政府、企业、社会各界共同推动。

第三，向成熟的行业学习，农产品品牌建设应该从头来过。有一天早上，笔者吃了一碗比较正宗的乾县豆腐脑，顿时想起了儿时的味道，直到晚饭时候还在幸福地回味，由此不觉联想到农产品电商的问题。如果说农产品也可以像工业品一样没有地域差别、季节特征、风土人情内涵在里面，则努力地标准化直至千品一面是方向，但农产品的真实状态不是这样的，这样对工业品电商的跟随有路线上的错误！所以，农产品电商与工业品电商相比较而言的标准化劣势，也因为自身的特点又变为优势，这就是地域特色鲜明、季节特征突出、风俗人文内涵丰富，有更多的差异化、好故事可以挖掘。既要向美国的新奇士橙、新西兰佳沛猕猴桃等标准化产品学习，也要立足于地方特色，开发气象万千的特色品牌出来。要买一台深圳电视是可笑的，准确地说，是应该选长虹还是选海信，与地域何干？而农产品恰恰要问，螃蟹是阳澄湖的吗？苹果是陕西洛川的吗？枸杞是宁夏中宁的吗？所以，农产品电商的品牌之路，注定要分两步走，先从培育原产地域标志等区域公用品牌开始，然后在这一基础之上再培育企业主导的市场品牌，其过程就像电商的一句行话：品类靠政府，品牌靠企业。农产品品牌将来会呈现“地域品牌＋企业品牌”的双品牌构造，而在目前各个农产品品类加速全面上网、竞争日趋激烈的情况下，农产品电商品牌的发展也会加速，也会出现像当年“淘品牌”爆发一样的农产品“淘品牌”黄金时代，会有一批企业把握机遇脱颖而出！

总之，农产品电商如果按照一般电商的标准来看，则肯定是一艘到处跑风漏雨的破船，不是某一个地方的修补就可以焕然一新；一定是一个系统工程的改造，要系统联动；而且也像冰山一样，不是露出的 10% 的部分的问题，而是藏在水面下 90% 的部分的问题，要有深度、全面地重整，这不是一两个企业的事情，也不是电商单个环节的事情，而是整个农业发展方式转变的事情。我们不可能去等农业发展方式的根本转变与产业链的日趋成熟，而是应该积极地参与甚至引领这个转变，但必须明白前进道路上的困难之大、费力之巨和耗时之久，像愚公移山那样持之以恒地前进、探索，不舍昼夜！

做好农特微商的几大特质，你占几条

越来越多的青年电商创业者在关注微商，因为他们的淘宝店铺很长时间内都没有起色，他们急于找到一个更快的通道，微商似乎成本更低、效果更快。笔者对于微商研究不多，但总感觉微商绝对不是微信朋友圈刷屏，还有更多的经济与社会机理在其中。通过最近的阅读，笔者对微商有了一点条理性的梳理。

什么是微商

是不是在朋友圈卖货就是微商？这个问题与“开淘宝店是否就是电商”有点类似，答案是否定的，这些都是简单、粗暴的理解。

如果不把微商简单定义为在微信上做生意，则我们的视野就会放宽很多，其实微博也已经形成了交易的闭环，可以集推广、购买、支付于一体。同时还有QQ，其商业氛围也很浓厚，在其上面推出的低价秒杀活动甚至比淘宝还疯狂。

而上述各种渠道的共同点是，商家都借助了社交软件，而不是传统的电商平台。同时，微商也不仅仅是卖产品，还提供服务的内容，如家政、美容等。

所以，我们可以把微商大体定义为基于社交平台开展的商务与服务活动。

微商与电商的区别

一句话概括，微商是熟人的生意，而电商是生人的生意。

微商能做成生意，总是基于社交关系，不认识的人在社交软件上就不可能发生联系，不联系也就不可能实现商品交易，可谓无社交不成交，无粉丝不经济。所以，微商的前提总是先加社交好友，由认识到熟悉，由熟悉到信任，最后自然而然地产生购买。

但电商不是这样的。电商不需要买家与卖家认识，只需在电商平台上搜索商品，然后点击购买，一般也不需要与卖家沟通，除非有需要咨询的地方，然后也不用担心受骗，因为有平台的第三方支付工具保障，等收货之后，交易完成。大部分的网购是不会回头的，更不会有顾客与卖家的亲密接触，可谓无实惠不成交，无流量不经济。

微商的本质

由微商与电商的区别也就可以看出，微商卖的是人品，而不是货品，微商的本质说白了就是“宰熟”。这句话很难听，但实质差不多，特别是产品不好而赚钱心切的时候，“宰熟”这个词恰如其分！比如，卖面膜的商家为什么最后讨人嫌？因为商家是从别人那里批发回来的，又加了很高的价，然后商家拼命地在朋友圈刷屏，有不好意思购买几张的人，也有抱着试试态度来几张的人，真正认同自愿购买的人恐怕不多。有人开玩笑说，早期微商有三个 80% 的特点，80% 是美女在卖，80% 是卖面膜的，80% 卖给了自己人。这种情况肯定不会长久，商家迟早要被大家拉黑。所以，微信朋友圈的面膜刷屏持续了不到一年时间终于消停下来，最后以一个美女面膜微商被判刑为大体终结。

微商的核心

微商称为社交电商，社交的核心是信任，故微商无信任不成交，而信任的前提是良好的社交。如何玩好社交是微商的硬功夫，这里面有深刻的社会学、心理学机理。可惜的是，能深入研究，甚至对这些机理稍微懂一点的人并不多，到了今天，疯狂加人、疯狂刷屏的陋习依然存在，做不好微商也就不奇怪了。

一位诗人说，现在的天气就像现在的恋人，拉手之后就开始上床，于是冬天之后紧接着就是夏天。套用在微商上，即见面就开始微信扫码，扫码之后就开始发广告，根本没有社交可言。

问题是，要做微商，以这种简单、粗暴模式做生意，不可能收到很好的效果。信任总是要有一定支撑的，你是有才还是人品过硬，还是故事感人，总得给人一个印象才行。至少，要让人知道你是干什么的，而不是让人感觉你就是一个忙着赚钱的二道贩子。

当前微商的痛点

如何找到好的产品，又如何把好产品高质量地送到客户手中，这是微商普遍的痛点。

先说找到好的产品。如今人们根本不缺产品，也基本不乏购买力，关键在于如何更好地满足需求，这也是供给侧改革的一个重要依据，就是要以新供给催生新需求。微商基于社交关系而展开，自然要发掘一些有故事的好产品出来，对于普普通通的商品，上淘宝购买即可，又何必在微信找麻烦？所以，农特微商在2015年的崛起，重要的一点就是发掘出来大量的农村好产品，有的是品质为王，满足了人们对食品安全的高要求；有的是特色鲜明，满足了人们求新求鲜的心理；有的是乡土气息浓郁，满足了人们的乡愁童年梦；有的是故事感人，满足了人们的爱仁之心，由支持商家这个人到支持他的产品，等等。所以，能利用微商做得好的产品，一定要有特色，要有品质保障，而且要能确保品质的稳定。但现实的情况是，往往能挖掘出来一些特色的产品，一旦大家大量购买，往往供应链出问题，产品质量下降，包装物流不给力，伤了大家的心，更让微商的形象受到损害。如果没有大量的靠谱的货源，则最好还是售完为止，饥饿营销比滥竽充数更长久。

再说把好产品高质量地送到客户手中。虽然说微商是熟人，但基本的商品体验感还是必须有的。在品控、包装、物流上要下功夫。如果不能与普通的农产品销售一刀两断，则还不如不做微商，不然最后生意不成，连人的口碑也毁了。

在品控上，基本的标准是要有的。可以说，真实的农产品，其模样是你家卸妆后的媳妇，而不是别人家化妆后的妙龄小妹。但是，并不意味着没有基本的标准，大小总是要分拣一致，颜色总还是要差不多，口味也基本是一个地方来的，没有太大差别。如果连这些基本的都做不到，就别怪顾客有微词。

在包装物流上，新颖当然更好，但完好无损更重要，水果总是要套网袋的，避免快递过程中的损伤；盒子总是要结实的，不能收到时没有了形状；保鲜的措施也是要上的，不能收到时稀里哗啦的，甚至发霉变质。有的地方不具备这些条件，那就必须创造条件，或者到有条件的地方去做，否则还是走传统渠道比较好。在做到这些的基础上，在包装上可以创新，如何把乡土气息与时尚元素结合起来，需要创意，但一定要突破传统农产品包装非红即绿的套路。

微商正在进入新阶段

从2014年兴起到现在，微商进入了第三个年头。互联网时代的变化可谓一日千里，微商的趋势也在不断变化。有细心的微商人士已经总结出新微商十大变化。笔者认为至少有如下四个基本变化。

一是渠道扁平化。主要是去中间环节。原来的微商往往好几级代理，层层加价，被称为“距离传销只有半步之遥”。电商本来就是去中间化的，微商怎能更落后？其必须去掉中间环节，价格必须透明起来。从目前的情况看，一般只有平行的一级代理，最多二级代理。

二是销售平台化。去中间化后，微商的工作量大增，原先各代理层次自行销售，现在都压到微商身上。但微商也很难当好全能冠军，于是大量微商平台产生，逐步建立起微商生态，大家只需好好地运营即可，仓储、物流、配送、售后、分账、库存管理都在由平台和大的微商处理。

三是推广人格化。不再暴力刷屏，而是认真做分享。因为很简单，做微商代理，现在不用交代理加盟费，也不用囤货，更不需要自己包装发货，自然也就不紧迫了。完全可以放松心情，讲故事、说心得，穿插上微店链接即可，大家也就不反感，容易接受。

四是发展规范化。核心是产品标准化，经营有监管。微商也不是法外之界，没有生产日期、没有商品标准、包装不过关、质量不稳定等，都是现实的问题，仅仅是三五个朋友间的分享还可以，如果到了招代理，大面积市场销售，那么一定是不能姑息的，出了问题要追究法律责任。所以，要想把微商做成事业，自我规范现在就要开始。

对农特微商的建议

在第一代的面膜微商倒下后,以分享为基础的农特微商在2015年开始爆发，满屏都是新农人，个个有情怀，产品最地道，这可能是人们2015年下半年在朋友圈看到的新情况。越是热火朝天的时候，越是要小心谨慎，避免过热砸了行情。对正在从事农特微商的人，建议如下。

一是观大势。格局变了，玩法也要变。前面说的扁平化、平台化、人格化、规范化，已经是大势不可逆，一定顺应时势而动，如果还在用早期微商的简单、粗暴玩法，注定要讨人嫌。比如，没有节制地在微信频繁群发消息，是典型的蛮干，效果是反向的，没有人愿意接受。而朋友圈的分享也要学习汉赋的“劝百讽一”，多些专业的讲解，多做故事的传播，而产品的直接推广要少些再少些，争取化于无形。

二是勤学习。微商是有玩法的，而且天天有变化，一定要注重学习，善于向先进学习。笔者接触的一些微商初入行者，确实手法生疏，但又不知从何处改进，四处打听哪里有秘籍。笔者的回答很简单，处处留心皆学问，要么从网上买两本微商方面的书，不管是谁的，总有可学之处；要么收听两三个有关微商的微信公众账号，每天坚持看几百上千字，坚持下来，定有收获；或者关注几个微商达人的微博、微信，盯着看，瞅着机会交流，提升也很快，还能带一带。微商是新事物，产生不过三年，谁也不是天生就会做微商，只要本着学习的态度不放松，就会有长进。

三是练内功。做微商的人以年轻人居多。年轻人做事情，热情似火，但持续性不足。一些人做了微商，几个月不见效果就着急，总想找名师指点，三两天就脱胎换骨，世上哪有这样的事情？专心一点，坚持去做，久久方能为功。简单说有如下三条基本功：一是需要更专业一点，像做水果的商家总得把水果的事情说得透彻，这水果产地在哪里，有什么特点，吃法有什么讲究，又如何去鉴别，等等。我们学过的课文《卖油翁》，就是行行出状元的典型例子，微商就得有这样的功夫。二是质量必须过硬，没有好产品，一切都白搭，推广宣传越好，效果越糟糕。三是服务要良好，熟人之间也得讲规则，偶然一件东西有破损，原谅是可以的，但道歉也是必需的，最好还是退换；如遇差评，最好二话不说，退款或者重发新货，任何的辩解都是社交的大敌。总之，做任何事情都没有捷径，在坚持中不断总结完善，这是菜鸟到高手的一般路径。

四是有耐心。浮躁是当今社会的通病，更是微商的大敌。饭是一口一口地吃，微商的粉丝也是一点一点地攒。微商有时就像落花生，被人认识有一个过程，但一旦被人认识，一定会赢得大家的尊重和信任。现在，有大量的依托于电商和微商的新农人群体，他们明显不同于普通的农民，有情怀，有追求，既然如此，就应该坚信“两情若是久长时，又岂在朝朝暮暮”！一定要坚守内心，持之以恒，以时间换空间，就像乡村的沃土，历久而弥新，坚实而可靠。

摒弃农产品电商的傲慢与偏见

两种极端的声音正充斥在农产品电商前进的道路上，一种极端的声音是不自量力的傲慢，如传统农产品批发市场已经被判死缓，电商将让长期困扰农业的市场困局彻底破局，等等；另一种极端的声音是全盘封杀的偏见，如农产品电商可能是一个伪命题，生鲜电商就是一个刻意包装的神话，等等。如同古代打仗一样，战役没有开始之前，总是舆论斗争异常激烈，无非长自己志气、灭敌人威风，而如今的农产品市场也正在面临这样的激烈言论交锋。但奇怪的是，什么时候，农产品电商与传统农产品批发市场就成了对手关系？难道二者不都是农产品流通的一种形式吗？就不能合作共赢吗？

任何极端言论都是有害的

先对这场争论的双方各来五十大板！

为什么要批评农产品电商在农业面前那不自量力的傲慢？这是因为一个不懂农业的电商，即使互联网思维再发达，也是空中楼阁。很多生鲜电商的团队中，连一个分清桃子好坏的人都没有，即使电商营销再完美，终端配送体系再发达，在“宁吃鲜桃一口，不吃烂杏一筐”的铁律面前，焉能不败？至今不断检讨的生鲜电商供应链问题，多是在表面上下功夫，如多层温控、智能保湿、自动拣配等，都没有抓住产品品质这个关键。一旦源头的买手因为不专业导致品质把控不过关，整个后续的冷链体系都是徒劳。一段时间以来人们都在讨论“拼好货”的模式，非常重要的一点就是极致的源头采购，是通过超级辛苦的买手找到绝对靠谱的产品。更不要说目前长距离异地交易模式，根本难以适合生鲜农产品电商，成本高、保鲜难的顽疾一直没有从根本上得到解决。时至今日，电商根本没有资格说更好地解决了农产品长途运输的成本与保鲜问题，那些专业的农产品批发市场，依然是当仁不让的农产品流通主力军和市场主导者。

为什么要批评农产品批发市场那全盘封杀的偏见？因为形势比人强，这个世界在不断进步。并不是所有的农产品电商都不盈利，至少在干货农产品市场，电商已经风风火火，培养出三只松鼠、西域美农这样的亿元级电商。至于在泥潭中挣扎的生鲜电商，到底是唯快不破的互联网法则让农产品电商走了样，还是农产品根本不适合做电商？只怕电商的趋势不可阻挡，只是目前的模式确实还不够创新和完善，因为大多数商家简单套用工业品电商模式，忽视了农产品与工业品的不同，由此踏上了一条凶险的奴役之路。

到底是谁错了

其实，都没有错，也都错了。借用老祖宗留下的一句话说给争论的双方听：不偏不倚，是为中庸。这个世界没有完美的模式，尺有所短，寸有所长。农产品传统市场体系有自己的优势，也有自己的劣势，如环节太多、模式太重、细分不够等。而农产品电商同样有自己的优势与劣势，更方便、更细分、节省时间等，但体验度、信任度、价格接受度依然面临问题。

举一个简单的例子，再笨的农产品批发者都知道在清晨或傍晚出掉手头所有的货，因为农产品具有鲜活性，损耗比降价更可怕，而多储存一时就意味着损耗增加一分，如过夜或存放几天，更有要命的成本递增问题，搬运、存储、分拣都是需要成本的。但可怜的生鲜电商却在这个方面教训累累，仓储体系越发达就意味着成本越高，而客单价却一直提不上来。

所以，必须客观、全面地看问题，保持应有的理性。我们不妨把农产品电商问题拆开来看。就目前的现实来分析，将农产品的干货拿来做电商不成问题，因为其有着类似一般工业品的特征。目前已经出现过度竞争问题，总体价格水平不断下跌，品牌化不得不提上议事日程。而生鲜电商还不成熟，或者说其模式还有问题，其中重要一点就是重起炉灶，与传统农产品市场各树藩篱，结果导致重建供应链的成本居高不下。

根本的问题是什么

在农产品电商问题争论上，没有真正的赢家，大家只是因为“远近高低各不同”，所以“不识庐山真面目”。都说得有道理，但又都不全面。

笔者曾在《农产品电商：把一切从头来过》一文中基于若干农产品电商事件提出一个前置性命题，即农产品不是工业品，农业不是工业，农民也不是工人，如果不正视这些现实，只是终端的零售环节采取技术手段，则根本不能解决问题；即使延伸到供应链环节，也依然不能解决问题，而且成本陡增，把电商的轻资产一下子变成重资产，成为棘手的现实问题，不搞不行，搞不好找死；而根本的问题在于，目前的农产品体系并不适合电商，标准化缺失、产品追溯体系不全、生产主体分散且素质不高等，都是短期不好解决的问题。

一亩田试图对这个问题进行探索，但投入上万人也看不到化解的希望，一个10万亿元的农产品市场规模，凭几个电商就如同“蚍蜉撼树”一般，更不要说，这其中的很多事情其实是政府供给侧改革的内容，属于降成本、补短板的应有之义！

所以，笔者常开玩笑地说，商务局长的脑袋其实系在农业局长的脖子上，农产品电商的问题不在电商本身，而在农业身上，欲做农产品电商，必先使农业互联网化！

到底怎么办

一言蔽之，放弃傲慢与偏见，携手闯明天。也就是十八届五中全会讲的，协同、融合、开放。

首先，必须看到，无论是传统农产品批发市场，还是新兴的农产品电商，都有自己无法克服的缺点。目前国内外的电商趋势均表明，线上向线下的渗透正在加速，而另一方面，线下也正在向线上渗透，这两种趋势注定要发生冲突或融合，最后的方向还是协同。连被认为是发展方向的“O2O”也正在被批判，因为电商的线下渗透依然矛盾重重。所以，可以考虑“O2O”演化为“O+O”！

其次，一些正在发生的变化表明，传统农产品批发市场与农产品电商没有不可逾越的院墙，只要有勇气拆掉这堵墙，完全可以携手闯明天。比如，北京的新发地批发市场开始触电了。再比如，农融网在对传统农产品批发市场改造的基础上推进农产品电商，而如果把电商的物流拆解成传统农产品批发市场承担的长途骨干物流 + 市区的快递 + 社区众包物流，则对各方都有积极的意义。

从目前的线上线下融合趋势来看，将来理想的农产品电商状态应该是B2B+B2C+O2O，需要更多的力量参与进来。但这些依然还要面临一个严峻的考验，就是源头的农产品生产体系，对于农产品批发市场或农产品电商而言，在这一点上是同病相怜的，需要进一步向农业领域深度进军！

农村电商中的农产品上行为什么不容易

目前的农村电商发展过程中，很多县，特别是西部的县，好产品很多，但是在做农产品上行过程中却并不顺利。为什么？对于这个问题，现在做了县域电商和农村电商的所有人都感到困惑。现在一些专家在批评，电商下乡让农民买的产品永远比卖的产品多。

为什么电商农产品上行这么难

难道是阿里、京东不愿意做农产品吗？不是。笔者有一个观点，即“我们的农业目前还在 19 世纪的水平，而我们的电商已经率先进入 21 世纪”。两者目前是牵不了手的。所以，之前出现“笨鲜生”卖 60 万斤菠萝却亏死的事情，一定不要从道德层面评判经济事件，其根本的原因是农产品的标准化、农产品的可追溯体系、农产品的质量信任程度得不到电商消费者的认可，才会产生这些乱象。

怎么样做县域农产品电商

第一，首先对县域农产品电商进行系统的开发，拿出差异化的产品，打响你的品牌。工业品是没有地域品牌概念的，农产品一定要有。比如，买青岛产的冰箱和深圳产的冰箱有什么区别？没有区别。但吃螃蟹一定要吃阳澄湖的，喝龙井一定是西湖的，这是农产品的特殊性。所以，第一要打出自己的特色，亮出自己的地域品牌。没有这个品牌传播力，消费者就想不起去买你的产品。

第二，要认真细致地培养我们的市场品牌。所有的地域品牌最后一定会出现一个悲剧——“公地悲剧”。为什么？公家的草场一定会有很多人放牧，导致草场破坏。所以，打造公共品牌的时候一定要注意市场品牌。比如，某某牌阳澄湖大闸蟹才是真的，某某牌陕西苹果才是可以放心吃的。所以，农产品品牌就表现出独有的双品牌制现象。

第三，要大力推进农业互联网化。现在要做农产品电商必须要做农业互联网化，农业不给力，你的农产品电商一定通不过。沙地上建高楼，一定是不稳当的。“互联网 +”农业的改造工作太多了。现在就是要用心做，否则最后会出现一种情况，商务局长的脑袋系在农业局长的脖子上，农业局长不给力，商务局长很难受。这怎么办？一把手工程，要全面系统地做县域农产品电商的基础工作。这需要时日，而且需要大量的企业、平台、创业者、农民共同参与。对于农产品电商的问题，笔者觉得三五年内要得到彻底的化解是很难的。一定是很漫长的过程，涉及我们 2 000 多年以来形成的农业生产的生活、生产方式的转变。

农产品电商创业者又该怎么办

很多青年回到家乡，发现家里全部是农产品，于是想在网上卖，甚至想整合当地所有的农产品。要做好这一块，笔者觉得要摆好农产品电商创业的姿势！

因为在共青团，笔者现在几乎每天都要收到微博、微信向我询问有关农产品电商创业的问题。说实话，虽然机遇很好，但不一定机遇就属于你，这是有必然中的偶然性的。虽然每个地方都有许多特色农产品，但不是所有的农产品都可以踏上互联网这趟列车的，这是第一个观点。

第二个，不是所有的农产品都需要跑到省外、市外。80% 以上的农产品是就地消费的。所以，幻想着把每个县的所有的农产品都架着互联网卖到全中国、全世界，这本身就是一条错误的思路，你一定做不到。

第三个，农产品做电商，特别是生鲜，有自己不可克服的缺点。（1）特别笨重，物流费特别贵。（2）保鲜特别难，如最难解决的绿叶蔬菜的保鲜问题。既不能萎蔫也不能发黄，谁来解决？很难。（3）标准化很难，张三、李四家的西瓜、甜瓜混在一起。吃了第一口，让人想起了酸酸甜甜美好的初恋；吃了第二口，觉得味道不好，想扔，然后给差评。

怎么样把村上的好产品卖出去？第一，很多产品不只是网上零售，还可以搞批发，批发不仅仅是线下有，网上也有。第二，开始卖的时候别想整合你当地所有的农产品，当顾客看到一个网店塞进去那么多农产品的时候，反而模糊了对网店的印象，不知道这个网店是做什么的。第三，带来的问题是，整合很多农产品之后，你的供应链、产业链控制能力不配套，很容易出问题。所以，正确的做法，一是先拿出一个适合上网的产品，先试试，试完水，循序渐进；二是必须要有团队，农产品电商比较复杂，没有三五个铁打的哥们干不了；三是最好与政府电商的规划政策相匹配，如果政府在向东，你个人向西，则一定得不到政策的阳光，要与团队再合计合计。

最爱是松鼠——三只松鼠的电商之道

成立仅1年，营业额就达到3亿元，2013年“双十一”当天就销售3 562万元，2014年“双十一”进一步登峰造极，达到1.02亿元的单日销售额。2015年“双十一”当天又创纪录为2.5亿元。如果不是在互联网时代，则不可能诞生这样的奇迹！创造这个奇迹的就是一个叫作“三只松鼠”的电子商务公司，其标签是第一个互联网森林食品品牌，代表着天然、新鲜及非过度加工，主要销售坚果，上线仅65天其销售额就在淘宝天猫坚果行业跃居第一名。奇迹是如何诞生的呢?

哥不是卖坚果的，是卖萌的

三只松鼠的奇迹是如何诞生的?归根结底是农产品营销上的创新，借助电商这个宽广的平台，在短期内爆发。可以说，三只松鼠营销的结果是，买家可能已经忘记了三只松鼠是干什么的，只记住那三只没完没了卖萌的松鼠形象，这正是品牌营销入脑入心的成功标志。其卖萌的成功，有如下三条十分关键的因素。

首先，品牌形象选得好。对一个做坚果的企业而言，选一个动物做形象标志是有一定风险的，因为坚果是给人吃的，如何让动物代言人们的美食，是要认真琢磨的。而松鼠的选择就十分恰当。一者，松鼠这个小动物没有什么负面新闻，无论是在童话还是在现实世界中，其形象基本上就是可爱、机敏，非常讨人喜欢；二者，松鼠就是一个喜爱吃坚果的动物，在很多动画片里，差不多都有松鼠找松果吃的场景，松鼠都爱吃的坚果，你不爱吃吗？三者，一只松鼠有点寂寞，来三只，一个比一个萌，包装袋上，微博、微信上，到处是三只松鼠的可爱形象，而且客服、微博一开口就是“主人”长“主人”短的，很容易让少男少女动心。

其次，市场定位选得好。许多做电商的，总想着老少通吃，以期扩大市场覆盖面，结果是谁也不待见。三只松鼠在这方面想得比较明白，就是紧盯 85 后、90 后这一时尚青年群体，只要把这个细分市场做好了，网上的空间依然很大。所以，三只松鼠产品虽然并不特殊，只是松子、山核桃、碧根果等干果，但是做得很时尚，对于经常上网的年轻人，达到了“只因为在人群中多看了你一眼”的效果。

最后，产品体验做得好。光有概念好，还不行，产品体验更要紧。互联网思维下的产品营销无非是三部曲，首先讲好的故事，其次要抓住消费者的痛点，最后要让顾客尖叫。传统商业，产品卖到顾客手里可能就结束了，而电商的营销这时才开始，好的产品自己会说话，就体现在顾客的评价与自发传播上。三只松鼠显然深谙此道，产品细节十分周全，很有特点。一是大胆选择了森林绿色和高端黑色做主打色，突破了一般农产品包装大红大绿的通俗色调，配上童真、可爱的动漫小松鼠，形成基础、直观的品牌记忆点；二是以时尚文化延伸与三只松鼠有关的东西，比如，产品的包装上撰写松鼠卖萌的小故事；加上倡导“慢食快活”的微杂志、绿色封口夹、剥壳器；将果壳垃圾袋命名为“鼠小袋”，擦手用的湿纸巾叫作“鼠小巾”，新春推出的松鼠系列表情，等等，所有这些随同产品出现，明显有别于一般干果产品，自然能引起消费者的满足感和惊喜感，迅速形成品牌认同和口碑传播。

松鼠的运营管理秘籍

如果说以松鼠的卖萌占得市场的先机，则运营管理是松鼠能不断获得市场份额的硬功夫。在这一方面，关于三只松鼠的评论已经相当多，关键因素可以归结为如下几条。

首先是突出主导产品。前面已经讨论过，过于宽泛的市场定位等于没有定位；而在产品管理上，也存在同样的问题，并不是产品琳琅满目就更能吸引消费者，在一个细分领域主打什么产品，推出什么样的爆款，十分关键。打开三只松鼠旗舰店的页面，可以看到，始终突出坚果的主导地位，可以在不同品种的口味上开发新款，但在品种的拓展上谨慎把控，除坚果类，就是新疆的葡萄干和红枣，而作为品类延伸的零食品牌——“松鼠小贱”和茶品牌——“松鼠小美”，显然处于配角状态，分别只有 3 ～ 6 款产品。

其次是与顾客的密切互动。电商第一次可以让一个企业与自己的顾客实现低成本的密切对话，而根据顾客的反馈及时调整产品结构，改进产品质量更是互联网思维的关键所在，甚至在有些时候，生产什么产品，以及产品是什么风格，也完全可以交给顾客来主导，小米手机就是一个典型的例子，参与感成为今天互联网营销的重要法宝。三只松鼠以精良的客服实现与客户的密切互动，把简单的“B2C”模式演化为“B2C2B”，实现产品质量的不断改进。目前，三只松鼠有一套基于互联网技术的大数据系统，可以每天把顾客的评价用关键词筛选出来，得出一些结论，哪些不好、哪些有待改善，然后传递到相应的部门进行改进。比如，坚果在炒制过程中存在火候问题，还有加盐、加糖的轻重问题，如果仅靠加工车间的大师傅把控，则显然众口难调，但依据顾客的反馈来调整，显然就比较有底气，消费者口味不适合、椒盐味太重，等等，就可以根据信息改进品质；如果消费者反馈物流发货太慢，那么也可以调整快递公司。

再次是产业链的控制。电商是一个轻资产模式，特别是对淘品牌而言，能轻装上阵，全靠生产委托这一招，把握好产品设计与营销即可。但农产品的标准化程度低，无法套用一般淘品牌的模式，所以三只松鼠采取了中庸之道，既没有走从头到尾的全产业链经营，也没有单纯的外包生产，而是把原材料供应外包，审验达标后精选分级包装，从而实现了轻装上阵与产品质量控制的良好结合。

三只松鼠带来的启示是：互联网时代的产品销售，不要妄想包打天下，而是要深入研究行业规律，以特色迅速起步，特别要重视时尚文化的运用，那些年轻的买家，可能表面买的是产品，实际买的是文化、感觉。谁给了年轻人想要的那一种滋味，谁就会赢得市场！

当然，松鼠也会有烦恼。互联网时代，没有秘密，而且传播速度极快，这就意味着，一个创新的模式很快就会被抄袭、改进甚至超越。对于坚果这个行业而言，产品没有高科技，一旦市场爆发，就必须会进入同质化竞争，低价营销成风，对于付出巨大创新成本的三只松鼠而言，显然是有压力的，一个是盈利的压力，另一个是继续创新的压力。对此，“松鼠老爹”章燎原的回答是:“一种核桃好吃与否，并不能决定企业的生死，因为消费者也知道，你的质量不会比别家的好太多。那么顾客认的就是你的品牌和用户体验，所以企业必须把品牌的识别度作为一个最大的差异化内涵去建设。当你的品牌被顾客记住，那么他们未来的选择不会有任何被迫性。每次上网,就直接点击购买。这就是‘粉丝’经济的效果。”三只松鼠是否还能继续创造奇迹，让我们拭目以待。

民歌一唱品牌俏——土豆姐姐营销现象浅析

在吾谷网组织的2013年十大农产品营销事件评选中，来自陕西的土豆姐姐赫然与“褚橙柳桃”同列。与“褚橙柳桃”的高大上相比，土豆姐姐显得有些土气。为什么一个种土豆的农民可以走红？其中的缘故值得深思。

让人记住是营销的第一要素

俗话说，酒好不怕巷子深。但在一个信息爆炸的时代，要让人找到巷子里，前期的营销宣传依然得下硬功夫。为了宣传自家的土豆，土豆姐姐可谓下了功夫，报纸上办专刊、高速公路上打广告、广播上办专栏等。但最终的传播效果却是土豆姐姐唱的陕北民歌最好。唱陕北民歌是土豆姐姐从应酬场合训练出来的，作为一个生意人，不会喝酒怎么办？她以唱陕北民歌来代酒。谁知这一唱，比敬酒效果还好，一嗓子唱出去，大家纷纷叫好。从此以后，每逢公众场合，土豆姐姐都会不失时机地唱上一首陕北民歌，无论是在培训班上讲课，还是在电商大会上演讲，只要时机合适，陕北民歌总会及时唱起，让台下观众如痴如醉。而且还配有一句话：她不是陕北民歌唱得最好的妹妹，但一定是土豆种得最好的妹妹。可以说，一首陕北民歌让土豆姐姐声名大震，大家记住了一个唱着陕北民歌卖土豆的人，印象一下深刻起来。

简单易记是营销的基本诀窍

其实土豆姐姐并不是其创办公司的本来品牌。其所在公司名为陕西靖边涌泉居现代农业科技有限公司，“涌泉居”是其祖上传下来的一个品牌，寓意“滴水之恩，当涌泉相报”。但这个富有文化内涵的品牌，并没有在营销中引起更多注意，虽然有文化内涵却并不一定在营销传播中更具特色。事实上，这种情况也屡见不鲜，营销传播自有规律。当年香飘飘奶茶也试过许多广告，结果发现，最通俗的一句广告是效果最好的。为人所诟病的脑白金广告，虽然恶俗至极，传播却相当广。再说土豆姐姐，涌泉居虽然没喊出去，“土豆姐姐”却意外走红。2012年，冯小燕受邀与星光大道2010年度总冠军刘大成一起在央视的舞台上演唱庆祝土豆丰收的歌曲，量身定做的信天游《我们的土豆圪蛋蛋》一唱走红。在演出中，央视一位导演最先叫起“土豆姐姐”的称呼，并得到了现场观众的接受和附和。随后，这个独特的称呼开始传播到大江南北。“土豆姐姐”的迅速传播，让她意识到这其中的品牌价值，便很快将“土豆姐姐”注册成了公司子商标，正式推向市场。“土豆姐姐”表面像“有心栽花花不开，无心插柳柳成荫”，实际上是营销规律的内在体现。

产品定位十分重要

吆喝起来了，卖的产品就非常关键。土豆姐姐将公司产品定位为打造“中国生态土豆第一品牌”，种出中国好土豆。在生产中，按有机认证的标准来抓生产，但却以生态马铃薯的名称卖出去，看似吃亏，却也避免了种种质疑，只要顾客反映好，就是最大的成功。在包装设计上，改变土豆大堆卖的一般做法，装进纸箱，打上品牌，配放刮皮器、陕北民歌 CD 和文化手册，让产品档次一下子提升起来。在产品的组合上，改变传统的单一品种出售的局面，根据不同的需求，引进种植各类品种，进行灵活搭配，比如形状有长的、圆的、扁的，颜色有白色、黄色、红色、紫色，口感也有脆的、粉的，还有蒸出来开花的土豆，按用途将土豆分为可做土豆丝、土豆泥、土豆片的土豆。既体现了专业，也满足了个性消费。

多元化时代的多元化营销

以一曲陕北民歌火了之后，土豆姐姐及时开通新媒体，而且进行全媒体营销，报纸、广播、电视等传统媒体不放弃，如广播电台每天直播三分钟；微博、微信、APP 全上；产品全网络营销，淘宝、天猫、苏宁、线下专卖店、微店均有；全渠道营销，自营、代营、委托经营、超市，各种形式结合。并先后在网络上发起了“土豆姐姐”万元征集“土豆广告语”活动、“领养你的一亩三分地土豆”活动和“健康农产品陕西行”等活动，均吸引了大量粉丝参与，营造出一个营销的小高潮，加速了品牌传播。注意参加各类展会，精心设计，重装出阵，土豆姐姐亲自上阵，宣传公司产品，把线上线下的优势结合起来，进一步提升了品牌营销效果。

内容传播远胜于简单的广告

新媒体好是好，但如何运用是一门学问。很多新农人一用上微博，就急乎乎地发产品广告，结果效果很差。陕西省委政策研究室的董顺利处长在点评土豆姐姐营销现象时，一语中的，“别人卖产品，姐姐做品牌”。虽然冯小燕的微博、微信经常发，但却很少有硬广告。其主要内容一般是生产基地的土豆生长发育情况，与什么人见了面并说了什么有关土豆的话，做电商与微营销的一些感受，以及新开发产品的进展等。这种内容安排，容易树立一个大品牌的形象，反而更容易促进产品的宣传与市场对接。冯小燕感慨地说，她是真真正正尝到了微营销的甜头。

2013 年，涌泉居公司来自上海市场的 1.5 亿元订单是通过新浪微博深圳粉丝牵线搭桥促成的，北京华联的订单是通过陕西北京商会微信群里的企业家推荐得来的，淘宝网店的客户也主要来自微博、微信。所以，有人总结说，在微营销时代，王婆卖瓜式的自我吹捧已经不流行了，而粉丝的口碑相传已经占据主流，只要能树立良好的品牌形象，就会有粉丝跟进。

执著与坚持是事业成功的最大法宝

如今的土豆姐姐，新浪微博粉丝已经有近 10 万人，微信也有近两万名粉丝，在电商界也小有名气，各个地方的电商培训经常邀请她去讲微营销的心得，可以说，土豆姐姐真的火起来了。土豆姐姐的成功秘籍，只用一句话来概括，就是执著与坚持。土豆姐姐每天早晨醒来的第一件事就是发微博、微信，同时完成一些与重要粉丝的互动。空闲时，她就绞尽脑汁构思微博的文字，一有空就发几条。正是这种执著与坚持，才换来了粉丝的认可与品牌的有效传播。再看一些新农人的微博，热心一两个月，发现效果不好就放弃了。世上的事情，轻易地放弃比真正的失败有时还让人痛惜。如今，土豆姐姐又时尚地玩起了微店，这种与时俱进的学习力也值得敬佩。

6

电商扶贫——脱贫的新通路

电商扶贫的概念与基本内涵

从 2011 年起，中科院信息中心主任汪向东就开始了对电商扶贫的呼吁，认为在贫困的中西部地区，运用电商这一载体会有效促进扶贫开发工作。这一呼吁在 2014 年终于变为现实，在国务院扶贫办印发的《刘永富主任在全国贫困村旅游扶贫试点座谈会上讲话》中，明确提出把“电商扶贫工程”列为 2015 年精准扶贫十大工程之一，要求“在贫困村开展电子商务扶贫试点，发挥市场化电子商务渠道的作用，促进贫困地区农产品销售和农民增收”。而实际上甘肃陇南以成县、礼县为代表的农产品电商实践，某种程度上就是电商扶贫，他们也以电商扶贫概括自己的模式。2015 年 11 月，《中共中央国务院关于打赢脱贫攻坚战的决定》明确指出要“实施电商扶贫工程”，电商扶贫终于成为当前电商又一大重要领域和关注热点。

什么是电商扶贫？中科院信息中心主任汪向东以 1.5 万字的长文——《电商扶贫是什么，为什么，怎么看，怎么办》作了初步回答。笔者想结合汪老师的文章再做一些概括与讨论。简单地说，电商扶贫就是指运用电子商务来促进贫困地区家庭脱贫致富，带动当地经济社会各项事业全面发展。有如下几个关键点。

一、基本定义

对于具体定义内容可参考党中央、国务院关于扶贫开发的最新要求和国务院“电商国八条”的一些提法，把电子商务和扶贫开发融合起来。可以表述为：动员政府、电商、生产经营主体和社会各方力量，通过完善贫困地区的相关基础设施，建立互联网 + 与电子商务的理念和体系，帮助提升贫困地区农户和生产经营者的电子商务运用能力，促进当地农产品及特色产品的生产、加工、销售和品牌化建设，方便群众的生产生活，带动就业和创业，增加农民收入，推动经济社会发展转型，从而加快脱贫致富步伐的一系列举措。

二、主要内涵

汪向东教授认为，电商扶贫可以“从专项扶贫、行业扶贫、社会扶贫‘三位一体’工作格局的分析框架来看”，“既可用于一业、一地、一事，又可同时用于或辐射到多业、多地、多事”；而且包括“从科技、教育、文化等方面开展电商扶贫”，以及为电商扶贫而进行的基础设施建设、公共服务与社会保障；还包括众多电商主体对扶贫事务的参与。

结合汪向东教授的文章，可将其概括为狭义的电商扶贫和广义的电商扶贫，并界定其工作内涵。

狭义的电商扶贫，可以理解为电子商务层面的扶贫开发，包括如下基本内容。

（1）扶持和带动贫困家庭进行网上销售创业，进行基础知识培训及相应的启动资金支持等。

（2）动员电商平台、电商企业直接参与贫困地区的特色产品开发并组织在网上销售。

（3）改善农村电子商务发展基础，主要对贫困村的信息、交通、物流基础加强建设，满足电子商务发展的需要。

（4）强化社会资源的统筹，包括政府推动当地优势特色农产品的开发、宣传与推广，动员企业与社会各界与农村对接扩大网上销售和农村特色旅游开发等。

（5）电商企业吸纳部分当地就业，带动当地电子商务创业。

（6）电子商务进农村后，给农民生产生活带来各种便利，如代缴费、网络代购、金融服务等。

广义的电商扶贫，可以理解为延伸到互联网+层面的扶贫开发，除狭义电商扶贫的六方面基本内容外，还包括互联网+金融，多元化解决贫困地区的金融瓶颈；互联网+公益，通过互联网搭建扶贫信息交汇平台，促进社会各方捐助资金、物流，实施相关项目，开展城乡结对，让扶贫人人可为;互联网+营销，通过众筹、预售、订制、领养等方式，促进产销衔接；互联网+农业，从电商的需要出发，倒推产业的标准化、质量可追溯和品牌化进程，等等。

总之，电商扶贫的内涵可以视作以扶贫开发为要义、以电子商务为主要载体的各方面措施的综合体，大体是一个不断外延的同心圆形态，各地可以从实际出发，有重点地进行选择，并随着实践的深入进行拓展。但不管怎样，电商扶贫根子上还是扶贫开发，出发点和落脚点在增加农民的福祉，最终体现在脱贫致富的实效上。

三、电商扶贫的层次

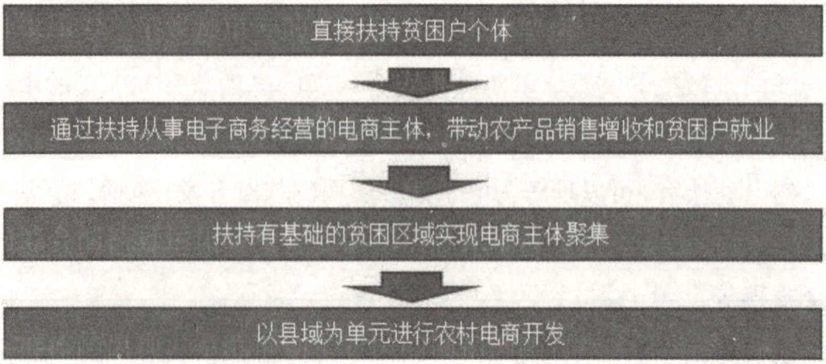

可以初步概括为如下四个层次。

一是直接扶持贫困户个体，把贫困户、“两后生”、残疾人等帮扶对象和精准扶贫对象作为培训重点，帮他们掌握电商知识，乃至手把手教他们开办自己的网店，并提供后续服务。

二是通过扶持从事电子商务经营的龙头企业、网商经纪人、能人、大户、专业协会与地方电商交易平台等电商主体，带动农产品销售增收和贫困户就业，从而减贫脱贫。

三是扶持有基础的贫困区域实现电商主体聚集，典型的就是“淘宝村”，除带来大量直接就业外，还能带来物流快递、包装等服务业的大量间接就业，明显促进当地经济社会发展。

四是以县域为单元进行农村电商开发，既把当地的农特产品通过电商卖出去，又把农民需要的农资、生活用品通过电商卖到乡下。

这四个层次可以呈现梯次递进，也可以同时展开，或者以一点为突破，这是电商不同于传统产业的非均衡性、非线性特点。

四、电商扶贫的可能性

为什么电商扶贫在今天存在着可能性，并在一些地方有初步成功的实践？答案是有如下五个方面的支持条件。

一是农村的信息化基础有了明显的改善，具备了电商的发展基础，特别是农村宽带与手机上网的普及，这一点具有决定性意义，使得电商扶贫有了现实的可能性。

二是农村产业发展面临转型升级压力，主要是单一的产业扶贫并不能解决卖难和市场波动问题，需要借助互联网及电商来改造生产方式，从根本上寻求经济转型升级的问题。

三是农民的信息化应用正在转变，农村有了宽带，利用手机在农村也能上网，农民逐渐由单一的信息获取向综合的信息运用转变，尝试用信息化来改变生活，让电商扶贫有了群众基础。

四是一大批返乡青年和新农人群体的出现，示范带动了农民的网销网购行为，出现了一些典型的人物和事例，带来了示范效应。

五是社会消费导向的转变带给贫困地区发展新机遇，一般的贫困地区往往是生态环境良好的地区，生产的生态农产品恰恰是城市人所追求的，相应的生态旅游也让人向往，电商正好搭建了平台。

电商扶贫的国家战略与政策重点

近一两年来，中央与国家相关部委相继为电商扶贫出台了一系列文件政策，基本明确了电商扶贫的方向、重点和扶持方向，地方政府也积极探索，共同形成了电商扶贫的工作体系。

一、中央对电商扶贫工作的总体部署

中央对电商扶贫的重视与相关安排首先体现在“中央一号文件”中作出的农村电商部署，给予了明确的政策信号，即要推进电子商务进农村，加强农村贫困地区的网络信息化建设；而在2015年11月印发的《中共中央国务院关于打赢脱贫攻坚战的决定》（中发〔2015〕34号）第四章第15条专门就电商扶贫做出明确部署。具体文字如下。

“加大‘互联网+’扶贫力度。完善电信普遍服务补偿机制，加快推进宽带网络覆盖贫困村。实施电商扶贫工程。加快贫困地区物流配送体系建设，支持邮政、供销合作等系统在贫困乡村建立服务网点。支持电商企业拓展农村业务，

加强贫困地区农产品网上销售平台建设。加强贫困地区农村电商人才培训。对贫困家庭开设网店给予网络资费补助、小额信贷等支持。开展互联网为农便民服务，提升贫困地区农村互联网金融服务水平，扩大信息进村入户覆盖面。”

在这个部署中，明确提出要“实施电商扶贫工程”，同时就网络覆盖、物流配送、电商平台、人才培训、政策补助、互联网金融等配套问题作了安排，涉及多个国家部委来牵头。

二、国务院扶贫办对电商扶贫工作的持续推动

国务院扶贫办作为电商扶贫的牵头单位，在中央部署出台前作了大量调研工作，而在中央部署出台之后又开展了大量具体的安排与实施工作。主要工作进程如下。

2014 年 12 月，国务院扶贫办宣布，电商扶贫列入十大扶贫工程之一。

2015 年 5 月，国务院扶贫办召开新闻发布会，宣布在甘肃陇南启动电商扶贫试点。

2015 年 9 月，国务院扶贫办与苏宁集团签署全国农村电商扶贫战略合作协议，在 100 多个贫困县开展“双百示范行动”。

2015 年 10 月，国务院扶贫办在北京专门举办“2015 减贫与发展高层论坛”电商扶贫论坛，邀请相关电商平台、专家就电商扶贫问题展开专门研讨，进一步凝聚了共识。

2015 年 11 月，国务院扶贫办联合苏宁启动第二轮电商扶贫试点，计划 3 年内在 18 个省（区、市）的 104 个贫困县开展电商扶贫探索。

2015 年 12 月，国务院扶贫办在北京召开全国扶贫开发工作会议，对包括电商扶贫在内的扶贫十大工程在 2016 年如何开展作进一步安排部署。

2016 年 1 月，国务院扶贫办与京东签订战略合作协议，双方将共同探索“产业扶贫、创业扶贫、用工扶贫”三大模式，在全国 832 个贫困县中选择 200 个县作为电商扶贫示范县，直接或间接帮助 200 万建档立卡贫困人口实现稳定脱贫。

2016 年 5 月，由财政部、商务部、国务院扶贫办三家首次联合下发通知，电子商务进农村综合示范的国家级贫困县占比不低于 50%。

2016年6月，由国家财政部、商务部和国务院扶贫办提出意见，力争在今后三年内对有条件的600余个国家级贫困县进行电子商务进农村综合示范全覆盖。2016年11月4日，国务院扶贫办等中央16个部委联合印发了《关于促进电商精准扶贫的指导意见》，就促进电商精准扶贫提出了具体的指导意见。

三、各地政府的行动

在国务院扶贫办积极推动电商扶贫的进程中，各地方政府也从实际出发，纷纷与电商平台签约，推动农村电商及电商扶贫试点。仅以各省级政府的动作来看，可谓相当积极。

早在2014年，海南、广西、贵州、浙江、新疆、甘肃、广东、河南、吉林、天津等12个省级行政区就与阿里巴巴分别建立了合作关系，发展农村电子商务是重点内容之一。如2014年11月，西北地区的新疆维吾尔自治区和甘肃省就于当月同阿里巴巴签订战略合作协议。

进入2015年，各省与各大电商平台的合作进一步密切，各省政府与阿里巴巴、京东、苏宁等电商平台签约合作的新闻源源不断地传来。如2015年11月，阿里巴巴与河北省人民政府在石家庄签署“互联网+扶贫”合作备忘录。同月，江西省扶贫、商务、邮政公司联合签署电商脱贫战略合作框架协议。

2016年，省以下地方政府与电商平台合作的电商扶贫探索进入常态化。

四、当前电商扶贫政策的重点

一是高度关注民生问题。政府政策对电商扶贫最大的期望在于通过电商能够帮助贫困地区进行农产品销售与产业发展，农民的增收致富与生活便利，农村基础设施的改善与生活水平提升，也希望通过电商改变当地干部群众的思维观念，推动当地经济社会的发展转型，助推精准扶贫。

二是电商扶贫的认识与实践不断深化。电商扶贫不可简单理解为贫困地区的农产品上网，还要考虑谁来上网、谁来受益的问题，不仅是产业问题，还是就业问题、创业问题和民生问题。如培养大量贫困青年开通网店直接销售是电商扶贫，动员电商企业直接销售贫困地区的农产品是扶贫，而吸引当地劳动力到电商企业就业也是电商扶贫；不仅要培养新兴的网商群体，还要引导大量的贫困地区现有经营主体触“电”上网；既要推动电商要素在农村的优化并出现淘宝村这样的农村电商应用典型，更要将农产品上行与工业品下行的双向通道打通并在县域形成电商要素聚集。

三是以人才为最重要的切入点。人才不足是当前电商扶贫最大的瓶颈，也是电商扶贫工程的重点内容。所以，《中共中央国务院关于打赢脱贫攻坚战的决定》专门指出，要“加强贫困地区农村电商人才培训”。目前各地政府推动的电商扶贫在人才培训方面有大量的政策安排，也将之作为各地政府与电商平台合作内容中的重点，用“不遗余力”形容也不为过。

四是做好示范，为面上推进提供样板和成形做法。迄今为止，国务院扶贫办已经开展三轮次试点，分别是在陇南的试点、依托苏宁的二轮试点和依托京东的三轮试点，覆盖面不断扩大，初步形成电商扶贫的基本体系。比如，陇南试点总结的电商扶贫六大体系，再如，京东在仁寿用心打造的“枇杷行”上行模式，还有阿里巴巴寄予厚望的“百万英才”计划。

五是重视与平台合作。农村电商基础薄弱，经验也不足，依托大型电商平台不失为快速推动工作的一个好办法。《中共中央国务院关于打赢脱贫攻坚战的决定》也指出，“支持电商企业拓展农村业务”。所以，国务院扶贫办已经与苏宁、京东先后签约，各个地方党委、政府也纷纷与阿里巴巴、京东、苏宁及地方电商平台签约，力争借助电商平台的力量加速电商生态的构造。

六是电商扶贫的配套政策措施也在加速形成。《中共中央国务院关于打赢脱贫攻坚战的决定》指出，“加快推进宽带网络覆盖贫困村”，“加快贫困地区物流配送体系建设”。按照这个精神，目前的电商扶贫普遍在发展规划上、重点项目上有专门安排，如网络、物流基础建设，对培训、金融、基础设施投资有配套政策，基本上形成了综合安排、整体推进的态势；而且，考虑到是新事物，也都给地方政府的政策安排留出探索空间。根据统计，2014—2015年，电子商务进农村综合示范进入103个国家级贫困县，占40%；老区县154个，占77%。

四大力量推动下的电商扶贫实践与探索

从2014年年底被国务院扶贫办正式列入“十大扶贫工程”之一至今，电商扶贫的推进时间并不长，但对于电商扶贫这个新事物，地方政府、电商平台、电商创业者、社会力量却在更早就开始了积极探索，并形成了各自特色的电商扶贫之路。从目前能掌握的资料看，最早的电商扶贫实践可以追溯到2008年汶川地震后的灾后重建，阿里巴巴通过在青川县扶持赵海伶、王淑娟等青年在阿里巴巴平台上出售当地特色农产品，在促进灾后重建的同时，已经部分实现了扶贫的目标。此后，在河南太行山贫困区，出现了杜千里这样的通过电商致富成才并带动当地特色产品开发的典型。而在山西的吕梁山区则出现了王小帮，同样在网上销售贫困地区的农特产品，他与王淑娟还被邀请到美国为阿里巴巴上市敲钟。2012年以后，随着农产品电商的爆发，越来越多的贫困地区出现了赵海伶、杜千里式的人物，一些企业、政府也积极介入，终于形成了今天的电商扶贫洪流。其总体脉络可以用如下内容来概述。

一、由各大电商平台推动的电商扶贫实践

平台是中国电商独特的风景，经过十多年的发展和竞争，逐渐形成了阿里巴巴、京东、苏宁及一些区域性电商平台共同发展的生态。这些电商平台在向农村渗透的过程中，客观上也推动了电商扶贫的实践。

（一）阿里巴巴的电商扶贫实践。阿里巴巴有强大的电商平台，也掌控着优势的电商资源，客观上为农特资源开发、人才培养提供了宽阔的路径。其电商扶贫实践大体可以分为如下三个阶段。

第一阶段，扶持农村网商。在2008年之后的一段时间里，阿里巴巴以在青川县扶持赵海伶、王淑娟为开始，推出了网商培养计划，迅速扶持了杜千里、王小帮等贫困地区的青年网商，支持他们在网上销售贫困地区的农产品。阿里平台上销售农产品的“新农人”群体已过百万人，相当一部分来自贫困地区。此后，又通过系统赋能，催生了以江苏睢宁东风村为代表的一批贫困地区淘宝村。经过几年的帮扶和引导，全国17个省（市、区），已经涌现出780个“淘宝村”和71个“淘宝镇”，聚集了超过20万户的活跃卖家，网店销售额超过1亿元的“淘宝村”就超过30个。

第二阶段，推动电商消贫。阿里巴巴2014年10月启动农村综合战略计划，

首先实施的是“工业品下行”战略，通过电商来缓解贫困地区商品价格虚高、商品品类不全、假冒伪劣较多的问题。根据阿里巴巴的测算，电商下乡可以让农民节支约25%，而且节约大量的生产生活时间。

第三阶段，打造电商生态。阿里巴巴的“千县万村”计划推出后，农村淘宝经历了星火燎原般的发展，2015年12月31日，“农村淘宝”已经在全国25个省、269个县开业。其中，国家级贫困县为62个，省级贫困县为73个，建立起了13 296个村级服务站，招募了1万多名合伙人，旨在实现“网货下乡”和“农产品进城”的双向流通。电商在县以下的发展，不仅活跃电商交易，还培养人才，也引入了农村金融工具，从而形成涵盖农村生产生活多方面的生态系统。所以，农村淘宝进入2.0时代之后，生态建设和人才培养成为更突出的战略任务，若能深入推进，必将给贫困地区的电商扶贫带来新的动力。

（二）京东的电商扶贫实践。京东在电商扶贫方面也在“比学赶超”。其电商扶贫进程大体也有如下三个阶段。

第一阶段：渠道延伸。早在2014年春天就开通了农资下乡直通车。阿里巴巴的“千县万村”计划出炉后，京东随即推出“千县燎原”计划，初期的主要目标是让农村人用实惠的价格买上放心的好产品。

第二阶段：有序上行。由于京东是自营平台，其农村电商的推进相对“轻资产”，也带有明显的“卖货”思维。为了弥补这种战略上的单薄，经由刘强东提出的“3F”战略最终形成京东农村新战略，即把农产品进城、工业品下乡和农村金融问题一并解决。在农产品进城方面，于四川仁寿策划了“枇杷行”活动，京东集采后再用京东的平台物流优势卖出，为贫困地区的特色产品走出去探索出一条“电商扶贫”新路。

第三阶段:定向扶贫。以2016年1月京东与国务院扶贫办正式签约为标志，京东的电商扶贫不再打“擦边球”，而是要专心、专业起来，要在全国选200个县开展专门的电商扶贫，主要内容包括招募贫困家庭劳动力到京东就业、帮助贫困地区农产品上行、完善贫困地区电商基础设施等多个方面。

（三）苏宁的电商扶贫实践。苏宁与阿里巴巴、京东的情况又不同，苏宁是由线下企业转入线上的，不仅有电商，更有强大的线下门店资源，“O2O”是其鲜明的旗帜。

在农村战略方面，苏宁初期提出了建设 1 万个乡镇苏宁易购服务站的设想，通过线上线下一体的扩张来满足农村消费者的需求。随着实践的深入，其农村战略日益丰满，但主要还是在线上线下优势综合发挥上做文章，并于 2015 年借“国际扶贫日”之际，正式启动“双百示范工程”。

承诺为 100 个贫困县建设苏宁易购服务站的同时，苏宁易购平台上开设县级馆，进而设想为一个村推广一个优势产品。这确实是一条符合苏宁实际，也为贫困地区需要的电商扶贫新战略，但由于苏宁平台的交易量尚未突破千亿元，农产品电商方面也在初期探索中，所以其效果值得期待。

在三大平台大力推动的同时，一些地方电商平台也在贫困地区积极行动，起家于遂昌的赶街网、总部设在深圳的淘实惠、山西的乐村淘等，均形成了较大的农村覆盖面，相当一部分在贫困农村。据乐村淘公司自己统计，截至 2015 年年底，乐村淘涉及全国贫困县 136 个，贫困县区域的农产品上行 4 911 万元，工业品下行 1.5 亿元。

二、政府推动下的电商扶贫实践

在敏锐地发现电商推动了农村人才回流、促进当地特色产品销售等新的扶贫道路后，一些县开始探索用电商的工具推进扶贫，并取得了实际成效。

（一）甘肃成县：电商赋能草根，政府完善生态。

甘肃成县所处的陇南地区，山大沟深，交通不便，经济落后，但电商为当地农特产品走出大山带来新的路径。从 2013 年起，在成县县委书记李祥的“一把手”推动下，以罕见的政府微博方阵为先导，以核桃这一当地特色产品为突破口，以返乡创业青年、大学生村官等为主力，发起了一场轰轰烈烈的农产品电商运动，成功实现“一个核桃”的逆袭。随后，政府顺势而为，推出了“六位一体”的工作措施，通过与平台合作、新媒体推广等途径，让成县电商从核桃逐渐延伸到多个农特产品，电商经济初具规模。成县实践带来的启示是：当电商这个工具与青年这一“大众创业”的主体相结合时，只要有适当的政府推动，就能迅速爆发出生机活力。

（二）吉林通榆：政府系统委托，服务商驱动。

地处吉林黑土地的通榆县在发展电商时，面临无人懂、无人干、无路径的尴尬现状。为了找到系统推进的突破口，通榆引入杭州常春藤公司作为战略合作伙伴，共同注册“云飞鹤舞”公司，承担起电商规划、人才培养、产品打造、平台对接、政策研究等综合电商服务职能，而政府则配套做好资金项目落实和强有力的行政推动，在短期内实现了破局。其启示在于，贫困地区面临的思维、人才、资源等制约，如果自身难以打破，则靠引进外力来系统推进，也是可行的思路。

（三）云南元阳：让青山绿水上网，探索旅游电商。

身处改革开放前沿的上海财经大学教授井然哲在云南元阳的挂职副县长经历，让元阳这个美丽的地方有了一场与互联网的热切拥抱。通过对当地梯田、古村落、丹霞地貌、民俗文化等优势资源的系统开发，综合运用农产品电商、众筹、旅游电商等工具，让贫困地区的资源优势迅速转化为现实的生产力，旅游人数大幅度增加，特色产品上线加速，当地的百姓与产业均受益良多。元阳的启示是：互联网时代的到来，让贫困地区的追赶现代化步伐空前加速，带给当地经济社会跨越发展更多可能。

（四）黑龙江明水：联合平台激活要素。

广袤的黑土地，农业条件十分优越，但在电商发展的征途上却显得步履蹒跚，观念、人才等都是重要制约因素。与通榆的请电商“韩信”不同，黑龙江的明水县选择了“背靠大树好乘凉”，在东北地区较早与阿里巴巴签约，开展了轰轰烈烈的淘宝下乡，先让当地的老百姓享受电商带来的便利，再通过与平台合作，把本地的产品逐渐搬到网上。这种以“下行”带动“上行”的做法，在一些贫困县逐渐成为普遍路径，但现实的问题是，农产品上行的难度远比想象高得多，这是“牵一发而动全身”式的系统改变，非一日之功可见效。

（五）新疆阿克苏：打造电商特产节。

中国苹果的优生核心区在以陕西、甘肃为中心的黄土高原上，但新疆苹果却在这些年异军突起，特别是“阿克苏糖心苹果”更是声名鹊起，其重要原因是，他们率先“占网”“用网”，掌握了互联网时代的主动，通过在淘宝上开展苹果等土特产品的节庆式促销等一系列的网络宣传销售活动，让互联网推动了这一地域品牌传播。换句话说，当陕西苹果靠十多年的卧薪尝胆用传统方式打败山东占据中国苹果第一大省的位置后，新疆苹果却借助网络以“轻骑兵”式的奇袭迅速上位。其实践确实让一大批有地域特色产品的贫困县多了一些互联网时代的“想入非非”。

三、新农人群体的自发探索

（一）四川青川赵海伶、王淑娟的电商救灾与电商脱贫探索。

汶川地震发生时，老家在青川县的赵海伶尚在四川外语学院成都学院读大三。同样老家是青川的王淑娟也在四川音乐学院音乐教育专业读大三。作为受灾严重的地区之一，四川省青川县约95%的房屋建筑被摧毁，满目疮痍的家乡让赵海伶、王淑娟深受触动，“特别想为这里做点什么”，尤其看到震后当地农民的优质土特产销路不畅时，她们在大学毕业后不约而同地选择了返乡创业，在淘宝网上注册网店，帮助乡亲销售土特产品，大约两年时间，都形成了不小的规模。此后，两人选择的路径有所差异，王淑娟出人意料地选择出国留学随后重点转向电商服务商，并推动开设淘宝特色中国青川馆；而赵海伶则一路坚持，和她的团队创建了自己的品牌——“海伶山珍”，想通过标准化的建设带动农民走现代化产业发展之路。

（二）河南辉县研究生杜千里的重返太行山。

身为研究生的杜千里返乡创业，多少有些悲壮的色彩，不仅当地贫困，他的家更贫困。但他敏锐地发现当地的太行山上有许多天然土特产，品质很好却无人问津，只需要一个好的通道就能卖上好价钱。于是“山之孕”淘宝店应运而生，2008年，淘宝农产品卖家较少，店铺业绩迅速提升，一年时间不到，他就把债务全部还清了。2011年，销售额突破200万元，其被评为“阿里巴巴全球百佳网商”。2014年，他在新乡成立土特产实体店“巴马工社”，探索线上线下一体的“O2O”经营模式。同期，又在销售初级农产品的基础上探索深加工，把山楂发酵酿造出山楂酒，以深加工推动农产品标准化、网络化，进而带动整个山区的山楂经济发展。

（三）到美国股市为阿里巴巴上市敲钟的山西吕梁王小帮。

王小帮是山西省吕梁市临县木瓜坪乡张家沟村一位普通农民，2006 年务工返乡后于 2007 年开通网店，本意是把积攒的书转播出去，却发现，因为缺少流通途径，村里的多种名优土特产无法销售出去，于是将网店的销售转移了方向。在琢磨了人们的消费心理后，王小帮将绿色、无公害、无污染作为最大卖点，打出当地最好的农产品，再把真实的图片传上去，最后销售给大家。

（四）跨界新农人的另一种探索。

近几年又现出一种新情况，就是非农业领域、非本地区域的互联网创业者进入贫困地区从事特色农产品网上销售的现象，最典型的案例出现在新疆，聚集了大量的外来农产品电商从业者。比如，到新疆推销工业产品而转入农产品电商领域的李春望，打出明确的原产地直销概念，由个人网店经营新疆土特产到创立西域美农，年销售已达 3 亿元。再如，刘敬文团队深入喀什农民家庭和田间地头，通过真实农民家庭生活和农业生产场景的宣传，增进城乡之间的互信，促进当地农产品的销售。

（五）百万新农人群体崛起。

2015 年 2 月 7 日，由阿里研究院和南方农村报社联合主办的“首届中国新农人大会”在广州举办，会上阿里研究院正式发布了《中国新农人研究报告（2014）》，这是国内首部针对新农人群体的研究报告。报告披露，仅阿里零售平台上的新农人数量就已突破 100 万人。此外，还有相当数量的新农人以微博、微信为主要的活跃平台。而这些新农人有相当的群体在从事贫困地区农特产品的销售，他们同样也是电商扶贫的自发实践者。

四、工商资本下乡与互联网巨头跨界

（一）褚橙、柳桃、潘苹果。

褚橙，红塔集团前董事长褚时健的二次创业项目。2002 年，74 岁的褚时健保外就医后，与妻子承包荒山开始种橙。2012 年 11 月，褚时健种植的“褚橙”通过本来生活网站的策划开始在电商售卖，引起轰动。柳桃，联想前董事长柳传志近年来致力于进军农业板块，继 2013 年 5 月首推蓝莓后，11 月 12 日又推出了“金艳果”猕猴桃，还推出了“褚橙柳桃”的组合包装。潘苹果，2014年1月13日，SOHO中国有限公司董事长潘石屹代言的“潘苹果”在北京望京一家超市上市。潘石屹说，“潘苹果”来自其家乡甘肃天水。他表示，代言苹果没有得到广告费，为义务代劳。褚橙、柳桃、潘苹果的出现，为贫困山区的农产品品牌化营销带来新的思路，让人眼前一亮，也迅速引发一系列模仿潮流。

（二）乐视网的螃蟹与任志强的小米。

在褚橙、柳桃、潘苹果的刺激下，2014年8月，乐视网正式向外界宣布进军农业，成立乐视互联网生态农业（北京）有限公司，并公布了乐视农业的全盘布局，其食品电商平台“乐生活”同时上线测试。为了体现其跨界农业的雄心壮志，乐视选择了螃蟹这个高度品牌化的品类，首先从破解“阳澄湖”大闸蟹的神话开始，认为阳澄湖有好蟹，而高邮湖、盘锦、黄河口、太湖、沱湖等，中国大多数的江河湖泊中都有好蟹，希望让大闸蟹回归“食材”的本质，回归人们日常餐桌，改变以往大闸蟹价格昂贵、通常作为礼品的传统观念。但可惜的是，这种大胆的营销手段似乎并没有被市场认可。而绰号“任大炮”的任志强也跟风在内蒙古种起了小米，2015年11月正式在网上开卖，说“任小米”是沙漠小米，由任志强、王石等企业家号召在内蒙古阿拉善地区种植，但对于49.9元/4斤装的售价，大批网友的评论只有一个字——“贵”。既然如此,其注定曲高和寡,形式大于实际意义。

（三）腾讯的社交电商扶贫。

在电商平台大张旗鼓地做电商扶贫的文章时，腾讯的扶贫似乎少了手段，因为旗下的电商板块已经连窝送给了刘强东，后者却选择了永久关闭。但强大的社交基因却让腾讯在网络公益扶贫方面有了良好的载体。腾讯旗下的腾讯公益于2009年6月发起“筑梦新乡村”项目，以民族文化保育和传承为核心，展开互联网企业西部乡村帮扶的创新尝试，定点云贵两县一州（贵州黎平县、雷山县，云南迪庆藏族自治州），投入公益资金，探索互联网企业利用自身核心优势，汇聚公益力量，推动西部乡村教育、文化、经济综合发展的新模式。根据腾讯公益平台通报数据，至2012年11月，为乡村筑梦累计直接投入资金5 760.62万元；自主设计执行20类项目，落地全国17个省、734个受益点，超过20万名师生、村民受益。

五、电商扶贫面临的困难与推进建议

电商扶贫被正式纳入扶贫十大工程只不过一年时间，可谓草创期，困难、问题自然少不了。汪向东先生提出电商扶贫面临“四大挑战”，概括起来讲，就是贫困地区经济社会发展落后、贫困主体互联网运用能力有待提升、电商扶贫行政推动理念需要深化、电商扶贫的机制急需创新。在此基础上，笔者想将其再延伸一下。其总体有如下“六个有待”。

思维有待转变。这个既有贫困地区政府的扶贫理念问题，也有贫困主体的发展理念问题。

习惯有待养成。农村互联网普及率本来就低，而能把互联网作为生活生产工具的比率更低，其普及还有一个过程。

基础有待改善。突出表现在网速不快、费用不低；物流落后、又慢又贵；还有交通运输、产业基础落后等。

人才有待培育。现在能推出来的还是王小帮、赵海伶等老典型，还是“万绿丛中一点红”，电商扶贫事业必须有更多的人才特别是青年人才参与。

视野有待开阔。既不仅仅是买得物更美价更廉，也不仅仅是卖得货更俏价更优，而是要在经济社会的深层次带给贫困地区改变，从根本上改变当地的生产生活方式。

力量有待协同。电商扶贫涉及面广，新旧体系交汇，目前各行其是的情况多，需要一个好的公共平台和融合机制，更好地体现齐心协力与各负其责。

进一步推动电商扶贫要放宽视野。在2015年5月国务院印发的“电商国八条”中明确要求电商要与其他产业深度融合，要成为“四化同步”的关键性因素。与这一要求相比，目前的电商扶贫显然格局太小、程度太浅。因而，有必要进一步拓宽电商扶贫的视野，从更宽广的层次去推进。

首先，要提升电商扶贫在贫困地区的战略定位。将之作为系统推进贫困地区经济社会发展的关键性因素，真正将电商作为发展新动力、新基础设施、新常态下的新型经济业态来深刻思谋；不是作为一个单项工作、单一工程来推进，而是作为重要战略、中心工作，增强谋划的科学性、系统性。

其次，要在打造电商扶贫生态上下功夫。即使马云亲自上手，但青川的电商帮扶计划仅仅是出现了赵海伶等创业英雄,并没有催生出一个电商扶贫的“青川模式”。电商扶贫一旦启动，一定是牵一发而动全身，必须多部门协调、多领域联动、多要素聚集，形成完备的生态系统，包括“一把手”推动、大量项目资金的推动、优势资源的系统开发、电商主体的培育、电商服务体系的建设等,要有“打大仗、打硬仗、打持久战”的思想准备。

再次，在激发农民群众创造力上下功夫，长期的宣传报道，让我们对贫困地区的发展现状产生了偏差性的认识，长期的单向扶助、公益补助，并没有让当地群众成为真正的脱贫主动者。阿里巴巴把农村淘宝模式迅速从 1.0 版本升级到 2.0 版本,最重要的原因是,如果不能从内心深处激发农村青年的创业激情,使其成为村淘事业的合伙人，还是简单依托现有门店形成兼业经营，那么真实的运营成效是差强人意的。所以，无论是电商扶贫中的政府部门还是企业，都要认认真真地走群众路线，细心听取当地群众的真实想法、主要诉求，在把他们变成电商扶贫的主力军上下功夫。只要贫困地区的农民主动参与到电商扶贫,这项事业就一定能大踏步前进。

最后，需要对扶贫政策进行改革。电商提出了政府服务的若干新命题，很多问题按原有思路是解决不了的。目前的电商扶贫，已不能简单地归结为一个工程，而是在实际上跨越了行业扶贫、专项扶贫、社会扶贫三大领域，明显具有综合性。所以，扶贫政策也要相应调整，比如，到户到人的政策如何体现在电商领域，再比如，电商发展所需要的基础建设能否纳入扶贫项目范畴，而一些专项资金能不能补贴给电商平台与服务商，还有电商人才培养、产业链整合等新领域，需要研究以什么名义、用什么项目来支持，等等。

总之，电商扶贫已经开启了扶贫的又一个新路径，期间的亮点与困难同在，是一个值得期待的新事物，也是一个亟待加强研究的新课题，需要各方共同努力！

电商巨头扶贫的基因分析——主要电商平台扶贫模式简评与建议

笔者很荣幸能在“10·17”第二个中国扶贫日来临前夕作为点评嘉宾参加国

务院扶贫办在北京举行的“2015减贫与发展高层论坛——电商扶贫专题论坛”，就各电商服务平台的电商扶贫经验分享与思路进行点评。在现场点评的基础上，现整理成文字稿，与大家讨论。

互联网流行一句话，“基因是很重要的”。在电商扶贫的问题上，各大电商平台都有动作，但因为基因的不同，其路径与模式也不尽相同。从论坛发言的四家电商平台来看，大体有如下特点（按出场顺序逐一点评）。

苏宁：零售起家，将O2O进行到底

苏宁的零售基因非常强大，其线下门店经营能力行内有目共睹。但自从转型电商后，一路并不顺利，特别是全面O2O战略实施后，线上对线下业务冲击较大，一度亏损严重。不过，这两年通过破釜沉舟式的内部业务重整和苏宁超市线下“反攻”、线上模式探索等举措，出现柳暗花明的局面。在电商扶贫上，苏宁也依然在O2O基因的基础上做文章，比如推出的“双百示范工程”，未来三年在100个贫困县建设100家苏宁易购直营店或服务站，在苏宁易购上线100家“地方特色馆”。除此之外，还要在线下实体门店建设农村电商扶贫O2O专区，目前第一个线下的扶贫示范店已经开业，将来还准备搞贫困地区的“一村一品”“一县一业”，即为每个村镇推广一款产品，为每个贫困县打造一个优势产业。苏宁采取的这些策略，都是与自身O2O的商业模式相匹配的，既有线上销售，也有实体展示，有利于体验与营销。下一步还准备开展生鲜预售、产地集采等业务，加快开放平台与物流体系，让自身优势进一步发挥。

阿里：强在平台，意在生态构建

众所周知，阿里巴巴走到今天，已经形成了强大的平台地位和比较完备的电商生态圈，不再仅仅是一个网上卖货者。阿里巴巴在农村电商的布局中，把生活服务的代收费、消费方面的代买和生产方面的代卖，还有返乡创业扶持等功能融合在一起，让电商下乡、农产品进城、农民创业等目标一并实现，同时还通过淘宝大学、菜鸟网络、蚂蚁金服等提供系统服务，以达到培养人才、改善物流、金融服务等目的，努力推动从“授人以鱼”到“授人以渔”再到“营

造渔场”的生态打造，实现信息化惠农、消费便捷减支、生产生活理念转变、农产品上网、人才返乡等扶贫社会目标。比如，蚂蚁金服 2014 年为 832 个国定贫困县的约 2.02 万名经营者发放贷款 29.73 亿元。2015 年 9 月 30 日，阿里的“千县万村”计划已经在 22 个省、147 个县落地，其中包括 31 个国家级贫困县和 42 个省级贫困县，2015 年的目标是覆盖 100 个贫困县。

京东：自营为王，加速向农村推进

有人说，京东就是中国的亚马逊。其从 3C 产品的网上零售开始，到今天终于成为一个涵盖百货的大型自营式电商平台，并牢牢占据自营 B2C 之翘楚。其在电商扶贫中，同样是基于自营业务优势的发挥。比如，以四川仁寿“枇杷行”为代表的产地规模化直采，利用自营平台和物流体系优势进行销售。同时，加速平台开放，已经开通地方特色馆、特产店 313 家，个人网店 7.6 万家。目前已经建立县级京东帮服务店超过 1 100 家，其中贫困县 234 家。在农村电商的具体操作上，又按“两条腿”走路，把大家电等业务独立归属于京东帮，完成售、送、装、修一体化；其他产品的销售则归属于京东县级服务中心，再在乡村设站，村级招募京东推广员，目前已经超过 10 万人，推进可谓神速。下一步还有金融跟进，形成“3F（Factory to Country、Finance to Country、Farm to Table）战略”格局。

一亩田：涉农电商新兵，突入农产品B2B领域

与前面三家相比，一亩田的路数明显不同，虽然也是一个电商平台，但不直接零售，而是把目光瞄准了农产品的信息撮合，致力于减少中间环节与推动交易电子化，从而与竞争激烈的网络零售实现了错位发展，也显示了独到的市场眼光。当然，一亩田选择的这个事业非常艰巨，因为中国农业的小生产与大市场矛盾十分突出，这不是一两个企业可以干的事情，需要大投入、长时间和曲折探索，也是政府多年想干却没有干好的事，对于有效化解卖难意义更大。从这一点上看，一亩田的模式值得关注。当然，电商已经走过了初期的简单信息撮合阶段，也已经走过了支付与物流相支撑的网上直接交易阶段，正在进入

金融全面渗透、产业链深度整合、线上线下加速融合的新阶段。一亩田的商业模式也必须与时俱进，不要太着急，可以从一个区域、一个产业、大一点的经营主体开始，逐步推进，不断锤炼模式以至成熟。

共同的建议：再走一走群众路线

电商扶贫从理论上的提出到实践上的探索，比农村电商时间更短，各大电商平台能做到今天这个程度已属不易，但与政府的期望和农民的迫切需求相比，还是有改进的空间。有如下三点建议。

（一）电商平台的电商扶贫定位与政府的目标还需要进一步契合。扶贫进入精准扶贫阶段，最重要的是让贫困户增收脱贫。也就是说，工作重点在个体农户，而不是泛泛的县域概念。但目前的电商扶贫，除在个别贫困户电商就业创业方面成绩相对突出以外，对农产品的对外销售虽有帮助，但仅仅是一个起步；特别是轰轰烈烈的电商下乡，有一定的民生意义，但更多的是农村消费市场的开掘，与扶贫还有距离。如何让更多的贫困户在电商中直接受益，还需要进一步探索。

（二）电商平台的业务模式对农民的期盼还需要进一步满足。目前的农村电商和电商扶贫主要还是工业品下乡，而农产品进城才刚刚起步，贫困地区的网上消费与网上销售严重不对等。根据阿里研究院的数据，2014 年 832 个国定贫困县在阿里零售平台上，完成消费额 1 009.05 亿元，完成销售额 119.30 亿元，其中农产品销售额达到 11.80 亿元。显然，能不能在网上以好的价格把农产品卖出去，对农民而言意义更大。当然，阿里巴巴也在积极探索，比如，从 2015 年 10 月 9 日开始，在阿里零售平台上开展国定贫困县产品推广活动，预计至 20 日活动结束时，832 个国定贫困县可以销售 40 亿元的产品。

（三）电商扶贫的模式还需要进一步探索。目前的电商扶贫，大多着眼于经济角度，与社会、生态等领域结合还不紧密。比如，贫困地区往往是生态优美的地区，如何把这一优势资源通过互联网与电商的路径开发出来，应该有空间。同时，贫困地区的产品特别是农特产品，如果仅仅是加强推广则可能效果也有限，因为面临没有名气、标准化程度不够、包装设计落后、品牌严重缺失等问题，必须要有系统性帮扶。所以，在今后的探索中，各电商平台还应深化对电商扶贫的认识，站得更高一些，内部业务整合再深一些，业务范畴再宽一些。

同时，对于电商扶贫而言，不宜急功近利，要把扶贫的公益性与电商平台的经营性结合起来，尊重市场的规律、社会的机理，鼓励更多的电商企业参与，同步加强学术研究，以期电商扶贫的理论与实践不断丰满起来。

电商扶贫应该在六大方面扩大探索

电商扶贫在2015年刚刚拉开大幕，但这依然不妨碍其与县域电商、农村电商、农资电商等一起成为当前电商领域热门的词汇。回想起2014年年底还在讨论电商扶贫是否可行，而一年后已经开始梳理电商扶贫的模式，不得不让人有“轻舟已过万重山”之感！但也应当看到，今天对于电商扶贫的概念与内涵的理解还比较狭窄，有的甚至将其简单理解为网上卖货，理论的边界也不清晰。就像关于当前县域电商发展中的问题，笔者曾概括为“看小了，没生态”，今天电商扶贫也面临同样的问题。历史学家黄仁宇曾反复呼吁，放宽历史的视界；而笔者也想呼吁，放宽电商扶贫的视野。基于当前各地电商扶贫的探索，笔者在思考，电商扶贫能否进一步演进到“六个成为”？

一、电商能否成为农村金融的新突破

2015年1月20日，汪洋副总理在浙江调研农村电商，专门考察了蚂蚁金服，关注到蚂蚁金服在农村金融服务中所表现出的低成本与高效率，最快一笔信用贷款只需要4分钟，而且全部在网上办理。汪洋副总理选择调研蚂蚁金服，可以说切中了当前农村发展的一个重要痛点。2008年，中共十七届三中全会作出的《中共中央关于推进农村改革发展若干重大问题的决定》就指出，“农村金融是现代农村经济的核心”。无论是农业的现代化还是新农村建设，目前金融依然是瓶颈，如果电商扶贫能够从电商扩展至普遍的农村金融服务，则善莫大焉！

可以回想一下农村金融改革的历程，让农民享受普惠的、便捷的金融服务依然任重道远！自金融机构商业化改革以来，各大商业银行因为效益原因普遍撤离了农村，一般的县城以下已经很少再看见中国银行、工商银行、建设银行、

交通银行等大型商业银行的影子，目前县以下主要的金融机构是农业银行、信用社和新兴的邮储银行。然而，以“世界最大的农民银行”名义上市的中国农业银行，其三农金融服务比重并不高；而目前的主力军——农村信用社正在加速商业化股份制改造，一大批信用社正纷纷改名为农村商业银行；邮储银行成立较晚、实力有限，担当农村金融主力军尚需时日；真正的农民金融在农村合作基金会关闭之后基本消失，各地试点的新型合作金融、社区金融等迟迟推不开。笔者也到基层去看过一些农村合作金融的试点，了解到的情况是，一年就开两次门，一次是放贷的时候，政府的注资和配套的入股，一开门就被农民贷完，然后就关门了；另一次是收贷的时候，这次可能要开很多天，因为过程慢，还得好好算账。而且，在农民缺少金融人才和管理能力的情况下，一些出发点良好、制度设计看似完美的农村合作金融最后变成了高息揽储再放高利贷的“异形”钱庄，一遇风险，跑路频频。2015年以来，江浙一带农村合作金融负责人跑路的新闻再次出现。在这样一种情况下，农村金融的破题，显然还需要进一步拓宽视野，由电商带来的互联网金融可谓恰逢其时！

从实践看，各大电商巨头在农村的竞争，也都不约而同地祭出了金融这一法宝，而且金融产品种类不少。比如，阿里巴巴支付宝旗下的“花呗”已经为农村淘宝合伙人开放，可以用于申请农村淘宝服务站为群众代购的周转金贷款，一般额度从一两万元起步，会逐步提升到一二十万元；还有针对农民的生产与消费信用贷款业务。京东则为京东乡村推广员赋予了“京东白条”的贷款权力，为农民开发了“京农贷”，满足农资购买时的信贷需求，而且与格莱珉中国在多个领域达成战略合作意向，携手开拓中国农村金融市场。另据报道，苏宁也在针对农村开发金融产品；赶街、乐村淘等地方农村电商平台也都涉足农村金融领域。

当然，从目前的总体实践来看，各大电商巨头的农村金融也才刚刚起步。比如，阿里在2014年为贫困地区2.02万名经营者提供了29.73亿元的小额信贷，京东、苏宁等电商平台的农村金融服务业务也有一定进展，但总体规模还很小，这应当作为将来电商扶贫的一个重要领域。

二、电商能否成为精准扶贫的新平台

精准扶贫要求到人到户，其基础性工作可谓量大面广，任务十分烦琐，更重要的是，其还处在不断变化之中，如果还依靠传统的统计填报系统，那么其将是一件十分麻烦的事情，费人费工不说，其中的疏漏甚至造假将很难避免。互联网已经发展到今天这个时代，云计算、大数据已经成熟到这个地步，如何把互联网的终端与贫困户接通，将其纳入大数据的体系，是一个非常现实的问题，对于扶贫工作方式方法的根本性改变有重要意义。国务院办公厅《关于促进农村电子商务加快发展的指导意见》就指出，“农村电子商务是转变农业发展方式的重要手段，是精准扶贫的重要载体”。如何让这一提法变为现实，还需要进一步探索。

首先，思维上要有一个转变。电商的业内人士都知道，大数据目前已经成为竞争的重要法宝，基于电商平台的大数据分析可以得到许多重要的研究发现，对更为全面地分析市场现状、客户需求、产品结构等有十分重要的意义，一般的电商企业也都知道要舍得在这方面花钱、花精力，否则可能就是闭着眼睛做生意。对扶贫工作而言，长期以来也建立了一整套的工作统计分析体系，定期进行数据分析、研判工作。那么，电商扶贫的推进，应该推进两大数据系统的融合，具体包括，一是互相开放，可以有一个保密的约定，旨在深化研究分析；二是互相对比，把现有的数据互相结合起来，更有利于数据准确、清晰。比如，农村假贫困户的问题，靠人工填报的扶贫数据是不好检验的，只能指望于实地察看、村民举报；但是如果与电商的数据结合起来，则可能会简便些，若一个贫困户的家庭成员竟然还在网上大量消费，则其贫困的真实度就值得怀疑；如果进一步与人民银行的信用数据比对，则其基本上就会原形毕露；而且电商的数据还可以进一步健全贫困户个人信用体系。

其次，就是培训与投入。目前人们对于电商的认识普遍还比较初级，特别是在贫困地区，电商理念普及不足，迫切需要通过培训，加强对扶贫系统的电商理念普及，学会用好互联网工具和电商载体，把创新、开放、共享的理念落到实处，通过电商达到事半功倍的效果。当然，为了实现电商与扶贫的融合，一些基础的投入还是需要的。比如，要依托电商平台加强扶贫数据的征集分析，是需要一些硬件和软件投入的，这也需要配套调整扶贫资金的投资方向。

最后，还有操作层面上的具体落实。这个问题不妨循序渐进，建议从扶贫与电商两大数据的开放对比做起，让扶贫工作能尝到电商带来的“甜头”，让基层的扶贫工作者愿意用起来，然后再考虑如何依托电商建立精准扶贫网上工作体系的问题，比如，农村淘宝站点能否也做一些扶贫方面的基础工作等。

三、电商能否成为民生工程的新载体

在国务院《关于大力发展电子商务加快培育经济新动力的意见》中明确指出，电子商务要成为“促进创业、稳定就业、改善民生服务的重要平台”，目前各地对电商在创业就业方面的意义关注得多，如通过电商实现了多少青年创业、带动了多少贫困户就业、销售了多少本地农产品等，而在改善民生服务方面还关注比较少，这是比较片面的，应该更全面一些。

比如，阿里巴巴提出了一个节支减贫的概念。目前农村消费市场的痛点在于，不仅假冒伪劣横行，而且商品价格指数还高于城市，特别是在工业品方面。那么通过电商下乡，农民不仅可以买到真东西，而且价格还便宜了，在大家电、大宗农资产品等方面的表现更明显。这种节支对减轻农民的贫困问题也是有意义的。像《电商赋能弱鸟高飞——电商消贫报告（2015）》有一个测算，阿里平台2014年就帮助贫困地区节支近200亿元。显然，贫困地区的企业、农户、合作组织把电商平台作为一个生活品、农资产品的集体采购平台，有现实的经济意义。如果再延伸一步，贫困地区的政府采购可否放到电商平台上？节支的效果应该也很明显。

再如，电商进村确实可以解决一些农民现实的民生问题。比如，对于交电话费，城里人早就习惯了支付宝、微信交话费，即使不会，出门到处有营业厅、服务点，可对农村人来说还是有一定困难，如果没有城里的亲戚代缴，那么就得出村进城跑一趟，时间成本尚且不论，交通成本就不低。有了电商在农村的点，家门口缴话费肯定不成问题，方便多了。这就是电商带给农民切切实实的信息化红利。目前电商在农村的代缴费业务已经扩展到通信、水电、购票、挂号等方面，还有进一步拓展的空间。

除此之外，农村的一些惠农补贴、社保服务也可以通过电商渠道来实现，不仅方便群众，而且成本比较低。可以根据群众的意愿，选择发放到银行的一卡通，也可以发到支付宝甚至微信，减少不必要的现金往来。

四、电商能否成为城乡统筹的新通路

过去的城乡统筹多关注于经济社会层面，其实新的互联网鸿沟正在演化为新的城乡差距，用好了互联网，可能实现农村发展的拐弯超车；反之，农村将又一次落后。第36次《中国互联网络发展状况统计报告》显示，截至2015年6月，我国网民数量达6.68亿人，互联网普及率为48.8%;其中，农村网民数量为1.86亿人，城镇地区与农村地区的互联网普及率分别为64.2%和30.1%，相差34.1个百分点。不仅如此，城乡的互联网基础设施水平差距还很大，春节期间很多人在朋友圈报怨，因为回老家信号不好，红包都错过了“几个亿”，侧面显示了这一城乡差距，城里开始普及4G，而一些农村还是2G，甚至没有网。

如果能以电商为切入点，推动互联网+三农，实现城乡资源、人才、信息的有效对接和流通，则对于未来的乡村发展意义更为重大，可以让农村更快地追赶城市的发展脚步，促进城乡实现新的均等化。在这个意义上，也应该把电商扶贫作为新的基础性工程去推进，加快城乡互联网发展水平的一体化。

由电商出发，还可以有效促进城乡产业统筹。比如，现在的产业扶贫，生产能力不成问题，而市场却很成问题，经常遭遇“卖难”问题，迫切需要城乡的新对接。电商就是一个便捷的工具，可以让生产者和消费者直接见面，而由电商演化出来的农产品众筹、生鲜产品预售等，进一步解决了信息不对称的问题，方兴未艾。比如，2014年发起的“聚土地”项目，先对农民土地进行流转，然后通过电商平台向市民发起预售，认购一定的份额就可以获得一定面积土地上的所有产出，而且完全按照市民的要求去订制农产品，再用快递送到家；还配套开发了乡村旅游项目，市民可以体验当“地主”的感觉。这一项目融合了社区支持农业、电商、QQ农场游戏、乡村旅游等多种模式，农民可以收到土地流转、本地就业、乡村旅游等多项收入，一推出就受到各方的关注，也给电商扶贫带来很多启发。

同时，电商的发展趋势也在预示着，电商可以倒推贫困地区的产业转型，最终转变到“C2B”（客户订制）模式的理想状态，依据客户需要，按需生产，从根本上消除产销不对接的问题，实现新时期的城乡互助。

五、电商能否成为社会扶贫的新接口

“郭美美”事件后，国家公益事业的公信力受到挑战，与之对应的是民间公益组织迅速发展，但其中的乱象同样触目惊心。如何让更多的社会力量可以更方便地参与到社会扶贫事业中来，如何让更多的扶贫信息在新的平台上实现资助方与被资助方的充分沟通与信任，互联网提供了这一可能。从目前的电商主体参与扶贫，到电商为扶贫搭建新的多向接口，值得期待。

比如，现在淘宝店铺有公益活动，愿意参与的店铺每卖出一件宝贝就会向公益活动捐献一定比例的善款，然后聚沙成塔，集中微小的力量去做一些公益活动；再像京东旗下的公益频道，可以对经过认证的公益活动进行认领，发动大家捐助，内容公开，捐资去向明确；如果进一步把公益的需求和捐助意向打包成公益产品，在充分进行信息认证的情况下，让公益项目像淘宝集市一样可供大家选择，爱心购买，再交由专业的公益组织去实施，最后在网上公布实施情况的相关资料，达到有图有真相的效果，则能以最低的成本增进公益的可信任度与参与度。

作为广义的电商，公益众筹也值得探索。我们会经常感叹，好山好水好东西，一方面在贫困地区就是卖不上价；另一方面，城市人想吃吃不上。如何让贫困地区那些区域性的特色农产品与城市的消费者对接上，除电商这个载体之外，还需要好的活动形式，众筹就是一个便捷的办法。通过对贫困地区某一农产品的打包上线，然后让众多消费者通过众筹的方式购买，无论是对消费者还是对生产者来说都能降低成本。像淘宝平台上发起过的“掌上名猪”网上预售活动就很有示范意义。

六、电商能否成为供给侧改革的新动力

什么是供给侧改革？一言以蔽之，就是政府不能再像过去那样，一味在刺激需求上下功夫，而是要反思有效供给不足的问题，以新供给催生新需求，既

不做大包大揽的“凯恩斯”主义者，也不做任由市场竞争的自由主义者，重点在制度创新、降低成本、完善基础设施、推动生产要素价格合理化、释放人才活力等方面下功夫。当前的电商扶贫探索恰恰印证了供给侧改革的理念。通过政府的“营造渔场”，释放贫困地区的“新供给”，让平台、人才、企业等各方力量在农村电商的广袤空间里“海阔凭鱼跃，天高任鸟飞”，对于推动整个贫困地区的改革发展也具有重要意义。当前电商扶贫需要政府在如下方面重点推进供给侧改革。

首先，要加大农村电商政策的有效供给，在出台电商发展整体意见的基础上，根据试点情况，及时出台电商扶贫发展规划和相关配套政策，形成完善政策体系。

其次，加大电商服务的有效供给，高度重视电商服务业发展，重点解决人才培训、网店装修、专业美工、客服运营、市场推广、数据分析等电商服务的供给不足问题。

最后，高度重视解决电商发展的短板制约问题，把目前表现突出的宽带未普及，网速不快而收费不低；物流还不发达，运不了，送不到，收费高，时效差；缺乏电商要素集中承载地，电商孵化中心建设滞后，配套的加工、包装、仓储设施不到位等问题，集中精力加以解决。

第四，切实加快农业转型升级，加速推进农业物联网、大数据发展，大力发展智慧农业、精准农业，实现农产品质量可追溯、数据可共享，满足消费者对质量与安全的要求，适应电商对农产品加速标准化、品牌化的要求。

以商道行人道——关于电商扶贫的几点思考

笔者最近看了几个以独立平台推动电商扶贫的试验项目，觉得有一定创新，但还是不够理想，主要的问题大体可以归结为如下几条。

（一）习惯性的平台思维。觉得电商扶贫是新事物，单独搭建一个平台系统，把贫困地区的基本情况、贫困户的基本信息与诉求、贫困乡村的农产品信息，都放在这个平台上，希望得到社会的关注，可以通过平台直接资助农户、购买产品去实现帮扶的目的。这类设计的出发点是好的，但平台的用户在哪里？这又回到了一般地方电商平台的通病上：没有流量，卖不出东西。推广电商扶贫平台的成本依然是高昂的，而且能否在扶贫方面做成垂直电商也是未知数。

（二）**依然固有的自我思维**。电商扶贫依然是电商，虽然是公益之事，但要按商业来做，那就需要符合电商规律，简单地把贫困信息打包上线，只是一种“我有什么就卖什么”的思维，而对于想参与电商扶贫的人，他们在想什么，需要什么产品或项目对接，却不知道，更无法实现信息有效匹配。所以，马上就会产生下一个问题，即使电商扶贫的平台有流量，转化率也低，因为供给双方信息不对称。

（三）**尚需考验的信任基础**。有人讲，街头的乞丐99%是假的，那是职业表演而不是贫困者的求助。网上卖农产品的，有多少打着自产自销的噱头，但可信度有多少？所以，电商扶贫必须有公信力的背书。理想中设计的贫困户信息一上网，想救助者就可以直接打电话对接，实际上直接敢打电话的爱心人士不多，而敢接陌生电话的贫困户也不会多。更不要说，会不会出现利用这些信息骗农户的不良分子？因此，还得当地政府组织参与其中，第三方公益出面组织。新浪微博公益、腾讯微博公益首要审查信息真实度及实行公益机构认领制，其原因就是要有公信力及信任基础。

（四）**值得推敲的运营成本**。把所有的贫困户信息、贫困地区农产品信息放在网上，这是一项浩大的系统工程，费时费力，而且要不断更新，其对人力、物力、财力是一个考验。“一亩田”2015年遭遇的挫折本质上是以小博大、力不从心的结果。中国农业太大了，一个互联网企业做不动。中国扶贫问题更是一个举全社会之力的事情，政府做什么、企业做什么，以及社会力量如何参与，需要良好分工。

基于上述考量，当前的电商扶贫还是要再精准一些，再创新一些，更加符合经济学、社会学的逻辑。基本建议如下。

（一）**放宽电商的视野**。只要运用电商改善了农民的生产生活、促进了贫困地区发展，都算电商扶贫。帮助贫困户自己开网店算电商扶贫，通过电商企业帮助贫困户在网上卖也算电商扶贫；电商创业算电商扶贫，而在电商企业就业也算电商扶贫；卖农产品算电商扶贫，搞资助对接、项目对接也算电商扶贫；

连放心商品下乡、让贫困户节支也算电商消贫。具体要从贫困地区的人们需要什么、产出什么和愿意参与扶贫的人们能做什么来考虑，不必纠结于一种模式、一种路径。

（二）要善于用好现有平台。建平台是烧钱的事，很多情况下徒有虚名。现在各大电商平台、各互联网企业已经不约而同打出来电商扶贫概念。比如，淘宝上就有公益销售，每销售多少就提多少钱搞公益；再比如，微博公益、微信公益整天都在搞公益救助、扶贫帮扶。与其花代价自建电商扶贫平台，还不如拿出更多精力在这些大平台上运作几个好的项目，这可能更符合当地政府和农民的期盼。好的电商，卖出去产品是王道；而好的电商扶贫，让老百姓得到实惠是根本。

（三）要在“精准”二字上下功夫。对于电商销售贫困地区的农产品，不能简单地对大家说，“这是贫困地方的产品，你快买”，而是要详细地说，这是哪乡哪村产的，叫甚名谁，怎么种的，产品什么特点，一一说得清楚，让大家明白之后再决定买不买，以及买多少。而且，上电商是要有配合的企业或组织来帮助的，如包装、存储、物流，这个信息最好也说明一下，其中间成本是多少，农户能赚多少，而参与的企业又摊薄了多少成本费用或提供了什么公益赞助。比如，刘敬文团队的维吉达尼项目，在这方面就做出了不错的探索，是值得借鉴的。还有一些农产品，必须深加工，无法分户展示，但也要详细说明覆盖贫困户情况，产地的详细情况还是要有。至于对口帮扶农户、资助学生、捐赠东西，还是让专业的组织去做，让专业的互联网平台去做，它们更专业、更精致，不要给电商平台捆绑过多的东西。

（四）要有可持续的办法。不赚钱，只为扶贫，这个话可以讲，但要做得下去，却需要符合经济学、社会学逻辑，不能光靠补贴，不能老让做事的人亏钱，还是要有一套好的运行机制，按电商的路数来，否则将很难坚持下去。这就是所谓的“以市场之心做公益之事，以商道来行人道”。比如，电商扶贫也要讲购物体验，让大家愿意买单;更要讲产品质量，说真话、道实情，让大家消费得明白，坚决不能乱打扶贫标签。再比如，最根本的信任问题更要有一套办法，公信认证、政府背书、信息追溯等都得有。只有电商做大了，才好造福更多贫困农户。

当前电商扶贫面临的几个困难

电商扶贫正在成为一种新的共识，也有越来越多的贫困地区在投入电商扶贫的实践。但从了解的情况看，一些地方的电商扶贫推进得并不顺利，迟迟打不开局面，很长时间无明显效果，着实也让一些地方感到失落。出现这种情况，原因也比较复杂，而无法有效克服前进道路上的困难是普遍现象，现试做一些梳理和分析。

常见的第一个困难，搞不清。受制于传统的观念，一些贫困地区的党政领导和企业对电商认识不足，对电商扶贫更是没有概念。所以，在这种情况下，有的人认为电商扶贫就是培训几个贫困户的青年开淘宝店，网上卖农产品；也有的人觉得抱上阿里巴巴、京东等电商巨头的“粗腿”就行，让他们去干；也有的人组织几个专家讲讲课，编个规划，拿一点钱，然后交由扶贫办或商务局当作一般工作去推动;诸如此类。由于对电商扶贫的认识比较肤浅,也比较狭隘,又当成一般业务工作，注定做不起来。

常见的第二个困难，没法做。做了电商才知道，通信网络、交通物流是硬支撑。没有网络的地方肯定没有电商，而贫困地区的现实往往是网络不通，通了网速也不快，收费还不低，做电商的往往感叹，因为网速慢而错过了几亿元。而物流的问题更让一些贫困地区的电商心寒，根本不要奢望快递的速度，最后一公里需要自己解决，关键是物流费用高得惊人，有的地方快递首重常年保持在每单 10 元以上，有的甚至快递费高过农产品价值，“豆腐卖成肉价钱”，要么价高无人问津，要么价低赔本赚吆喝。可是，如果当地政府也患上了严重的无力感，那么电商肯定就起来不了。

常见的第三个困难，没人做。通常表现为三无状态，即县级领导中无人能懂，部局领导中无人会干，具体业务无人来做。电商本来就缺人才，农村电商更缺人才，而贫困地区最缺人才。在这种情况下，有的时候是县长想干，无奈有帅无将，无法冲锋，成了一个人的战斗；有的时候是局长想干，县长却没有认识，缺乏有效支持；更多的时候是年轻人也想干，但不知道怎么干，也缺少扶持，有想法没办法。干事创业靠人，电商人才的问题已经成为电商扶贫的重要困扰。

常见的第四个困难，做不成。电商是一个大系统，绝对不是一根网线、一台电脑、一个账号那么简单，仅网站运营的店铺装修、美工摄影、文案写作、在线客服、市场推广、数据分析等就能让初创者抓狂，更不要说十分麻烦的选品、包装、仓储、物流等问题，还有源头的产品质量把控、供应链管理等复杂问题，没有一个政府、平台、电商服务商、传统企业、合作社与基地等各个方面共同组成的电商生态系统服务，就是有了电商人才也干不了，就像幼苗生长在干涸的沙漠上。

常见的第五个困难，做乱了。一说电商扶贫来了，一些地方就产生“只争朝夕”的紧迫感，甚至动了政绩工程的心思，结果出现了一些盲目的举动。没有搞清电商大势是什么，还在盲目地建平台；虽然电商要素还没有，却参照工业园区建设电商园区；目光老盯着大电商当“救兵”，结果贫困主体的电商创业却缺少关注。对各大平台的情况也搞不清，难免“朝秦暮楚”，摇摆不定，错失时机。最后的情况往往是，阵势不小、实效了了、一筹莫展。

结合当前电商扶贫的问题，应该遵从“事急则缓”的原则，虽然距离 2020 年全面脱贫只有不多几年了，电商扶贫确实需要一点时不我待的精神，但事情总是要搞清楚，想明白再下手，尽量避免不明就里、仓促上阵的情况，更不宜借着电商扶贫上位，搞政绩工程劳民伤财。对应的建议如下。

（一）还是从学习入手。对待新事物的正确态度肯定是从学习它、认识它、掌握它开始，电商扶贫正是需要认真学习研究的新事物。由于在贫困县域，电商市场因素并不发达，政府在初期的推动作用尤其重要，就像内乡县衙门口对联上说的，“莫道一官无用，地方全靠一官”！有报道说，习近平总书记参加的中央党校 19 次开学典礼中，至少 16 次专门论述或提到“学习”。可以这么说，一个贫困县的主官对电商扶贫的学习与理解深度，很大程度上决定了这个县电商扶贫的道路和力度。所以，电商扶贫需要常念“劝学篇”，从学习电商开始，再到电商与扶贫的融合思考。

（二）做出自己的选择。县域的最大特点是区域差异大，正所谓“十里不同俗，百里不同天”。所以，贫困的县域做电商，要从自己的实际出发，选一条合适的路径非常重要，就像今天流行的话，选择比努力更重要。在已经做出电商扶贫探索的县域中，甘肃的成县是靠微博矩阵当前锋，以草根创业和核桃这样一个单品来实现突破的；而吉林通榆选择了请电商服务商系统设计运营，从思路到规划到品牌到营销一体化推进；同样在黑土地上的黑龙江明水县则选择“背靠大树好乘凉”，与阿里巴巴签约，以下行健全生态，再推动上行；云南元阳则以哈尼梯田这一宝贵的非物质文化遗产为基础，深度开发以旅游电商为主要内容的扶贫新模式。所以，对于电商扶贫，一定要琢磨本地的差异化在哪里，合理确定自己的目标与路径。

（三）放宽工作的视野。不能把电商扶贫看得太小，而是广开门路下功夫。电商扶贫至少包括如下内涵：（1）扶持和带动贫困家庭网上销售创业，进行培训及相应启动资金支持等。（2）平台、电商企业直接参与贫困地区的特色产品开发并组织在网上销售。（3）改善农村电子商务发展基础，主要是信息、交通、物流基础等。（4）强化社会资源的统筹，包括政府推动当地优势特色农产品的开发、宣传与推广，动员企业与社会各界与农村对接，扩大网上销售和农村特色旅游开发等。（5）电商企业吸纳部分当地就业，带动当地电子商务创业。（6）电子商务进农村后，给农民生产生活带来各种便利，如代缴费、网络代购、金融服务等。

（四）让人才发展更重要。关于如何吸引人才、培养人才，各方都做了大量表述，提出了许多很好的观点，比如，感情留人、事业留人、待遇留人相结合，再比如，不远千里招一批、四邻五舍聚一批、传统行业转一批、草根创业促一批相结合；还有女婿上门送活水，儿子受压添动力，女儿回门多留住，小姑、媳妇当帮手相结合；再如通过培训育一批、自学成才冒一批、栽下梧桐引一批相结合等。但上述都是从政府的需求侧出发的单方面想法，真正抓住人才还得从供给侧多出招，也就是如何通过政策有效供给，让人才如鱼得水，能发展起来，这才是硬道理。如果人才来了，硬件不够硬，软件又不软，则留住人真的很难。

（五）力度真的要够。还得老生常谈一个观点，电商扶贫是绝对的一把手工程，对其复杂性、系统性要有充分的认识和预期，不是一把手亲自抓，不是党政五六个副职一起上，不是十来个相关部门都给力，到最后的实效往往是与预期相差较大的。笔者曾经向一些贫困县的县委书记建议，如果要抓电商扶贫，则初期一定要有一点“阶级斗争天天讲”的精神，大会小会都要讲，连电商视察调研上县电视台的频次都不能低于一个季度一次，否则氛围起不来，要是局长、镇长行动再不积极，抱着“万事开头难”的态度一拖，基本上就会偃旗息鼓。还有真金白银得拿出来，不能光等国家给钱；电商办的人员配置要够格，人数、能力都要够；相关的政策要到位，而且说到做到，等等。可以说，在电商扶贫的问题上，没有一点用尽洪荒之力的决心，只怕难免重复“播下龙种收获跳蚤”的尴尬。

“沉舟侧畔千帆过，病树前头万木春。”电商扶贫无疑是贫困地区县域发展的又一次重要机遇，也是检验贫困地区发展能力的又一个赛马场，期待各地的又一次“千帆争渡”，让贫困地区的老百姓真真正正享受上电商带来的美好生活。

陇南实践对电商扶贫的启示

陇南电商扶贫探索开始于2013年，2015年年初被国务院扶贫办确定为首批电商扶贫试点，已经取得较为明显的成效。观察和分析陇南电商扶贫，就可以看到电商扶贫的一般规律，对各地启示良多。

一、陇南电商扶贫的成效与特点

从初步总结看，陇南电商扶贫已经取得五个方面的成效：一是一批山货出山，已经累计销售43.5亿元；二是一批农民电商就业，目前电商及相关行业从业5.7万人；三是一批土特产品升值，木耳、香菇的价格涨了十几元，土蜂蜜价格翻番，增加了农民收入；四是一批青年返乡创业，小段、张璇等青年电商典型不断涌现；五是一批政策措施相继出台，电商扶贫工作体系有模有样。

陇南与成县的电商扶贫有“四个一”的突出特点：一把手工程，如县委书记李祥亲力亲为，从在微博上卖核桃开始，成为核桃书记、电商书记，一路推动；更重要的是，市委提升为一号工程，市委书记孙雪涛亲自抓，形成各级一把手齐抓共管的局面；一个单品突破，成县初期集中精力于规模最大的农产品——核桃，一个点上率先突破，其他山货陆续出山；一个载体抢位，充分运用微博、微信这一有效载体，从一把手开始，集体上阵、共同发声，在互联网上成功抢位；一套措施跟进，就是把电商扶贫作为系统工程来做，政府推动、社会参与、协会引领、市场推进、金融支撑、媒体助力“六位一体”措施综合推进。对照陇南电商的“四个一”成功经验，就会发现一些地方的电商扶贫为什么推不动、推不开。

二、陇南实践对电商扶贫的启示

以成县为核心的陇南电商扶贫试点，将电商扶贫从理论变成现实，并初步提示电商扶贫的基本规律，具有普遍性。

陇南的实践表明，电商扶贫是可能的，因为已经有了五个基本的支撑。一是农村信息化基础有明显改善，特别是大部分农村宽带与手机上网的普及，具有决定性的意义；二是农村产业发展面临转型升级，产业扶贫不仅要解决产业发展问题，还要应对卖难和市场波动问题；三是农民的信息化应用正在转变，由单一的信息获取向综合的信息运用转变；四是一大批返乡青年和新农人群体的出现，示范带动了农民的网销网购行为；五是社会消费导向的转变带给贫困地区发展新机遇，贫困地区的好生态、好产品有了市场。

陇南的实践表明，电商扶贫是可行的，陇南的“五条通道”具有普遍性。一是网店带贫，乡村干部、大学生村官开网店代销，贫困农户开网店自销自售，以及电商协会直接联系对接贫困村、贫困户；二是“就业”带贫，电商、物流快递、网货供应、网店装修设计、地方特色馆、电子商务园区、交易中心等提供创业机遇和就业岗位；三是“平台”带贫，通过第三方交易平台，一方面实现“工业品下乡”以节省开支，另一方面实现“农产品进城”增加收入；四是“信息”带贫，创办集涉农政务、服务、资讯和电商于一体的一站式、个性化、移动化的公共服务平台，聚合电子商务富民、便民、惠民；五是“工程”带贫，以电商反推农村基础设施改善，反推农业特色产业结构调整，反推农产品标准化生产。

陇南的实践表明，电商扶贫是一个生态体系，不是浮冰而是冰山。一个完整的电商体系至少包括前端的电商交易体系，如平台、网商等；中端的电商服务体系，如服务商、金融支付、快递物流、电商园区等；后端的产业支撑体系，如龙头企业、家庭农场、专业合作社等。我们经常看到的电商交易体系只是电商的一般外在表现形式，就像一座冰山，只是浮在水面之上的九分之一，而九分之八却浮在水面之下。如果没有水下的电商服务体系、产业支持体系，则所谓的电商只是浮冰，很快就会化掉。到目前为止，陇南电商体系已经形成，让电商扶贫最终成为现实。

陇南的实践表明，电商扶贫需要行政推动，政府的供给侧改革非常重要。对于贫困地区而言，思想观念的束缚可能比自然条件的恶劣相比更糟糕，电商扶贫启动之初，没有行政推动，特别是没有一把手的强力推动，很难打开工作的有效缺口，这是各地电商扶贫甚至是县域电商发展的重要经验，也是教训之一。所以，电商扶贫一开始就是政府以政策和行政措施的有效供给来协同平台、市场主体等各方的力量，共同培植电商的种子，呵护它顺利发芽和茁壮成长！

三、陇南电商扶贫还需要注意的问题

电商扶贫前无古人，一路摸着石头过河，已经在路上，但成长的烦恼也如期而至。陇南现在遇到的问题，也会是其他地方将来可能遇到的问题。

值得注意的问题之一，交通区位劣势。网上的近距离还需要现实的近距离来实现。一个重要的对照是，全国做新疆土特产的很多，如三只松鼠、西域美农、楼兰蜜语等，但运营在新疆的却很少，最主要的问题是交通区位问题，而交通区位就意味着成本上升和便利程度不足；反而是什么特产也不突出的武功县却成了新疆特产进军全国的一个重要跳板。如目前的电商物流，靠政策补贴不是长久之计，必须在符合市场逻辑的基础上形成区域性物流中心，把成本真正降下来，让电商基业长青。

值得注意的问题之二，区域品牌定位。到目前为止，陇南上线的农特产品和地方工业品已有不少。从大面上看，以农产品为主的县域电商已经进入区域公共品牌竞争的阶段，没有一个像五常大米、阳澄湖大闸蟹、洛川苹果一样的区域公共品牌来引领，就无法摆脱同质低价竞争。问题是，陇南的电商区域公共品牌是什么？成县核桃？陇南山珍？还是其他？这需要聚焦。

值得注意的问题之三，培育龙头企业。一般的电商人才培养有三个阶段，从培训人手开始，逐渐成为人才，最后要出现人物。比如，遂昌电商有潘东明，丽水电商有王军龙，武功电商中坚是西域美农。在千军万马步入大众创业之路后，需要一个领军式人物示范引领，陇军远征，大将何在？

值得注意的问题之四，未来方向抉择。脱贫攻坚2020年将告一段落，从电商扶贫起家但不可能永远停滞于电商扶贫，因为电商的前进没有停歇，电商的竞争日新月异，电商的发展没有界限，下一步的陇南电商走向何方？从电商到互联网新经济，从电商扶贫到经济社会发展方式转型，或许是现实的选择！

四、继续推进陇南电商扶贫的建议

形象地讲，电商扶贫这个孩子长大了，襁褓和奶瓶已经不够了，我们需要为其考虑得更多。有如下建议供参考。

一是战略定位提升。从电商扶贫开始，向县域电商转型，逐步形成电商新经济，力争成为区域电商的中心，并进一步延伸相关产业链条，如包装印刷、产品研发和精深加工等。特别是农产品加工业的创新发展，事关发展后劲，必须用力。

二是建设区域品牌。借助陇南现有的电商扶贫知名度，用典型符号固化品牌认知，强化产品研发，增强市场竞争力，逐步实现品牌引领发展。

三是深化人才培养。把草根创业与企业转型、本地培育与招商引进等结合，大象起舞与蚂蚁雄兵同在，从而形成“鹰击长空，鱼翔浅底”的生动局面。也要关注人才培养的差异化，初期都可以去开网店，中期、后期肯定要分化，分散到电商服务、仓储物流、产品研发等各个环节，需要深化培养体系。

四是不断完善生态。用好供给侧改革思维，进一步补短板、降成本，以更加完备的政策体系推动形成强大的电商生态体系，让打造区域性的电商中心最终成为现实。

7

我读电商——老问题的新表现

通过对当下重点电商图书的阅读，作者提炼总结出了一些电商观点，便于读者理解宏观电商环境，也便于读者将这些观点与农村电商结合。本章要点如下，由于篇幅所限，读者可用手机扫码阅读。

- 不可避免的转型——读黄若的《走出电商困局》
- 电商的问题还是管理的问题——读黄若的《再看电商》
- 电商没有秘籍——读子道的《子道说：电商不难》
- 电商的问题要靠实践来解决——读贺关武的《电商，这么玩才有未来》
- 生鲜电商小败局的启示——读《创业小败局：创业公司长演不衰的21种经典死法案例集》
- 农村电商创业者的几条共同经验——读《互联网＋绿水青山：农村电商“丽水现象”透析》

后　记

我进入农村电商领域,纯粹属于“打酱油”转“卖酱油”。因为工作的原因,近几年接触了大量的农村电商创业青年，他们对农村电商的热情和对党政的期盼打动了我,遂决定为之鼓与呼。但要做好青年电商的服务,首先自己得懂电商,所以我便开始了对于农村电商的学习，频频参加相关方面的活动，期望能打得到一些好的“酱油”。入行之后才发现,农村电商是一个新兴领域,“酱油”稀缺,我边学边想边写，很快就被逼成“卖酱油”者，从此一发不可收拾。

我从2013年春天正式开始写农村电商系列文字，积攒日渐增多，加之上门讨教农村电商者越来越多，各处让讲课者也络绎不绝，更不用说还有大量的其他本职工作，一个人的精力实在无法顾及，便有了集结出版的想法，给更多的电商实践者提供一个便捷参考。恰在此时，电子工业出版社主动联系，问我能不能出一本农村电商方面的书，我便欣然受邀。

这本书的主要内容有三个来源：第一个是各类电商培训班形成的讲义；第二个是接受各方面约稿形成的文字；第三个是电商方面的阅读札记，集中了两年多来关于农村电商的所思所想,共梳理成六个部分来展开。当然,入行时间短,只是一些皮毛，总体还很粗糙。

现在，这些文字即将付梓，我想以感恩的心说一些感谢的话。感谢电子工业出版社的编辑，敢于将农村电商这样一个重要的选题交给我这个“新兵”；感谢汪向东老师，对我这个赖上门的学生青眼有加，悉心指导并欣然作序；感谢毕慧芳、李鸣涛、陈亮、莫问剑、王军龙、王盛、井然哲、陈民利诸位电商大咖，一路同行并慷慨寄语助阵；感谢团省委这个温暖的大家庭，以最大的力度支持我在农村电商方面的探索；感谢家人和身边的朋友对我一贯的鼓励，还要感谢李莹、吕琨两位小伙伴，利用多个夜晚，为本书制作了部分插图。

电商行业流行一句话，唯快不破。本书也是“快”的产物，其中的错误、浅陋在所难免，欢迎各方的批评与指正。

魏延安

2015 年国庆节于古城西安

再版后记

农村电商的发展太快了！从 2014 年 9 月农村电商的大火正式点燃以来，其发展速度真可谓超乎想象，不仅速度惊人，而且变化极快。比如，2016 年 6 月底，全国得到电商覆盖的村超过了 30 万个，这个覆盖速度是让人意想不到的；再如，阿里巴巴的农村淘宝两年多时间竟然进化到 3.0 版本，京东、苏宁的农村电商模式也较之最初的版本有了较大幅度调整。同时，农村电商与县域电商、电商扶贫的发展也在融合，共同推动整个大农村概念电商的飞速前行。

在此背景下，本书在 2015 年 11 月上线之后，很快就显得已经落后了，也必须与时俱进进行升级，充实新的内容、删减已经过时的内容。所以，从 2016 年春天起谋划，到夏天动笔，直至秋天完成，后又对内容更新多次，直到 2017 年出版。与第一版相比，这一版的主要变化如下。

（一）大幅充实新内容，新增篇幅量约 40%，这与一般版本修订大约为 15% 的幅度相比，已经是大动干戈了。也因为如此，改版工作量相当大，完稿时间不得不一再延迟。

（二）进行结构上的调整，新增了“电商下乡”“电商扶贫”。其中，“电商下乡”对参与农村电商竞争的平台进行列传式的记述，分析模式，介绍业务板块，进行基本评价。“电商扶贫”对电商扶贫这个新事物从概念到内涵到案例进行体系化的初步梳理，算是对初期实践的一个阶段性总结。同时，因为篇幅增加过大，整体删除了“互联网农业”这个章节。

（三）对数字和发展进展进行了实时更新，对一些提法也进行了修正，让原有内容保持与时俱进的状态。

当然，因为时间仓促，一些计划的内容还没有达到理想的状态，有待下一步再作完善。农村电商本就是新事物，一路探索一路总结，这次的版本依然是路上的作品，也符合互联网所讲的“不求完美先上路，快速迭代常更新”的精神。

最后，真诚地感谢电子工业出版社及其编辑张彦红先生，对我信任有加而且耐心等待；感谢国务院扶贫办曲天军司长对我参与电商扶贫理论研究的鼓励并欣然为第二版写序；感谢农村电商界各位朋友的不吝赐教，提出了许多好的建议和修改意见；感谢团省委的领导、同志们和我的家人一路支持理解。

希望我这些粗糙的文字能为农村电商的进一步加快发展尽一份绵薄之力！也乐于接受各方对本书的批评指正，以期不断完善。

魏延安

2017年1月于古城西安

个人博客：价值中国网——魏延安的网站

新浪微博：陕西魏延安V

腾讯微博：魏延安V

微信公众号：魏延安